陈晓律／主编

英国研究

第 18 辑

上海人民出版社

目 录

英国环境史研究

中英关系研究

追忆蒋孟引先生

经典文献译介

英国思想史研究

托马斯·潘恩及其英国批评者[*]

[英] 哈里·T. 狄金森著　黄安琪译　于文杰校^{**}

在托马斯·潘恩（Thomas Paine）逝世 200 年后的今天，他的全部作品仍在刊印，针对他的许多研究仍在开展。即使在潘恩去世之前，约翰·亚当斯（John Adams，他并非潘恩的忠实崇拜者）也承认："我不知道在过去的 30 年里，世界上还有谁比汤姆·潘恩更能影响世界上的居民和事务。……那就称其为'潘恩时代'吧。"^①潘恩之所以在生前身后引起如此广泛的关注，当然有其充分的理由。他是一位多产的作家、宣传家和争论家，他最著名的作品比同时代任何其他英语作品都得到了更广泛的传播和关注。他的第一部重要著作《常识》（*Common Sense*）于 1776 年 1 月问世，一年之内就在北美殖民地以 25 种不同版本刊行，此外还在报纸、期刊和私人信件中引起广泛讨论。^②常有人声称，该书在北美殖民地发行了 12 万至 15 万册。这些数字主要基于潘恩本人的说法，他曾夸口称，这本小册子是"自有文字产生以来最畅销的一部"^③。然而，近来有人提出，虽然《常识》在费城一带广为流传，并在几个北方殖民地重印，但不太可能传播得如此之多。^④不过，基

---

*　本文的初稿于伦敦、鲁昂和慕尼黑的演讲中发布。我要感谢评论者在以上场合发表的意见，并感谢我的同事道尔博士（Dr. F. D. Dow）对本文定稿提出的非常有帮助的意见。

**　[英] 哈里·T. 狄金森（Harry T. Dickinson），爱丁堡大学历史、古典与考古学院教授。黄安琪，南京大学历史学院硕士研究生。于文杰，南京大学历史学院教授。

① 引自 David Freeman Hawke, *Paine*, New York: Harper & Row, 1974, p.7。

② Eric Foner, *Tom Paine and Revolutionary America*, Oxford: Oxford University Press, 1976, xi.

③ 引自 David Freeman Hawke, *Paine*, p.47。

④ Trish Loghran, "Disseminating Common Sense: Thomas Paine and the Problem of the Early National Bestseller", *American Literature*, No.78 (2006), pp.1—28.

本可以确定，该书的销量超过了当时在殖民地出版的任何其他同时代的政治小册子。潘恩《人的权利》(*Rights of Man*, 1791—1792)上下两篇的平价版本在英伦诸岛层出不穷，几年内在美国出现了 19 版。其发行量仍难以确定。几乎可以肯定的是，其发行量高于当时任何其他激进派小册子，但许多现代历史学家引用的 20 万册乃至更多册的数字无疑是夸大其词。① 潘恩的第三部巨著《理性时代》(*The Age of Reason*, 1794—1795)的销量数据更加存疑，但到 1796 年，约有 17 个版本在美国问世，该作在英美两国引发的敌意可能比潘恩另两部著名的政治作品还要强烈。② 潘恩最伟大的作品吸引了诸多读者，其中许多人来自社会底层，部分原因在于其低廉的价格，但更多的是因为其论点新颖激进，文风引人入胜。潘恩既非渊博的学者，也非一流的智者，但他直言不讳地抨击对所有既定制度不假思索的采纳和积习相沿的尊奉，令读者瞠目结舌。他对君主制、贵族制和基督教进行了尖锐的抨击。他摒弃了传统上对成规和历史经验的诉求，点明如何让世界焕然一新。他对英国政体、北美对英国的殖民依附，以及法国旧制度的方方面面都嗤之以鼻。他深切关注普通人遭受的政治压迫和经济不公，坚信民众的行动可以创造出更简单、成本更低、腐败更少的共和和民主体制。最振奋人心的是，潘恩成功地迫使读者重新审视世界面临的问题，尝试独辟蹊径地解决这些困难，并鼓励普通人相信自己可以挣脱桎梏，创造一个更美好的新世界。③ 虽然一些饱学之士常常批评他的语法错误和句法缺陷，但潘恩的写作风格直率、平实，对那些较为蒙昧的读者很有吸引力，他有意让自己

---

① 格雷戈里·克拉埃斯（Gregory Claeys）认为这一数字可能更大（见其作品 *Thomas Paine: Social and Political Thought*, London: Routledge, 1989, pp.110—117）。20 万册这一数字最初是由廉价版潘恩传记的作者提出的（见 *Impartial Memoirs of the Life of Thomas Paine*, London, 1793, p.14），又被后世的潘恩传记作者所采纳。虽然威廉·圣克莱尔（William St. Clair）承认潘恩的《人的权利》取得了成功，也承认廉价版本的出现在政府圈子里引起了恐慌，但他对如此高的发行数字表示了严重的怀疑，参见其著作 *The Reading Nation in the Romantic Period*, Cambridge: Cambridge University Press, 2004, pp.256—257, 623—626。

② William St. Clair, *The Reading Nation in the Romantic Period*, Cambridge, Cambridge University Press, 2004, p.113, John Keane, *Tom Paine: A Political Life*, London: Bloomsbury, 1995, pp.396—397.

③ 关于潘恩各种政治变革途径的一流研究，见 Eric Foner, *Tom Paine and Revolutionary America*, Oxford: Oxford University Press, 1976, pp.26—113; Gregory Claeys, *Thomas Paine: Social and Political Thought*, London: Routledge, 1989, pp.85—109; C. E. Merriam, "Paine's Political Theories", *Political Science Quarterly*, No.14 (1899), pp.389—403, Jack P. Greene, "Paine, America, and the 'Modernization' of Political Consciousness", *Political Science Quarterly*, No.93 (1978), pp.75—92。

的文章面向这些读者。如今人们公认，潘恩的散文非常适合向广大读者传播。毫无疑问，他的写作充满自信、潇洒、激情和风趣。他的文风大胆而明晰，论点井然有序，标示仔细，以希世之才将理性论证与感人肺腑、引人遐想之能融贯于一体。最后，潘恩之所以受到如此钦佩，是因为他在严重残疾的情况下，多年来辗转各国，用如椽之笔取得了非凡的成就。他生长于贫困之中，受教育的机会有限，几乎是自学成才，他的仇敌曾三次罢免他的公职，对他进行法律手段的骚扰和公开羞辱，将他监禁，甚至差点将他处决。

许多学者探讨过潘恩著作的正面价值和惊人成就。相比之下，这篇文章主要关注同时代的英国人对其主要作品所作的诸多批评，以及有意毁其声名并阻挠读者阅读其作品的企图。本研究将首先探讨在英国发表的对其作品的批评，说明这些批评在哪些方面言之有理，又在哪些方面是为了诋毁作者，而非公正地回应其论点。随之引出对同时代英国出版的潘恩传记的勘查，这些传记对潘恩的著作几乎全然不加赞赏，而是着意诋毁其人格，使他成为一个被藐视和忽视的作家。接下来探讨英国政府如何在国内强大的效忠派运动的鼓动下，试图利用法律手段惩处潘恩，并迫害和压制那些努力销售和传播其作品的追随者。最后，将分析英国反对者在 1792 年至 1793 年冬天于数百处焚烧潘恩的肖像，以诋毁和羞辱他，并恐吓其追随者所作的种种努力。

一、英国小册子对潘恩作品的反应

即便在今天，潘恩的忠实拥趸也会承认，人们有理由对他的作品提出一些批评。他不是一个受过良好教育的学者，在下笔之前没有进行过长期的研究，他没有渊博的智慧，在阐述论点时既不具备严密的逻辑，也缺乏精到的语言。此外，由于他参与论战时处在一个政治革命和宗教危机的时代，一些时人对他在著作中提出的观点持反对立场也就不足为奇了。然而，尽管他的一些著作在当时流传甚广，并受到现代学者的好评，但在英国，除了偶有一笔带过的议论或只字片语的评述外，并未引起多大反响。① 当潘恩发表《常识》时，许多英国人自然对他敌视祖国的行为深恶痛绝。《常识》随后以几个不同版本在英国面世，作为潘恩憎恨英国政体、背叛祖国的明证，该书经常被提及，尤其是在 18 世纪 90 年代。然而，在英国鲜有人反驳潘恩支持北美独立的观点。在英伦诸岛发表的、对《常识》最有力的三篇回应，是由著名的北美效忠派查尔斯·英格利斯（Charles Inglis）、詹姆斯·查尔默斯（James Chalmers）和亨利·米德尔顿（Henry Middleton）撰写的。这些效忠派虽然承认殖民地人民对英国行使王权统治的愤懑具有合理性，但坚决反对与英国彻底决裂，并努力驳斥潘恩的论点。尽管英国宪法有不完善之处，但他们仍然认为英国宪法是人类史上确立的最佳宪法，他们担心任何建立共和政体或更民主制度的尝试都会导致政治不稳定和社会动荡。他们认为，英国曾保护殖民地人民免受法国和西班牙的侵略，并为他们带来了可观的商业繁荣。他们担心殖民地人民无法在任何武装冲突中对抗英国的陆海军力量，而寻求法国的支援只会带来更多困难，而非解决问题。他们没有接受潘恩在《常识》中的建议，而是敦促殖民地同胞重新努力与英国达成和解。② 对潘恩《常识》的唯一源自英伦诸岛的回应，署名为"一位都

---

① 没能引发回应的潘恩作品包括：《消费税官员案》（*The Officers of Excise*, 1772）；《美利坚危机》（*The American Crisis*, 1777—1778）；《关于政府、银行事务和纸币的论文》（*Dissertation on Government, the Affairs of the Bank, and Paper Money*, 1786）；《就北美事务致雷纳尔神父函》（*Letter Addressed to the Abbe Raynal on the Affairs of North-America*, 1782）；《致近日公告发件人之复函》（*A Letter Addressed to the Addressers, on the Late Proclamation*, 1792）；《关于政府首要原则的论文》（*Dissertation on First Principles of Government*, 1795）；《土地的正义》（*Agrarian Justice*, 1797）；以及潘恩关于 19 世纪初美国问题的文章。潘恩的《致邓达斯大臣的一封信，答复他 5 月 25 日在下院就〈人的权利〉和近日公告发表的意见》（*A Letter to Mr. Secretary Dundas, in Answer to His Observations in the House of Commons, May 25th, on the Rights of Man and the Late Proclamation*, 1792）只引起了一名作者的回应：《给乡下友人的信：其中特别提到了潘恩先生写给邓达斯先生的信》（*A Letter to a Friend in the Country: Wherein Mr. Paine's Letter to Mr. Dundas is Particularly Considered*, 1792）。这本小册子简短地批评了潘恩的《人的权利》，赞扬了英国宪法的优点，尤其值得注意的是，它指出美国的新宪法还没有经过彻底的检验，可能会被证明是有缺陷的。

② Charles Inglis, *The True Interest of America Impartially Stated, in Certain Strictures on a Pamphlet Intitled Common Sense*, Philadelphia, 1776; James Chalmers, *Plain Truth: Addressed to the Inhabitants of America. Containing Remarks on a Late Pamphlet Intitled Common Sense*, Philadelphia and London, 1776; Henry Middleton, *The True Merits of a Late Treatise, Printed in America Intitled Common Sense, Clearly Pointed Out*, London, 1776; 以及 "卡托"（Cato）写给 "宾夕法尼亚人民"（To the People of Pennsylvania）的 8 封信，于 1776 年 3 月 11 日至 4 月 29 日在《宾夕法尼亚报》（*Pennsylvania Packet*）上发表。其中 5 篇在 1776 年 4 月和 5 月的《弗吉尼亚公报》（*Virginia Gazette*）上重刊。几乎可以肯定 "卡托" 就是威廉·史密斯博士（Dr. William Smith），一位忠诚的圣公会牧师，费城学院的教务长。见 John Keane, *Tom Paine*, London: Bloomsbury, 1995, pp.130—131。

柏林市民"，几乎可以断定其作者是一位英裔爱尔兰人。[①] 文章作者驳斥了潘恩关于政府一律邪恶的说法，并坚称，既然人是不完美的，受制于自身的激情，但又希望生活在大社会中，那么政府无疑是人民之福。造反的唯一理由，只能是所实现的变革带来的优越性必定大于被其取代的制度。英国为北美殖民地提供的这种政府形式，是潘恩的任何倡议都无法改进的。英国的宪政和混合政府制优于任何其他政治制度，无论是民主制、共和制还是选举君主制。如果殖民地人民听从潘恩的建议，他们很快就会互相交战，或者臣服于其他欧洲强国。

1791 年至 1792 年，潘恩的两卷本《人的权利》在伦敦问世，吸引了大批狂热读者，但鲜见对潘恩论点的书面回应。尽管潘恩在《人的权利》第一部分明确抨击了埃德蒙·伯克（Edmund Burke）的《法国大革命反思录》（*Reflections on the Revolution in France*, 1790），但伯克并没有对这一抨击作出持续的回应。然而，鲜为人知的是，在 1791 年 8 月出版的《新辉格党人致老辉格党人的呼吁书》（*An Appeal from the New to the Old Whigs*）中，伯克无疑将潘恩纳入了危险的新辉格党人之列，尽管他从未提到潘恩的名字，也未承认他引用的即是《人的权利》。伯克否认潘恩关于主权始终属于人民且不可剥夺的观点，深信签订政治契约以约束后代是可行的。[②] 他接着先后六次引用《人的权利》第一部分内容，驳斥潘恩关于英国没有宪法的说法，并逐一反驳他对贵族制度、下院的代议制性质以及光荣革命之优越性的攻讦。[③] 四年后，伯克痛斥"公民潘恩"（Citizen Paine），称他"随时准备亵渎他的上帝，侮辱他的国王，诽谤他国家的宪法，而无需我的任何挑衅"[④]。

日后追随其父约翰·亚当斯成为美国总统的约翰·昆西·亚当斯（John Quincy Adams），撰写了当时在英国出版的唯一一本只针对潘恩的论点进行

---

① *Reason. In Answer to a Pamphlet Entituled, Common Sense*, Dublin, 1776.

② Edmund Burke, *An Appeal from the New to the Old Whigs*, 1ˢᵗ edn., London, 1791, p.56, 伯克确实读过潘恩的作品，而且似乎认为他疯了。见 F. P. Lock, *Edmund Burke: Volume II, 1784—1797*, Oxford: Clarendon, 2006, p.351。

③ Edmund Burke, *An Appeal from the New to the Old Whigs*, 1ˢᵗ edn., London, 1791, pp.86—92 中的引文可以在潘恩的《人的权利》第一部分找到（1ˢᵗ edn., London, 1791, pp.53—82）。

④ "Letter to William Elliot, 26 May 1795", in *The Writings and Speeches of Edmund Burke: Volume IX*, ed. R. B. McDowell, Oxford: Oxford University Press, 1991, p.31.

回应、避而不谈对潘恩的人身攻击的小册子。① 这本小册子提出了心平气和的批评，纠集了潘恩论证中的瑕疵。亚当斯否定潘恩的主张，即主权人民可以摒弃过往，随心所欲地实行任何政治变革。存在千古不磨的法则以限制人们的所作所为。② 作为一名美国人，亚当斯承认每个国家都有权修改宪法和政府制度，这不足为奇，但他告诫称只有在极端紧急的情况下才可以这样做。他坚信，英国的确拥有一部古老的宪法，允许人民通过立法机构申冤理枉，并在不诉诸武装叛乱的情况下修改政治制度。与政治制度的缺陷相比，民众的腐化更令人担忧。"暴民"更擅长摧毁一切形式的政府，而非建立经过改进的政府。此外，即使是亚当斯心中胜过英、法的美国宪法，仍然存在不易修正的缺陷。温和派辉格党人布鲁克·布斯比爵士（Sir Brooke Boothby）试图在潘恩和伯克提出的政治观点之间寻求一条中间道路，他对潘恩《人的权利》中观点的回应也许是当时最具说服力的。③ 布斯比承认潘恩对伯克提出了一些合理的批评，他也承认英国选举制度存在一些弊端，但

---

① John［Quincy］Adams, *Answer to Pain's Rights of Man*, London, 1793，该书最早出版于美国。

② *Observations on the Appeal from the New to the Old Whigs, and on Mr. Paine's Rights of Man. In Two Parts*, London, 1792, in *Political Writings of the 1790s*, ed. Gregory Claeys, 8 Vols., London: William Pickering, 1995, Vol.6: pp.172—292.

③ 我们无法确定 18 世纪 90 年代英国有多少人对《人的权利》发表了回应。但仍可参阅 Gayle Trusdel Pendleton, "Towards a Bibliography of the Reflections and Rights of Man Controversy", *Bulletin of Research in the Humanities*, Vol.85 (1982), pp.65—103 以及 Amanda Goodrich, "Surveying the Ebb and Flow of Pamphlet Warfare: 500 Rival Tracts from Radicals and Loyalists in Britain, 1790—1796", *British Journal for Eighteenth-Century Studies*, Vol.30 (2007), pp.1—12. 本文中提出的论点是基于以下回应文章：见于 *Political Writings of the 1790s* 第 5 卷和第 6 卷的 29 篇文章，此外还有 *Letters to Thomas Paine; In Answer to His Late Publication on the Rights of Man: Shewing His Errors on That Subject,* London, 1791; Amicus, *An Address to the Yeomanry of Great Britain, upon the Present Situation of the Country,* Edinburgh, 1792; John Gifford, *A Plain Address to the Common Sense of the People of England, Containing an Interesting Abstract of Pain's Life and Writings,* London, 1792; Richard Hey, *Happiness and Rights. A Dissertation upon Several Subjects Relative to the Rights of Man and His Happiness...,* York, 1792; Hannah More, *Village Politics: Addressed to All the Mechanics, Journeymen and Day Labourers in Great Britain,* London, 1792; George Neale, *Rights of Citizens, a Short but Compleat Anylisis [sic] and Refutation of "Paine's Rights of Man",* London, 1792; *A Word of Expostulation, in a Letter from Corregidor, to Thomas Paine,* London, 1792; John［Quincy］Adams, *Answer to Pain's Rights of Man,* London, 1793; James Brown, *The Importance of Preserving Unviolated the System of Civil Government in Every State...,* London, 1793;［Thomas Hardy,］*The Patriot: Addressed to the People, ... with ... Discussions of the Principles Advanced in the Writings of Thomas Paine,* Edinburgh, 1793; *The Interests of Man in Opposition to the Rights of Man,* Edinburgh, 1793; *The True Briton's Catechism; on the Principles of Government, the Rights of Man, and the Liberties of Englishmen,* London, 1793; H. Makenzie［即 Henry Mackenzie，苏格兰作家，他似乎是在爱丁堡写下了此文］, *An Answer to Paine's Rights of Man,* Philadelphia, 1796; 以及 Robert Thomas, *The Cause of Truth, Containing... a Refutation of Errors in the Political Works of Thomas Paine,* Dundee,［1797］.

他拒绝接受潘恩所持的一切主要观点，正如下文所见，他对潘恩发起了一系列人身攻击。

潘恩《人的权利》问世后不久，就激起数十位英国作者的强烈反响。这些作者常常提出相同的一般性主张，试图说服读者，应当对潘恩的核心论点加以批驳。他们反感潘恩关于英国没有宪法的说法，坚持认为自盎格鲁—撒克逊时代以来，许多议会法案和几个世纪以来的普通法已经演变成一部宪法。这种混合平衡的宪法结合了君主制、贵族制和民主制各自的优势，同时避免了任何一种纯粹形式的政府所带来的风险。大多数作者都对所谓的自然状态是否存在过表示怀疑，并认为即便它真的存在过，人们也必定会放弃自然权利，以享受公民社会和公民政府带来的好处。建立公民社会和公民政府的目的是建立约束和限制人的自然权利的法治。如果人们要确保自己的人身安全和财产安全，一定程度的从属关系就必不可少。人并非如同潘恩设想的那样是完全理性和独立的存在，而是不完美的激情动物，他们生来就依赖他人，需要法律的强制。因此，所有人都应该意识到，他们既享有权利，也承担义务。潘恩屡遭攻击，因他声称人人生而平等。事实恰恰相反，人在力量、勇气、勤劳、智慧、才能、能力和性格等方面天生就不平等。随着时间的推移，社会变得越来越庞杂而浩繁，踌躇满志之人接受教育，追求卓越、荣誉和显赫地位，这些天生的不平等也随之加剧。由于人类乖舛的本性和天然的不平等，不可能产生完美的政府制度。不平等的社会不可避免地催生了少数人统治多数人的政府，而少数人享有多数的财富、地位、教育、余暇和独立性。这些作者指出，英国人民是幸运的，他们的君主制、贵族制和社会等级制带来了许多好处，远远超过任何共和或民主社会带来的好处，他们应该牢记这一点，尤其要以法国为戒：一群桀骜不驯、放荡不羁的人组织了一个建立在非正义、暴力和恐怖之上的专制政府，这个政府注定是短寿的。批评潘恩的人未必都是彻头彻尾的反动者。事实上，克里斯托弗·怀维尔（Christopher Wyvill）就是一位资深的改革者，他即使在试图维护理查德·普赖斯（Richard Price）和其他温和派改革者的个人声誉和政治原则时，也会小心翼翼地与潘恩保持距离。怀维尔挑出潘恩进行攻击，认为他是一个狂热的共和主义者，试图彻底废除英国的君主制、贵族制和珍惜的

混合政府 ①："这本著作公之于世的目的，不是改革或修正我们的政府制度，而是推翻和摧毁它。"② 更保守的英国批评者承认人们有权反抗明目张胆、武断专横的暴政，他们也承认有朝一日有可能对代议制进行一些改革，但他们完全拒绝潘恩的建议，即每一代人都有权按照多数人的要求重新制定宪法和政府形式。潘恩在《人的权利》第一部分中提出的政治论点成了大多数批评者的众矢之的，但他们一再声称潘恩强调人的平等会导致穷人攻击富人的财产，这可能是受到了他在《人的权利》第二部分提出的社会福利建议的影响。至少有一位作者明确反对潘恩关于穷人税负过重以及工人应就工资和工作条件自由议价的观点 ③，而另两位作者则谴责潘恩的社会福利建议不切实际且非常危险。④

潘恩的《理性时代》于 1794 年至 1795 年间分上下两部分出版（第一部分由潘恩自费在巴黎出版），在当时的英国引起了比《人的权利》更为强烈的反响。⑤ 只有少数评论家为其辩护。例如，亚伯拉罕·宾斯（Abraham Binns）支持潘恩的许多主要观点，认为人类的理性和大自然的杰作比《圣经》的启示更能证明上帝的存在。他还坚称，像潘恩这样的自然神论者并不是无神论者，他们往往与最优秀的基督徒一样道德高尚。⑥ 另一位同时代的作家也接受了潘恩的观点，即为何《圣经》(包括福音书)不能被听取为上帝的启示，以及基督教是如何屡屡支持专制政府的。⑦

---

① Christopher Wyvill, *A Defence of Dr. Price, and the Reformers of England*, 2nd edn., London and York, 1792, pp.67—70.

② Ibid., v—vi.

③ John Gifford, *A Plain Address to the Common Sense of the People of England*, London, 1792, pp.37—41.

④ Amicus, *An Address to the Yeomanry of Great Britain*, Edinburgh, 1792, pp.5—12；以及要特别提到的，[Frederick Hervey,] *An Answer to the Second Part of the Rights of Man*, London, 1792, in *Political Writings of the 1790s*, ed. Claeys, Vol.5, pp.378—398。

⑤ Franklyn K. Prochaska, "Thomas Paine's the Age of Reason Revisited", *Journal of the History of Ideas*, No.33 (1972), pp.561—576; Jay E. Smith, "Thomas Paine and the Age of Reason's Attack on the Bible", *The Historian*, Vol.58 (1996), pp.745—761; Edward H. Davidson and William J. Scheick, *Paine, Scripture, and Authority: The Age of Reason as Religious and Political Idea*, Bethlehem, PA, 1994.

⑥ Abraham Binns, Remarks on a Publication, entitled, "A Serious Admonition to the Disciples of Thomas Paine and All Other Infidels", Stockport, 1796.

⑦ [John Coward,] *Thomas Paine Vindicated. Being a Short Letter to the Bishop of Llandaff's Reply to Thomas Paine's Age of Reason*, London, 1796, 潘恩的观点也得到了 Coward 在 *Deism Traced to One of Its Principal Sources, or the Corruption of Christianity the Grand Cause of Infidelity*, London, 1796 中的辩护；Thomas Dutton, *A Vindication of the Age of Reason by Thomas Paine; Being an Answer to the Strictures of Mr. Gilbert Wakefield and Dr. Priestley, on This Celebrated Performance*, London, 1795; Allan Macleod, *The Bishop of Llandaff's "Apology for the Bible" Examined*, London, 1797。

　　然而，多数作者抨击潘恩的论点，为圣经启示和基督教会的作用辩护。[①]
在这些英国人对《理性时代》的攻击中，有相当一部分是圣公会牧师创作
的；其他则是由异议派牧师或虔诚的信众写作的。这些作者不约而同地指
出，潘恩对《圣经》和圣经批判学知之甚少，对深入研究《圣经》所需的
相关语言更是一无所知。他们常提到，在 18 世纪早期，约翰·托兰（John
Toland）、博林布鲁克子爵（Viscount Bolingbroke）和伏尔泰（Voltaire）等
更具资望的人也曾提出过与潘恩类似的自然神论观点。然而，约翰·利
兰（John Leland）、纳撒尼尔·拉德纳（Nathaniel Lardner）、威廉·佩利
（William Paley）、托马斯·汤森（Thomas Townson）和吉尔伯特·韦斯特
（Gilbert West）等德高望重的圣经学专家已经妥善地解答了这些异教徒的问
题。潘恩被诟病为无知、傲慢、粗鲁，用单纯粗率的断言代替来龙去脉分明
的观点。他批驳《旧约》中的先知，抗拒《圣经》中记载的一切神迹，对支
持基督神性的所有证据加以抵制，因而常常受到攻击。批评者一再指出，潘
恩的自然宗教无法为人们如何生活、如何获得永恒的救赎提供任何指导。自
然神论永远无法取代基督教的启示，因为只有《圣经》中启示的上帝之言才
能为人们提供必需的道德指引，以及人民所渴望的、在未来永生的愿景。

　　其中一些作者发表了严肃的反思性文章，力图证明《圣经》为何应被视
为对上帝之话语的揭示，其教益为何超越了自然。多数时人和现代学者都
认为，这些小册子中最出色的是兰达夫主教理查德·沃森（Richard Watson）
的作品。沃森称自己的写作面向大众读者而非其他圣经学者，因为他担心未
受过教育的大众最容易受到潘恩不忠之毒的蛊惑。这也许是他的目的，但他
的著作建立在强大的圣经学术基础之上，他对圣经进行了严格的注释。他承
认潘恩"拥有相当强的语言能量和敏锐的调查能力"[②]，但他拒绝对潘恩进行

①　Michael L. Lasser, "In Response to the Age of Reason, 1794—1799", *Bulletin of Bibliography*, Vol.25
(1967), pp.41—43，列出了 37 本小册子对《理性时代》的回应。Gayle Trusdel Pendleton, "Thirty Additional
Titles Relating to 'The Age of Reason' ", *British Studies Monitor*, Vol.10 (1980), pp.36—45 大大增补了这一
名单。即便不考虑那些非英国的书籍，也排除那些支持潘恩的，单页的，只是偶尔回应《理性时代》
的，对潘恩的实质性攻击仍然有 40 余篇。

②　Richard Watson, *An Apology for the Bible; In a Series of Letters, Addressed to Thomas Paine, Author of
a Book Entitled the Age of Reason, Part the Second, Being an Investigation of True and Fabulous Theology*,
London, 1796, p.2，这本著名的小册子三年内在伦敦出版了 8 个版本，并在这段时间内在苏格兰、爱尔
兰和美国至少 3 个州付印。

人身攻击，"我不愿意把歹念祸心归咎于你或任何人……你自以为真理在你一边，自以为你努力根除你眼中的迷信，是在为人类作贡献"①。沃森甚至对潘恩《圣经》批评的一些旁枝末节加以采纳，但他始终认为潘恩的作品立足于无稽的断言和对《圣经》的管窥之见。他本人愿意领受《圣经》中提到的神迹、《旧约》中的经文启示以及《福音书》中关于耶稣降生、殒命和复活的细节。沃森不仅捍卫正统的基督教信仰，他还坚称，潘恩冷峻而理性的抽象概念，无论乍看起来多么乐观，都无法满足人内心深处的渴望，也无法提供比人更伟大的信仰。人类需要《福音书》中的道德戒律，需要基督教承允的来世作为恩赏。潘恩笔下神灵的缺位无法给陷入困境的人类带来多少慰藉。

潘恩的小册子《英国金融体系的衰亡》(*The Decline and Fall of the English System of Finance*, 1796）在英国激起极大的关注，一些资深作家试图对其论点进行反驳。当时，英国的国家财政相当紧张，与法国的战争进展不顺，因此，潘恩预言英国金融体系即将崩溃，导致军事失败和政治革命，这一结论可能会削弱国民对战争和现任政府的支持。潘恩的小册子问世不久，伦敦至少出版了五篇有见地的回应，试图反驳他危言耸听的观点，并向国民保证英国的财政状况远胜法国。②与潘恩相比，这些作者对英国金融体系本质的把握都更胜一筹，乐于指出潘恩的错误主张。他们还热心地提醒读者注意潘恩的别有用心。西蒙·波普（Simeon Pope）称，潘恩的小册子"显然是为了误导不明真相的人，制造猜疑，削弱公众信心，散布虚假警报"③。詹

---

① Richard Watson, *An Apology for the Bible; In a Series of Letters, Addressed to Thomas Paine, Author of a Book Entitled the Age of Reason, Part the Second, Being an Investigation of True and Fabulous Theology*, London, 1796, 162.

② Ralph Broome, *Observations on Mr. Paine's Pamphlet, Entitled the Decline and Fall of the English System of Finance; in a Letter to a Friend, June 4, 1796*, London,［1796］; Lieutenant-Colonel［James］Chalmers, *Strictures on a Pamphlet Written by Thomas Paine, on the English System of Finance: To Which are Added Some Remarks on the War, and Other National Concerns*, 2nd edn., London, 1796; Simeon Pope, *A Letter to the Right Hon. William Curtis, Lord Mayor of the City of London, on the National Debt and Resources of Great Britain; Interspersed with Observations Financial, Commercial, and Political: and in Reply to Paine's "Decline and Fall of the English System of Finance"*, London, 1796; Joseph Smith, *An Examination of Mr. Paine's Decline & Fall of the English System of Finance, in a Letter to a Friend*, London, 1796; Daniel Wakefield, *A Letter to Thomas Paine, in Reply to His Decline and Fall of the English System of Finance*, London, 1796.

③ Simeon Pope, *A Letter to the Right Hon. William Curtis*, London, 1796, p.7.

姆斯·查尔默斯告诫读者，潘恩是"一个煽动者，他的唯一目的就是诱使社会陷入绝望和无政府状态"①。

这些作者都声称，潘恩关于国债增长的统计数据是错误的，他对纸币和金银铸币之间比率的理解也存在严重缺陷。他们还坚信，美国和法国最近为发行面值稳定的纸币所作的努力之所以失败，是因为两者基于的公共信用体系与英国建立的体系截然不同。英国的信用体系建立在同意而非强制的基础上，这在很大程度上归功于皮特首相的智慧和英格兰银行董事们的专业知识，他们获得了人民的信任，因为政府一贯通过议会立法来提高税收，以确保所有国债的利息都能妥善支付。只要政治体制存续，英国的融资体系就会持续，因此人民应该反对任何激进的政治变革。西蒙·波普特别强调英国经济的良好状况可以为国债兑现提供支持。他承认，自1688年光荣革命以来，战争成本一直在稳步增长，但他一再强调，国家经济的各个方面都在以比国债发行量更快的速度增长。英国能够支撑如此巨额国债的发行，这清楚地证明了英国日益增长的财富和不断扩充的资源。②

潘恩最后一部在英国引起书面反响的作品是《致华盛顿将军的信》(*Letter to General Washington*, 1796)。潘恩认为华盛顿没有尽力搭救他从法国监狱中获释，因此发动了这场对美国总统的抨击，这激怒了许多美国人，也促使英国人做出了两方面的回应。③ 威廉·科贝特（William Cobbett）首先在美国发表了他的小册子，一年后又在伦敦和格拉斯哥再版。他指责潘恩批评华盛顿作为军人的能力，并攻击《联邦宪法》的行为，而此前潘恩对这两者都表示过钦佩。潘恩此时已经取得法国国籍，并入选法国国民公会（French Convention）议员，他没有理由指望华盛顿把他当作美国公民对待。科贝特认为，潘恩写这本小册子的真正动机是破坏美国和英国最近签订的商业条约，从而利好法国。潘恩是一个"革命无赖"（revolutionary ruffian），他

① Lieutenant-Colonel [James] Chalmers, *Strictures on a Pamphlet Written by Thomas Paine*, 2nd edn., London, p.3.

② Simeon Pope, *A Letter to the Right Hon. William Curtis*, London, 1796, p.8.

③ [William Cobbett,] *A Letter to the Infamous Tom Paine, in Answer to His Letter to General Washington*, Philadelphia, 1796; Patrick Kennedy, *An Answer to Paine's Letter to General Washington*, Philadelphia and London, 1797，这两本小册子均可见于 Kenneth W. Burchell ed., *Thomas Paine and America, 1776—1809*, 6 Vols., London, 2009, Vol.6: pp.31—72, pp.83—100。

的小册子产生了与预期相反的效果：它为华盛顿的荣誉加冕，却让潘恩自己声名狼藉。爱尔兰人帕特里克·肯尼迪（Patrick Kennedy）也在美国和英国发表了对潘恩的回应，谴责潘恩懦弱地攻讦了曾经的朋友和恩人，并将潘恩对华盛顿的攻击与他为法国的利益而一再颠覆宗教、道德和所有稳定政府的言论联系起来。与科贝特一样，肯尼迪也支持英美两国近期签订的商业条约。他高度赞扬华盛顿为将的治军之能、为政的多谋善虑，以及作为一个可敬之人的刚正不阿。

正如我们所见，当时的英国人对潘恩著作的一些回应可被视为对重大意识形态辩论的重要贡献。有时这些著作会受到公正的对待，即便是批评的；但在大多数情况下，英国批评者更情愿对其论点、目标、散文风格和个人道德肆意辱骂。他们担心冷静的论证可能会使读者相信潘恩的作品至少有一些可取之处，因此转而对其进行谩骂和诋毁，以说服读者相信这些作品处处令人忧惧厌憎，而不值得任何称赞。吉尔伯特·韦克菲尔德（Gilbert Wakefield）对潘恩发起的攻击最令人惊愕，也最粗鲁恶毒。他是一位一神论牧师，是威廉·皮特（William Pitt）政府的批评者，也是法国大革命的早期崇拜者。他最初对潘恩的政治观点表示了一定的同情，并坚持认为《人的权利》的批评者应当致力于回应潘恩的论点，而非试图诋毁他的人格。[1] 即使在回应潘恩的《理性时代》一书的第一部分时，他也在开篇表示："托马斯·潘恩的前作充满了独出心裁的构思和深刻隽永的理念，融会贯通而又颖悟绝伦，其勃然朝气远超寻常思维，我想，但凡是有智慧和正直品格的人都不敢否认这一点。"[2] 他还直称，潘恩对英国宪法和政府制度的批评"给他招来了许多对手，毫无原则的雇佣者蜂拥而至，竭力诋毁他的人格，歪曲他一生的所作所为"[3]。这并不妨碍韦克菲尔德继续指责潘恩的宗教论点混乱、无礼、莫名其妙而又苍白无力。到韦克菲尔德对《理性时代》第二部分作出回应时，他的口气变得大相径庭。显然，潘恩的宗教观点已经到了令人魂飞胆颤的地步，不值得半点尊重。韦克菲尔德指责潘恩"极其惊世骇俗、极其目

---

[1]　Gilbert Wakefield, *Evidences of Christianity*, 2nd edn., London, 1793, pp.79—80 note.

[2]　Gilbert Wakefield, *An Examination of the Age of Reason, by Thomas Paine*, 2nd edn., London, 1794, p.1.

[3]　Ibid., 40.

无法纪、极其狂妄自大"，是"一个愚不可及的蠢物，因无知而盲目，因自负而狂热，以一种最蛮横的教条主义精神，在远远超出其学识的问题上，涌出自己的耻辱"。① 韦克菲尔德对潘恩的严厉斥责在当时广为流传，尤其是在美国，甚至还受到英国政府的称许。②

然而，大多数潘恩的英国批评者在对潘恩的政治作品诉诸人身时，比韦克菲尔德更赶早，也更偏激过甚。《人的权利》一书引发许多充满敌意的批评。许多批评者谴责他故意煽动穷人参与政治活动，并要求不切实际的改革。他们指责潘恩憎恨英国，过去曾劝诱美国人造反，如今又劝诱法国人造反，还到处鼓动革命。他被斥为危险的煽动者，他可以提出推翻现有宪法和政府制度的方法，却无法提供稳定的替代方案来保护私有财产和维护社会秩序。当时的漫画家把他描绘成一个密谋暴动的阴谋家、一个企图烧毁议会的纵火犯、一个鼓动各地人民起义的国际革命家、一个妄想革命却面临暴力报复的说梦痴人，以及一个试图教化（猴子形象的）普罗大众明白何为自身权利的傻瓜。③ 詹姆斯·吉尔雷（James Gillray）关于潘恩创作了两幅最著名的漫画，把他描绘为一个卑不足道、痴心妄想、性情奸恶的人，徒劳地试图评估君主制的价值，改进英国宪法。④ 据坚定的效忠派约翰·鲍尔斯（John Bowles）的说法，潘恩是一个"嫉妒而歹毒的恶魔"，他企图"激起对政府的不满，煽动叛变和骚乱，使这个自由而幸福的国家陷入混乱和无政府状态"。⑤ 尤其引起恐慌

① Gilbert Wakefield, *A Reply to Thomas Paine's Second Part of the Age of Reason*, London, 1795, pp.v—vi.
② 这并没有阻止韦克菲尔德在 1799 年与政府发生冲突，当时他表示英国政府实在是不受欢迎，以至于英国人民甚至可能欢迎法国的入侵。他因此而入狱。参见 F. K. Prochaska, "English State Trials in the 1790s: A Case Study", *Journal of British Studies*, Vol.13 (1973), pp.63—82。
③ 分别见 Isaac Cruikshank, *The Friends of the People*, 15 Nov. 1792; Isaac Cruikshank, *Mad Tom's First Practical Essay on the Rights of Man*, 14 May. 1792; Isaac Cruikshank, *Wha Wants Me?*, 26 Dec. 1792; James Gillray, *Tom Paine's Nightly Pest*, 26 Nov. 1792；以及藏于大英图书馆的一份珍稀印刷品，展示了潘恩向猴子宣讲《人的权利》的画面（1792?）。
④ James Gillray, *The Rights of Man; Or Tommy Paine the Little American Taylor Taking the Measure of the Crown for a New Pair of Revolution Breeches*, 23 May. 1792; James Gillray, *Fashion Before Ease or a Good Constitution Sacrificed, for a Fantastick Form*, 2 Jan. 1793.
⑤ [John Bowles,] *A Protest against T. Paine's "Rights of Man"*, London, 1792, in *Political Writings of the 1790s*, ed. Claeys, Vol.6: pp.42—43, 该作品在伦敦出版了至少 5 个版本，也在爱丁堡印刷，并由反对共和党及平等主义者之维护自由与财产协会（Association for the Preservation of Liberty and Property against Republicans and Levellers）传播。关于鲍尔斯坚定的效忠派立场，参阅 Emma Vincent, " 'The Real Grounds of the Present War': John Bowles and the French Revolutionary Wars, 1792—1802", *History*, Vol.78 (1993), pp.393—420。

的是，有人认为潘恩蓄意暗示经济平等是可以实现的，借此唤起穷人的乌托邦理想。① 毕竟，"无法实现的平等计划不可能不令那些身无长物的人感激涕零，他们会轻信，由社会本质所注定的阶层落差是一种罪恶和不公正，他们不应该屈从于此"②。如果潘恩的观点占了上风，"所有秩序都将被夷为平地，所有差别都将被抹杀，（曾经被顶礼膜拜的）财产权将被废除，安全与稳定将取决于无拘无束的大众反复无常的意志"③。约翰·吉福德（John Gifford），另一位坚定的效忠派，对《人的权利》的"愚蠢和荒谬"嗤之以鼻④，并谴责潘恩的政治目的，"他的罪行不止于企图激起我们军队的叛变、工人的暴动和穷人的骚乱；他企图废黜我们的君主，剥夺其家族的继承权；他企图颠覆我们的法律，推翻我们的宪法"⑤。同样，亚历山大·彼得（Alexander Peter）谴责潘恩"阴险地破坏和谐、助长不和，煽动不轨之谋，完全不符合社会的福祉和天经地义的从属关系"⑥。另一位批评家谴责潘恩鼓吹"如此狂野的原则，如此颠覆一切从属关系和政府，如此与自由背道而驰"⑦。汉娜·莫尔（Hannah More）将潘恩的不忠与共和主义联系在一起，并警告英国的普通民众拒绝这两者，否则他们将失去最珍视的一切。⑧

让潘恩最激烈的批评者感到尤为愤怒的是，《人的权利》在大众读者中取得了惊人的成功。约翰·吉福德称，潘恩的《人的权利》本会被抛却，而

①② [John Bowles,] *A Protest against T. Paine's "Rights of Man"*, London, 1792, in *Political Writings of the 1790s*, ed. Claeys, Vol.6, p.44.

③ Ibid., Vol.6: p.60.

④ John Gifford, *A Plain Address to the Common Sense of the People of England*, London, 1792, p.27, 附件是"托马斯·潘恩生平及作品摘要"（An Abstract of Thomas Paine's Life and Writings）。吉福德写了一部法国大革命的历史，一篇《致效忠派协会成员的简短演说》（*Short Address to Members of Loyal Associations*, 1798），据说卖出了 10 万册，同年，他开始编辑《反雅各宾派评论杂志》（*The Anti-Jacobin Review and Magazine*），出版多年。在《牛津国家传记词典》（*Oxford Dictionary of National Biography*, ODNB）中有关于他的简短词条。

⑤ John Gifford, *A Plain Address to the Common Sense of the People of England*, London, 1792, p.45（被误印成了 p.22）。

⑥ Alexander Peter, *Strictures on the Character and Principles of Thomas Paine*, Portsmouth, 1792, in *Political Writings of the 1790s*, ed. Claeys, Vol.6: p.142, 政府付给克拉伦斯公爵（Duke of Clarence）的印刷商莫布雷（W. Mowbray）175 英镑，让他制作 2.2 万份这本小册子，以更便宜、更广泛地分发。参阅 Arthur Aspinall, *Politics and the Press, c.1780—1850*, London: Home and Van Thal, 1949, p.143。

⑦ [David Rivers,] *Cursory Remarks on Paine's Rights of Man*, London, 1792, in *Political Writings of the 1790s*, ed. Claeys, Vol.6: p.131.

⑧ Hannah More, *A Country Carpenter's Confession of Faith: With a Few Plain Remarks on the Age of Reason*, London, 1794, p.21.

有人"出于最邪恶的目的，采取了非同寻常的努力促进其发行"①。在《理性时代》第一部分问世后不久，《泰晤士报》发表了一封致英格兰教会主教的信，敦请公众警惕《理性时代》对广大读者的贻害：

> 这本书以一种各个阶层都能理解的文体，用最惑人的语言写成，却含有一种最毒的毒药。……请您思量，成千上万的思想已经被该作品所玷污，它已经再版数次，其内容也被社会上心怀不满的人不遗余力地传播。②

另一位评论家坚信，潘恩的成功在很大程度上要归功于这一事实——激进社团分发免费版本，以及许多平价版书籍被销售给穷人。③一位圣公会牧师惊恐地发现，平价版的《人的权利》在普罗大众中广为流传：

> 潘恩先生的书很便宜，最穷的人也买得起，因此我认为现在有许多这样的书在这些人之中流传，他们在同伴中群情激昂地传播那些危险而又迷人的平等观点。……他们中许多人的谈吐具有强烈的平等和共和主义倾向。④

许多批评者对潘恩的散文风格嗤之以鼻，但他们承认（有时是在无意中）潘恩的风格使他博得了广泛的读者群。布鲁克·布斯比爵士抗议称，潘恩"无视语法，仿佛语法是贵族的发明，不顾体面"⑤，但他也旁敲侧击地承认，这本小册子是"用一种似是而非的行话写成的，旨在灌输给庸俗的

---

① John Gifford, *A Plain Address to the Common Sense of the People of England*, London, 1792, p.27.
② *The Times*, 21 August 1794.
③ [George Mason,] *A British Freeholder's Address to His Countrymen, on Thomas Paine's Rights of Man*, London, 1791, in *Political Writings of the 1790s*, ed. Claeys, Vol.5: p.308.
④ British Library, Reeves Papers, Add. Ms. 16927, f. 47. Rev. R. Wilson to J. Moore, Dec. 10, 1792; quoted in Nicholas Rogers, "Burning Tom Paine: Loyalism and Counter-Revolution in Britain, 1792—1793", *Histoire sociale/Social History*, Vol.32 (1999), pp.143—144.
⑤ *Observations on the Appeal from the New to the Old Whigs, and on Mr. Paine's Rights of Man. In Two Parts*, in *Political Writings of the 1790s*, ed. Claeys, Vol.6: p.217 note.

人"①。另一位评论家认为，潘恩肤浅的论点和薄弱的逻辑只会引人发笑，"但他似是而非的语言和诡辩却会惑乱那些懒于深究的读者"②。还有人认为，潘恩提出的许多论点都值得严肃批评，但他担心潘恩是在刻意巴结矿坑、作坊、酒馆甚至监狱里那些"义愤填膺的易燃少年"，"他的粗俗诡辩如此奉承底层群众，已然对他们的情绪产生了惊人影响"。③

二、别有用心的同时代潘恩传记

那些最痛恨潘恩著作的人并不满足于仅仅攻击其动机、论点、目标和风格。他们开始诋毁潘恩的人格，企图证明这个没有名誉、教养、信仰、道德和礼仪的人所表达的政治观点无法说服任何人。其结果是，为了满足英国政府的政治目的和潘恩政敌的复仇怒火，传记作品中出现了恶毒的人身攻击。第一本潘恩传记于1791年在伦敦问世。④ 该书在几年内至少再版了10次，1793年还有数版简写本和平装本面世。⑤ 这两版的扉页都署名为宾夕法尼亚大学硕士弗朗西斯·奥尔迪斯（Francis Oldys）。这是乔治·查尔默斯（George Chalmers）的笔名。⑥ 他是苏格兰人，曾移居马里兰州，但在美国独立战争爆发时，因其忠于祖国的信念而返回英国。1786年，他被任命为枢密院处理商业事务委员会的首席书记官，并担任此职直至去世。他是一位

① *Observations on the Appeal from the New to the Old Whigs, and on Mr. Paine's Right of Man. In Two Parts*, London, 1792, in *Political Writings of the 1790s*, ed. Gregory Claeys, London: William Pickering, 1995, Vol.6: p.288.

② *Defence of the Rights of Man, Being a Discussion of the Conclusions Drawn from Their Rights by Mr. Paine*, London, 1791, p.16.

③ Charles Harrington Elliot, *The Republican Refuted; In a Series of Biographical, Critical and Political Strictures on Thomas Paine's Rights of Man*, London, 1791, in *Political Writings of the 1790s*, ed. Claeys, Vol.5: pp.316—318. 丹尼尔·艾萨克·伊顿是潘恩的忠实崇拜者，他认为潘恩尤其令人畏惧，因为他告诉人，他们可以在没有地方官员或牧师许可的情况下阅读作品，而且，无论他们多么贫穷和无知，他们仍然拥有与其他人平等的权利。参阅 Daniel Isaac Eaton, *The Pernicious Principles of Tom Paine, Exposed in an Address to Labourers and Mechanics*, 6th edn., London, 1795。这本小册子的语气相当尖酸辛辣。

④ *The Life of Thomas Pain, the Author of Rights of Men, with a Defence of His Writings*, London, 1791，这一引文是准确的，扉页上确实印着"痛苦"（pain）和"人们"（men），该书的零售价为两先令六便士。

⑤ *The Abridged Life of Thomas Pain, the Author of the Seditious Writings, Entitled Rights of Man. The Eighth, Corrected, Edition*, London, 1793，该书的价格是每百本一先令或两基尼。这一版的扉页上有一幅版画，画着潘恩在一群猴子面前举着一本《人的权利》。

⑥ 《牛津国家传记词典》中收录了一篇关于他的简介。

活跃的研究者和多产作家，英国政府曾支付他 500 英镑，让他撰写一本充满敌意的潘恩传记。查尔默斯列数了潘恩文中的诸多语法错误。[①] 更重要的是，他是第一个对潘恩早年生活进行深入研究的人，他的一些研究成果影响了后来者关于潘恩的传记叙述，尽管他对自己的研究对象非常反感。查尔默斯指出潘恩出身卑微、缺乏正规教育、无法长期从事任何工作。他强调称，因为无法信任他能妥善地履行公务，英国财政部和美国国会都曾解除过他的公职。他控告潘恩（他坚持称其为"Pain"）一系列不诚实的行为：在第二次结婚时谎称自己单身、在担任税务官员期间从事走私、出售从未付过钱的家具、不支付他第一本小册子的印刷费，以及在 1789 年因债务被捕。还有许多造成人身伤害的过失：对年迈贫困的父母不尽赡养义务，虐待两位妻子并与之分居，很可能犯有重婚罪，以及从未与第二任妻子圆房。毫无疑问，刻画这些卑劣的细节是为了在许多潘恩的潜在读者眼中抹黑其人格，使他们趋于拒斥其观点。[②] 然而，潘恩并未驳斥这些指控。甚至当一位潘恩的追随者攻击查尔默斯的这本传记时，他也对这些极其恶劣的指控无动于衷。[③]

1793 年，短篇传记《潘恩的一生》(*The Life of Paine*) 在爱丁堡面世，该书也在很大程度上借鉴了查尔默斯的前作。书中反复对潘恩的人格进行人身攻击，尤其是他对待妻子和父母的方式，以及他表里不一的行为。这篇简短的生平故事应是由亨利·麦肯齐（Henry Mackenzie）撰写的。[④] 麦肯齐是法国大革命的激烈反对者，他在亨利·邓达斯（Henry Dundas）的授意下撰文为政府的政策辩护。[⑤] 四年后，另一部针锋相对的潘恩传记在费城问世，随后于伦敦再版，删去了原版向美国读者介绍这部作品的前几页。书名为《托马斯·潘恩生平，及评论与思考》(*The Life of Thomas Paine, Interspersed with Remarks and Reflections*)，费城版扉页上的作者姓名是彼得·波库派恩（Peter Porcupine），而伦敦版的作者则是威廉·科贝特。他们当然是同一

---

① *The Life of Thomas Pain*, London, 1791, pp.98—101.

② Corinna Wagner, "Loyalist Propaganda and the Scandalous Life of Thomas Paine: 'Hypocritical Monster!'", *British Journal for Eighteenth-Century Studies*, Vol.28 (2005), pp.97—115.

③ *Impartial Memoirs of the Life of Thomas Paine*, London, 1793，这部短篇作品很大程度上依赖于奥尔迪斯与查尔默斯所作传记。它售价六便士。

④ 这一说法是十八世纪作品在线（ECCO）在线出版的副本标题页上提出的。

⑤ 《牛津国家传记词典》中收录了一篇麦肯齐的简介。

人。科贝特在这一阶段尚未成为一名激进派，他自然是潘恩的批评者。他的这部传记盲目照搬了查尔默斯对潘恩早年生活的描述中所有的恶毒指控。它甚至进一步暗示潘恩的不正当性行为，称他在1786年"勾引了一位年轻的望族女子"后离开了美国。①科贝特还对潘恩在《人的权利》第二部分和《理性时代》中表达的观点进行猛烈抨击，这些作品都是在查尔默斯的传记出版后发表的。一年后，多产的历史学家约翰·阿道弗斯（John Adolphus）在伦敦出版了《法国大革命传记回忆录》（*Biographical Memoirs of French Revolution*），其中包含了大量关于潘恩的传记，他承认这些传记主要是根据弗朗西斯·奥尔迪斯（他正确地将奥尔迪斯认定为乔治·查尔默斯）的作品和威廉·科贝特所谓的"节选"编写的。他在书中编入了一部潘恩的长篇传记，并承认这部传记主要是基于弗朗西斯·奥尔迪斯（他认出了乔治·查尔默斯）的作品和威廉·科贝特作品的"节选"。②他同时指出，潘恩并未试图回应查尔默斯对他提出的任何恶劣指控。

1809年潘恩去世后几个月内，他在美国的政敌詹姆斯·奇塔姆（James Cheetham）出版了又一本极具批评性和影响力的传记。奇塔姆曾是曼彻斯特的激进派，他于1798年移居美国，成为《美国公民报》（*American Citizen*）的编辑。潘恩曾为这份期刊撰写过一些文章，但在1807年初，他转而将自己的政治文章投稿至其竞争对手《公共广告报》（*Public Advertiser*）。一方面，这是因为奇塔姆在没有征得他同意的情况下修改并发表了潘恩的一篇文章，惹恼了他；另一方面，二人在美法外交关系的问题上愈发各执一词。潘恩强烈批评奇塔姆的反法态度，指责他随时准备牺牲美国的商业利益以换取英国的利益。③奇塔姆在潘恩去世后几周内就发动了复仇。在他为潘恩写作的传记中④，他重复使用了乔治·查尔默斯最初创作的许多诽谤性材料，但他对潘恩的性格更加挑剔，对他的成就更加轻视。他对潘恩对待妇女的态

---

① *The Life of Thomas Paine, Interspersed with Remarks and Reflections*, Philadelphia, 1797, p.33.

② John Adolphus, *Biographical Memoirs of the French Revolution*, 2 Vols., London, 1798, Vol.2: pp.278—327.

③ 关于这一争论，参阅 Alfred Owen Aldridge, *Man of Reason: The Life of Thomas Paine*, London: The Cresset Press, 1960, pp.308—312。

④ James Cheetham, *The Life of Thomas Paine*, New York, 1809.

度严加指责，而现在他可以暗示潘恩引诱了德·博纳维尔夫人（Madame de Bonneville），潘恩有可能是她小儿子的生父，并在劝说她来美国后又将她抛诸脑后。[1] 在传记末尾，奇塔姆用了大量篇幅详细描述潘恩搜刮穷乏的友人，酗饮白兰地，动辄酩酊大醉，几乎从不盥洗，经常弄脏床铺。他丝毫不考虑潘恩的年龄和严重的健康问题，尽一切可能令他显得面目可憎：

> 潘恩身上全无美德。他不懂友爱，虚荣、嫉妒、恶毒……他私下里行事作风不三不四。……他犯有最恶劣的引诱之罪；使妻子疏远丈夫，孩子远离父亲。他是个污秽的醉汉，集各种恶习于一身。[2]

在评论潘恩的著作时，奇塔姆不认为潘恩对公共辩论有任何重要或原创性的贡献。他的所有著作都写得很糟糕，创作动机无非是虚荣、恶意、煽动和对金钱回报的渴望。关于《人的权利》，他评论道："第一部分充满煽动性；第二部分明目张胆地号召民众造反，旗帜鲜明地主张颠覆政府。从未有人如此胆大包天而蛮不讲理，乘机利用我国和其他国家的自由与友善。"[3] 潘恩的《理性时代》也一无是处："在密谋颠覆所有政府的同时，他还在谋划推翻所有宗教。在策划人间的毁灭和流血时，他还在策划对天堂的反抗。"[4] 奇塔姆和其他人一样，希望得知潘恩在弥留之际放弃了以前对宗教的看法，并最终服膺于拯救世人的基督，但他不得不承认事实并非如此，尽管他仍称这是因为潘恩的傲慢不允许他承认自己曾经犯下错误。[5] 虽然奇塔姆所作的传记在方方面面都是作为潘恩个人生活和政治的敌人对其进行抨击，但其自

---

[1] James Cheetham, *The Life of Thomas Paine*, New York, 1809, pp.226—267, 236—242, 244, 248—250, 296—299，德·博纳维尔夫人以诽谤罪起诉了奇塔姆。参阅 Harvey J. Kaye, *Thomas Paine and the Promise of America*, New York: Hill and Wang, 2005, p.123。

[2] James Cheetham, *Life of Thomas Paine*, New York, 1809, pp.313—314.

[3] Ibid., p.121.

[4] Ibid., p.178.

[5] Ibid., pp.276—277, 297—298, 305—308，一位美国小册子作者甚至暗指潘恩希望自己从来没有写过《理性时代》。参阅 *The Recantation; Being an Anticipated Valedictory Address, of Thomas Paine, to the French Directory*, New York, 1797。迟至 1816 年 8 月 17 日，《泰晤士报》刊登了一篇报道，称潘恩在去世前不久向一位年轻女子坦白，希望自己从来没有写过《理性时代》，并称他写作这本书时成了"魔鬼的代理人"。

称是基于对潘恩晚年的准确了解。在后来的许多潘恩传记中，即使是那些普遍同情潘恩的作者，也常常复用这些充满敌意的攻击，而不加以审查核对。①在潘恩去世十多年后，威廉·科贝特也变得越发激进，他尝试修复潘恩的声誉，但由于群众普遍不欣赏潘恩的个性和行事原则，他的努力付诸东流。②又过了几十年，潘恩的声誉才得以恢复。

三、对潘恩及其印刷商的法律惩治

正是《人的权利》第二部分的问世，该书对下层民众极大的吸引力，才促使英国政府决心阻止这类危险的激进出版物在市面流通。政府对法国的革命事件和国内激进运动的发展感到震惊，决心使用一切法律手段阻止潘恩的思想在全国范围内自由传播。③1792 年 5 月 21 日，颁布了一项皇家公告（Royal Proclamation），禁止邪恶和煽动性的著作，同日，潘恩被传唤于 6 月出庭，就煽动性诽谤罪的指控进行辩护。6 月 18 日，潘恩因出版《人的权利》第二部分而被指控为"一个阴险、恶毒、心怀不轨之人，并对我们的……国王以及这个王国的宪法和政府大为不满"④。对他的审判定于 12 月 18 日进行。9 月，潘恩逃往法国，险些被捕，并留下了一份为自己行为辩解的书面文件。在潘恩缺席的情况下，对他的审判在一个特别陪审团的主持下进行，该陪审团是根据其政治可靠性而挑选的。检察官、总检察长阿奇博尔德·麦克唐纳爵士（Sir Archibald Macdonald）向陪审团指出，《人的权利》第二部分的平价版"被塞进所有人手中，不分年龄、性别和条件：它们甚至还被包

---

① 然而，近来发表的一篇法语文章，讨论了潘恩晚年遭到攻击的个人原因和政治原因，以及奇塔姆说法的不可靠性。参阅 Marc Belissa, "La Légende grise des dernières années de Thomas Paine en Amerique, 1802—1809", *Annales Historiques de la Révolution Française*, Vol.2 (2010), pp.133—172。

② Ian Dyck, "Debts and Liabilities: William Cobbett and Thomas Paine", in *Citizen of the World: Essays on Thomas Paine*, ed. Ian Dyck, New York: Christopher Helm, 1988, pp.86—103.

③ 关于讨论政府利用法庭来压制激进批评者的研究，见 John Barrell, *Imagining the King's Death: Figurative Treason, Fantasies of Regicide 1793—1796*, Oxford: Oxford University Press, 2000; Clive Emsley, "Repression, 'Terror' and the Rule of Law in England during the Decade of the French Revolution", *English Historical Review*, Vol.100 (1985), pp.801—825; Michael Lobban, "Treason, Sedition and the Radical Movement in the Age of the French Revolution", *Liverpool Law Review*, Vol.22 (2000), pp.205—234。

④ Moncure D. Conway, *The Life of Thomas Paine*, 2 Vols., 1892, new edn., New York, 1983, Vol.1: p.342.

上甜点送给儿童"。在他缺席的情况下，他的审判将由一个特别陪审团进行，该陪审团是根据其可能的政治可靠性而选出的。检察官、总检察长阿奇博尔德·麦克唐纳爵士告诉陪审团，《人的权利》第二部分的平价版已经"不分年龄、性别和条件地被塞到所有人手里，甚至还和糖果一起打包送给孩子们"，他还称这部作品"是在诋毁、贬低和蔑视这个国家所有部门的所有机构"。[①]潘恩的辩护律师是托马斯·厄斯金（Thomas Erskine），他是当时最杰出、最开明的辩护律师。[②]尽管考虑到当时的政治风向和陪审团成员的组成，厄斯金的任务希望渺茫，但他还是进行了精彩的辩护。他入情入理地申诉控方蓄意将一封据说是潘恩写的信呈交给陪审团，但这封信并未被证实是潘恩所写，也不是正式起诉书的一部分；信中对检方不屑一顾，对国王大加批评，对法国的事态发展表示支持。他强调新闻自由的重要性，并坚持认为不应因政治观点而对潘恩定罪，除非检方能够证明他的书煽动了叛乱。在厄斯金看来，潘恩批评了他眼中的乱政恶法，但他并没有鼓吹和煽动任何暴力反抗。[③]当代的读者可能会为厄斯金的这番演说侧目，但在当时，当总检察长进行答复时，陪审团主席起身示意他多此一举，因为陪审团认为潘恩的罪行无可否认。陪审团根本没有花时间讨论裁决结果。潘恩被定罪，并被宣判为不法分子。法庭外群众欢声雷动，厄斯金的马车被拖行着穿过街巷，如同一场凯旋游行。

英国当局无法对潘恩施加实质性惩罚，因为他再也不曾回到英国，但当局坚决惩处了那些敢于出售和传播潘恩作品的激进派。各郡的几名印刷商被定罪并处以监禁，他们的审判记录没有留存下来。[④]1792 年 12 月 10 日，托马斯·斯彭斯（Thomas Spence），一位著名的激进派作家和书商，在全国效忠派运动的创始人约翰·里夫斯（John Reeves）的煽动下被捕，原因是他在《人的权利》第二部分获罪前曾出售过该书。在监禁期间，斯彭斯遭到威

---

① *The Trial at Large of Thomas Paine, for a Libel, in the Second Part of Rights of Man*, London, 1792, p.4, 审判过程也记录了 William Cobbett, T. B. Howell and T. J. Howell eds., *A Complete Collection of State Trials*, 33 Vols., London, 1809—1826, Vol.22: pp.357—472. 以下简称为 *State Trials*。

② 关于厄斯金在这次审判中扮演的角色，参阅 Lloyd Paul Stryker, *For the Defense: A Life of Thomas Erskine, the Most Celebrated Advocate and the Most Enlightened Liberal of His Times, 1750—1823*, New York: Garden City, 1947, pp.210—226。

③ 厄斯金的演讲出版为一本单独的小册子：*The Celebrated Speech of the Hon. T. Erskine, in Support of the Liberty of the Press*, Edinburgh, 1793。

④ 参阅 Lloyd Paul Stryker, *For the Defense*, New York: Garden City, 1947, p.228。

胁和虐待，但随后便被释放，并未受到任何公审和定罪。他向公众揭露了这些诉讼程序的不公。① 这没能使他幸免于 1793 年两次遭到逮捕又被无罪释放。1793 年 6 月 3 日，另一位著名激进派作家、印刷商和书商丹尼尔·伊萨克·伊顿（Daniel Isaac Eaton）② 在伦敦老贝利法庭（the Old Bailey）的特别陪审团面前接受了一场离奇的审判，罪名是出版潘恩的《人的权利》第二部分。③ 检方指控他是一个阴险恶毒、煽动叛乱的心怀不轨之人，对国王、宪法和政府极为不满，这一点可以从他出售平价版《人的权利》的行为中体现，这本书侮辱国王，并鼓励民众起义。伊顿的律师菲利克斯·沃恩（Felix Vaughan）本身也是激进派，但刚开始接触法律，他为伊顿进行了精彩的辩护。伊顿出版的《人的权利》中，删减了在潘恩审判中受到明确谴责的部分内容，这一事实有利于沃恩的辩护。沃恩本人强调了新闻自由的重要性，视其为英国之自由的桥头堡，并坚信潘恩《人的权利》是一部具有思辨性的哲学探索之作，其批判的是绝对君主制，而非任何君主立宪制度。他还大胆断言，潘恩著作煽动暴乱的言论完全是无稽之谈，而本应支持宪法的效忠派却在曼彻斯特和伯明翰制造了大规模骚乱。法官在总结时建议陪审团，新闻自由并不适用于那些积极明确地伤害人类的作品，他们应当考虑《人的权利》是否针对的是最底层的人，这些人缺乏必要的教育，无法理解这是一部思辨性作品，因此可能会被它误导，并要求发动根本的改革。尽管法庭的倾向性如此明显，陪审团还是作出了"出版罪名成立，但没有犯罪意图"的裁决。④ 法官对这一判决感到不解，并试图迫使陪审团明确作出有罪或无罪的裁决。陪审团坚持自己的决定，菲利克斯·沃恩要求立即释放他的当事人。法官最终在第二天保释了伊顿，但坚持认为陪审团的明确决定应该在下一个法律任期内交给十二位上诉法官。

---

① *The Case of Thomas Spence ... Who was Committed to Clerkenwell Prison, ... For Selling the Second Part of Paine's Rights of Man*, London, 1793.

② 关于伊顿，参阅 Michael T. Davies, "Daniel Isaac Eaton", in *British Reform Writers, 1789—1832*, ed. Gary Kelly and E. Applegate, *Dictionary of Literary Biography*, Detroit, 1996, Vol.158, pp.94—102。

③ 伊顿后来发表了他对这次审判的描述：*The Proceedings on the Trial of Daniel Isaac Eaton, upon an Indictment for Selling a Supposed Libel, "the Second Part of the Rights of Man, Combining Principle and Practice" by Thomas Paine*, London, 1793；审判也被记载在 *State Trials*, Vol.22: pp.753—784。

④ *The Proceedings on the Trial of Daniel Isaac Eaton*, London, 1793, p.42.

不到两周后，1793 年 7 月 10 日，伊顿在国王御前法庭的另一个特别陪审团面前再次被起诉，原因是他将一本潘恩作品《致近日公告发件人之复函》(*A Letter Addressed to the Addressers on the Late Proclamation*) 销售给了一名线人，此人受效忠派伦敦市长指使来构陷他。这部作品是潘恩逃往法国时留下印刷的，潘恩在其中抨击了那些试图通过对激进派作者、印刷商和书商提起刑事诉讼来使皇家公告生效的效忠派。

潘恩更是直言不讳地坚称，英国宪法只让少数英国人获益，他们是朝臣、地方官、养老金领取者、市镇商人和政党领袖，而不符合其他 99% 英国人的利益。在他看来，幸运的是，普罗大众越来越意识到英国政治制度的豪奢和腐败。如今他敦促人民效仿美国人和法国人，制定一部适当的成文宪法，改革政府制度。新任总检察长约翰·斯科特（John Scott）再次指控伊顿是一个邪恶、歹毒、煽动叛乱和心怀不轨的人，他出售潘恩的《复函》是为了煽动民众的不满情绪，疏远国王与臣民的感情。[1] 在对陪审团的讲话中，斯科特数次提到潘恩的《人的权利》，这部分内容并不在伊顿的起诉书中，他或许是故意提起以使陪审团产生偏见，因为《人的权利》是已被定罪的出版物。菲利克斯·沃恩再次为伊顿辩护，他不仅在一般意义上强调了捍卫新闻自由的重要性，而且还甘冒风险，大无畏地为潘恩在《人的权利》及《复函》中提出的主要论点辩护。他认为，目前的政治制度确实是以牺牲多数人来使少数人受益；选举制度存在严重缺陷，只有少数人有投票权；英国人民在 1688 年召开国民大会，以捍卫光荣革命的成果，这一举措如今传为美谈。沃恩认为，尽管这些申辩持之有故，言之成理，但政府却一再起诉那些出售其作品的人，并不断以这一名义压迫那些坚持自身权利和自由事业的穷人。在向陪审团发表的讲话中，沃恩坚称法国人推翻昔日政治制度的举动是正当的，这一番发言想必令所有效忠派为之震动。关于潘恩，他毅然地宣称：

> 我相信，在许多人的心中，一定潜藏着对这个人的好感，这种好感

---

[1] 关于此次审判，参阅 *State Trials*, Vol.22: pp.785—822；以及伊顿本人的出版物，*The Trial of Daniel Isaac Eaton, before Lloyd Lord Kenyon and a Special Jury, ... for Selling a Supposed Libel, a Letter Addressed to the Addressers by Thomas Paine*, London, 1793。

源于他的名字所受到的起诉。那么，永远起诉这本书，起诉每一个在不经意间碰巧出售这本书的人，是否明智呢？……上帝啊！难道所有冠以托马斯·潘恩之名的东西，都是诽谤和犯罪吗？当他告诉你，我们的国家应该是世界的，我们的宗教应该是行善的，我很想知道这样的看法和其他类似的看法是否有罪。①

沃恩铤而走险的一番辩护见效了。令法官讶然的是，在涉及伊顿的案件中，又一个特别陪审团拒绝作出明确的有罪或无罪判决。陪审团退庭2小时20分钟，时间之长非同寻常，然后作出了仅出版罪罪名成立的判决。②法官凯尼恩（Kenyon）坚持认为这一判决并不恰当，并敦促陪审团重新考虑。陪审团又退庭40分钟，但还是给出了同样莫衷一是的判决结果，法官只得无奈地将其记录在案。

如此一来，两起伊顿出版潘恩作品案的判决结果都不那么遂人愿。政府一度决定对这些案件提起上诉，但最终还是改了主意。伊顿在保释状态下度过了余生。他继续出版激进作品，包括潘恩的著作，1797年被迫流亡美国数年，并不断承担着被起诉和监禁的风险。直至1812年，他因出版潘恩的《理性时代》第三部分而被起诉，这是一本"最亵渎神明和不敬的诽谤之作"，潘恩生前并未将之发表。伊顿获罪，被判处于纽盖特（Newgate）监狱监禁18个月，并受枷刑示众。他又发表了一篇自己受审的报告。③当他站在刑台上时，台下成千上万名观众山呼海啸，群情激昂。政府有权严惩他，但公众已不再因激进思想而惶恐。④

1793年8月30日，苏格兰激进分子托马斯·缪尔（Thomas Muir）在爱丁堡受审，罪名是发表煽动性言论并怂恿群众购买各种煽动性著作，尤其是潘恩的《人的权利》。⑤检方的主要任务是证明缪尔曾罪大恶极地诱导人们购

---

① *State Trials*, Vol.22: pp.807—808; *The Trial of Daniel Isaac Eaton*, London, 1793, pp.39—40.

② *State Trials*, Vol.22: p.822; *The Trial of Daniel Isaac Eaton*, London, 1793, p.65.

③ *Trial of Mr. Daniel Isaac Eaton, for Publishing the Third and Last Part of Paine's Age of Reason*, London, 1812.

④ Michael T. Davies, "Daniel Isaac Eaton", in *British Reform Writers, 1789—1832*, ed. Kelly and Applegate, pp.94—102.

⑤ 关于此次审判，参阅 *An Account of the Trial of Thomas Muir*, Edinburgh, 1793; Christina Bewley, *Muir of Huntershill*, Oxford: Oxford University Press, 1981, pp.68—84。

买和阅读《人的权利》，该书被描述为"一份最邪恶、最具煽动性的出版物，旨在诽谤国家宪法，在人民中间制造叛乱思想，煽动他们采取暴行，反对当前的政府"[1]。控方大肆宣扬缪尔鼓励那些贩夫走卒，如一名织工和一名理发师阅读潘恩的著作，他甚至派一名女佣去买书，这名女佣自己也阅读了其中的一些内容。在为自己辩护时，缪尔恰切地指出，潘恩的《人的权利》从未在苏格兰的法庭上获罪，苏格兰仍然保留着与英格兰不同的法律制度。[2]控方对此不予理会。[3]这场审判的法官充满成见，陪审团则是从该市知名效忠派中选出；不出所料，缪尔被判有罪，并被处以严刑流放14年，押送至澳大利亚植物学湾（Botany Bay）。

英国政府起诉了十几个售卖潘恩《人的权利》第二部分的人。当局还竭力阻止潘恩《理性时代》第二部分的发行。1797年6月28日，激进组织伦敦通讯社（London Corresponding Society）的出版商托马斯·威廉斯（Thomas Williams）因出版潘恩的《理性时代》而被伦敦国王法庭以渎神罪起诉。尤为值得注意的是，此次审判的控方由著名律师托马斯·厄斯金领导，他曾分别在1792年12月以及1794年为托马斯·潘恩和被控叛国罪的几名激进分子辩护，赢得了很多赞誉。从厄斯金对陪审团的陈述中不难看出他的尴尬，因为他曾多次在法庭上捍卫新闻自由，而现在却要站在对立面；但他辩称，当人们的宗教信仰和道德受到威胁时，就另当别论了。[4]他告诉陪审团，他在阅读《理性时代》一书时感到"惊骇和厌恶"，并得出结论，称这部作品：

> 没有向开明有识之士提出任何论点。相反，它以最令人震惊的蔑视态度对待智者的宗教信仰和政治观点，煽动那些没有受过教育、无法冷静思考的人，全然否定迄今为止被奉为神圣的一切；进而拒绝接受国家

---

[1] *An Account of the Trial of Thomas Muir*, Edinburgh, 1793, p.6.

[2] Ibid., p.110.

[3] Ibid., p.118.

[4] 关于此次审判，参阅 *The Speeches of the Hon. Thomas Erskine, ... on the Trial of the King versus Thomas Williams, for Publishing the Age of Reason, Written by Thomas Paine*, London, 1797; Lloyd Paul Stryker, *For the Defense*, New York: Garden City, 1947, pp.356—368。

的律令，因为这些律令都是建立在对其真实性的假设之上的。①

斯图尔特·凯德（Stewart Kyd）在 1794 年叛国罪审判中曾是共同被告，他担任辩方律师。②他援引比较了《圣经》段落和《理性时代》的段落，以证明潘恩在《理性时代》中得出的某些结论能够在《圣经》中找到证据支持。法官对陪审团听到这样的段落感到震惊，于是询问陪审团是否愿意听到这些或许算得上亵渎神明的证据。陪审团决定不予听取这些证据，而辩护律师实际上也因这一决定而受到了牵制和削弱。此外，在总结时，法官批评了辩方将这场官司称为"丑闻"的言论，并称赞了促进起诉的教士和信徒组织，因为他们担心国家可能会被"放诞与奸恶"以及"败德辱行的洪流"所淹没。③最后，他谈到了潘恩罪大恶极的作品："我无法想象它是如何出版的，只可能是出于最恶毒的目的。然而，你们应该对此作出判断，并在公众和被告之间主持公道。"④陪审团甚至懒得退席审理此案，直接当庭宣布威廉斯有罪。

这场荒谬绝伦的审判引发了一场抗议风暴。托马斯·潘恩立即在巴黎自费出版了《就托马斯·威廉斯因出版〈理性时代〉而被起诉一事致托马斯·厄斯金阁下的信函》（*A Letter to the Honourable Thomas Erskine on the Prosecution of Thomas Williams, for Publishing the Age of Reason*）。他对厄斯金同意在一个明显涉及新闻自由的案件中为控方辩护表示惊诧，并抨击了法官的行为。他还重申了自己的观点，即没有证据证明《圣经》是上帝的话语，他抗议说"在所有折磨人类的暴政中，宗教暴政是最不堪的"⑤。辩方律

---

① *The Speeches of the Hon. Thomas Erskine*, London, 1797, p.4, p.17.

② 凯德一直是宪法信息协会（Society for Constitutional Information）的活跃成员。1794 年，他以叛国罪被捕，并被关进伦敦塔，但在托马斯·哈迪（Thomas Hardy）和约翰·霍恩·图克（John Horne Tooke）被判无罪后，政府决定不再起诉他。参阅 Alan Wharam, *The Treason Trials, 1794*, London and Leicester: Leicester University Press, 1992。

③ 这场起诉是由公告协会（Proclamation Society）成员的抗议引发的，该协会成立于 1787 年，是为了响应当年 6 月 1 日的皇家公告，反对恶习和不道德行为的蔓延。该协会随后于 1803 年并入惩恶会（Society for the Suppression of Vice）。参阅 M. J. D. Roberts, *Making English Morals: Voluntary Association and Moral Reform in England, 1787—1886*, Cambridge: Cambridge University Press, 2004, pp.53—54。

④ *The Speeches of the Hon. Thomas Erskine*, London, 1797, p.21.

⑤ Thomas Paine, *A Letter to the Honourable Thomas Erskine*, Paris, 1794, p.5, 主要针对其神学观点对潘恩进行驳斥的有 John Marsom, *Falshood Detected: Being Animadversions on Mr. Paine's Letter to the Honorable Thomas Erskine, on the Trial of Thomas Williams, for Publishing "The Age of Reason"*, London, 1798。

师约翰·马丁对厄斯金的猛烈抨击更加奏效。他指责厄斯金此前为潘恩和新闻自由辩护，现在却支持在此案中进行不公正的审判，其行为前后矛盾且虚伪。在厄斯金的引导下，法官不允许辩方将《理性时代》中的论点与《圣经》进行对照阅读，这就使辩方无法证明潘恩的作品是基于圣经内容得出合理结论的。他接着对法官的角色提出抗议：对一个国家来说，一个脾气暴躁、急于求成、玩忽职守的法官比一个腐败的法官危害更深。[①]

威廉斯被判有罪，但将近 7 个月后才被宣判，不过在等待宣判期间他被关进了监狱。与此同时，值得称道的是，厄斯金对自己在审判中的角色越来越感到难堪。他发表了一篇略迹原情的演说，请求对威廉斯从轻判决。那些雇用他起诉此案的人否决了他的求情后，厄斯金选择了退还酬金，并拒绝再为他们代理。对威廉斯来说，这也于事无补。最终，他于 1798 年 2 月 5 日被处以一年苦役，并缴纳了 1000 英镑的担保金，以保证他在有生之年行为安分。[②]

四、1792 年至 1793 年间的潘恩焚烧仪式

英国政府及其众多效忠派盟友力图惩治那些印刷、销售和传播潘恩作品的人，但潘恩却逃脱了他们的魔掌。退而求其次，他们竭力诋毁潘恩的人格，使他受到公开羞辱和仪式性惩罚，如同他仍在英国的敌人手中一样。对待那些无法受到法律惩罚的公认叛徒，有一种方法是，在精心策划的仪式上焚烧他们的肖像，让从执政精英到无产穷人，所有社会阶层都参与其中。历史上，盖伊·福克斯（Guy Fawkes）、教皇和詹姆士党人等各色人等都曾这样做过。在 1792 年到 1793 年的冬天，全国上下几百个城镇和村庄（共计可能超过 500 个）对托马斯·潘恩的肖像进行了羞辱和焚烧。这场公众对个人的仇恨前所未有，据估计有 50 万人参与其中。[③]这些仪式上往往都有一个精

---

① *A Letter to the Hon. Thomas Erskine, with a Postscript to the Right Hon. Lord Kenyon, upon Their Conduct at the Trial of Thomas Williams for Publishing Paine's Age of Reason*, London, 1797, p.36.

② Lloyd Paul Stryker, *For the Defense*, New York: Garden City, 1947, pp.366—368.

③ 有两篇关于潘恩焚烧仪式的杰出研究：Nicholas Rogers, "Burning Tom Paine: Loyalism and Counter-Revolution in Britain, 1792—1793", *Histoire sociale/Social History*, Vol.32 (1999), pp.139—171; Frank O'Gorman, "The Paine Burnings of 1792—1793", *Past and Present*, Vol.193 (2006), pp.111—155。

心制作的雕像，制作雕像的材料与潘恩以前的职业有关，他曾是一名木工，也担任过税务官员。雕像通常头戴一顶象征自由的帽子，一手拿着拐杖，一手拿着一本《人的权利》。①在杜伦郡的费尔顿，人们在雕像的胸前钉上了一张告示，上面写着："汤姆·潘恩，煽动叛乱的播种者，我们造福社会、令人艳羡的宪法的诽谤者——英国人要小心提防他所谓的民主原则，避免和他落得一个下场。"当这尊肖像游行于大大小小的城镇和村庄时，人们总是不失时机地对其进行羞辱和嘲弄，游行队伍往往有数百甚至数千人。人们通常鸣枪，敲响教堂的钟声，燃放烟花爆竹。乐队经常演奏《天佑吾王》(*God Save the King*)和《不列颠万岁》(*Rule Britannia*)等乐曲，人群高歌，人们喝得酩酊大醉。游行群众常常模拟潘恩肖像受审的情景，对其定罪判刑，并令其发表最后的临终演说，承认自己犯下了共和主义、无神论、叛国、失德等罪行。然后，它往往会被吊死在高高的刑台上，让所有的人都能目睹死刑的执行。有时，人们还会将雕像放在篝火上焚烧，其残骸会被拖行或被人踢到街上。②

毫无疑问，这些活动获得了地方当局的官方支持，并且往往由当时势力最强的效忠派社团策划。这些努力都是为了使焚烧潘恩的活动看起来仿佛得到了官方认可，使上层人士和普通民众都参与其中。席间的饮食、奏乐，以及审判和处决流程所需的物品，通常由富人提供，他们的投入无疑是为了争取群众的参与。焚烧仪式是为了展示民众对国王、宪法和政府的忠诚，同时也是为了威慑当地的激进分子。尽管一些激进分子在一些地方对这些仪式表示反对，但毫无疑问，大量民众自由参与了对潘恩的这些仪式性处决。虽然潘恩的作品在全国范围内广泛传播，但在许多小城镇和村庄，居民只能通过口耳相传的方式了解他和他的著作。效忠派的地方法官、牧师、地主和手工

① *Newcastle Advertiser*, No.221, 5 January 1793.
② 1792年12月13日的《泰晤士报》(*The Times*)详细描述了在埃塞克斯郡沃尔瑟姆修道院(Waltham Abbey, Essex)焚烧潘恩肖像的事件。在1792年12月8日和12日，以及1793年1月2日和5日的《泰晤士报》上也可以读到其他关于潘恩焚烧仪式的报道。《泰晤士报》可以使用线上资源阅览。大英图书馆有一幅版画《潘恩（痛苦）的终结》(*The End of Pain*, Jan. 1793?)，画的是潘恩挂在刑台上的塑像；还有一幅稀有的版画《汤姆·潘恩（痛苦）的肖像或叛乱分子的权利》(*Tom Pains Effegy [sic] or the Rights of a Seditious Poltroon*, Jan. 1793)，画的是潘恩被煮在一口大锅里，而埃德蒙·伯克、威廉·皮特和亨利·邓达斯围着火起舞。

业雇主一再向民众强调，潘恩是个叛徒，是个暴力革命者，是对教会和国家的威胁。由于潘恩逃脱了法律的制裁，出走至革命的法国——一个从1793年2月起就与英国交战的国家——从而表明了自己是个懦夫，因此人们普遍认为，潘恩的肖像至少应该受到仪式上的羞辱和惩罚。人们认为，举行潘恩焚烧仪式的行为是对一个威胁政治稳定和社会秩序的人的正当敌视，而这个人现在与法国大革命密切相关。参与者是在表明他们对英国君主、宪法和政府的忠诚，而这一切似乎都受到国外法国革命者和国内政治激进分子的严重威胁。潘恩被视为这些威胁的化身和缩影。

尽管本文研究了敌视潘恩及其作品之人的思想和行动，但我们应该清楚，对这些反对声音的考察实际上也能体现关于潘恩正面成就的很多信息。这些针对潘恩的强烈反应的出现，正是因为其著作提出的论点着实让教会和国家旧制度的维护者感到恐惧。如果潘恩的论点不是被视为对精英阶层及其财产、权威和地位，以及政治、司法和宗教机构的强大威胁，那么这些反驳潘恩的恶毒企图就没有必要，也不会得到如此强烈的支持；达到这些企图所采用的手段，不是理性的论证，而是有失公允的驳斥、不怀好意的记传、不公正的法律诉讼和公开的羞辱。潘恩敌人的不悦反应也支持这样一种论点，即他的著作不仅传播范围很广，而且对许多普通公民产生了强大的影响。他的思想确实让许多下层民众看到了现行社会和政治秩序的弱点和弊端，以及他们自己的生命和自由所面临的威胁。尽管潘恩的敌人经常批评他的逻辑错误和语法不清，但他们实际上都很清楚，这些所谓的缺陷并没有削弱潘恩的论证，反而往往使其更加有力。显然，潘恩的写作风格比他的任何对手都更能打动大众读者。研究对潘恩的攻击，尤其是18世纪90年代在英国的攻击，也是英国政治和英国社会因所谓的"伯克—潘恩之争"而两极分化的佐证。当局决定起诉那些试图传播潘恩思想的人，这表明了革命时代英国自由的局限性。这些审判表明政府滥用了法律权力，但它们也表明，勇敢的激进分子和一些正直的陪审员偶尔也能阻止政府在试图限制新闻自由方面走得太远。对潘恩及那些印刷、传播或销售其作品的人的审判可能让许多激进分子感到恐惧，但也在一定程度上起到了反作用，因为这些审判让潘恩的作品更加广为人知，也让更有胆量的改革者疏远了政府。最后，尽管潘恩和他的支持者受到了种种打击，但他的论点仍在流传，他的作品仍在印刷，他被视为自由事业的殉道者，激励着后代的改革者。前文提到，丹尼尔·伊萨克·伊顿在 1812 年仍准备冒着入狱的危险出版《理性时代》第三部分，这是潘恩生前未能出版的作品。理查德·卡莱尔（Richard Carlile）是 19 世纪初一位大胆的激进派和身负恶名的自由思想家，他用潘恩的名字为自己的儿子命名，并从 1817 年开始认真研究潘恩的作品。他以连载和廉价小册子的形式再版潘恩的作品。1819 年，他因此而被起诉，但在审判期间，他向陪审团朗读了《理性时代》，以示对检察官的蔑视。他被判处六年监禁，但仍敢于在 1820 年发表力挺潘恩的作品《托马斯·潘恩的一生》（*Life of Thomas Paine*）。在此之前一年，已经开始重新出版潘恩作品的威廉·托马斯·舍温（William Thomas Sherwin）和托马斯·克利俄·里克曼（Thomas Clio Rickman）都创作了同情和支持潘恩的作品。威廉·科贝特曾在 18 世纪 90 年代猛烈抨击潘恩，后来却成了潘恩的崇拜者。他于 1817 年前往纽约，挖出了潘恩的遗骨，并于 1819 年将其带回英国，计划为他竖立一座合适的纪念碑。他没能成功，潘恩的遗骨也随后遗失，但潘恩的声誉在 19 世纪逐渐恢复。然而，在他去世很久之后，人们才为他树立了半身像和雕像，建立社团，以纪念其著作和社会活动，并带着同情和敬意对他的生平和出版物进行了大量研究。即便是在 18 世纪 90 年代，英国批评家们作出了最坚决的努力，他们也当然没能让潘恩闭嘴；但几十年来潘恩的声誉遭到了严重损害。在美国，尽管他的宗教观点仍然受到广泛的敌视和批评，他的生平和思想在整个 19 世纪的大部分时间里受到一小撮激进分子的颂扬。[①]1892 年，蒙库尔·康威（Moncure Conway）出版了一部充满同情和赞赏的潘恩传记，为恢复潘恩在美国的声誉作出了很大贡献，但直到 20 世纪，潘恩才重新在英国受到学术界的青睐。[②]

---

① Harvey J. Kaye, *Thomas Paine and the Promise of America*, New York: Hill and Wang, 2005, pp.123—180.

② Edward Royle, "The Reception of Thomas Paine", *Bulletin of the Society for the Study of Labour History*, Vol.52 (1987), pp.14—20.

英国政治史研究

现当代威尔士民族主义运动的发展演变与现状

——以威尔士党为主线 *

黄 洋 **

作为一个典型的多民族国家，英国由英格兰、苏格兰、威尔士和北爱尔兰四大地区组成的事实广为人知。由于 20 世纪下半叶持续数十年的北爱尔兰冲突和近年来日益突出的苏格兰独立问题，北爱尔兰和苏格兰的民族主义运动往往更为人瞩目。相比之下，政治上的威尔士民族主义运动则显得默默无闻。在历届英国议会选举中，威尔士民族主义运动的绝对主导力量——威尔士党（Plaid Cymru）[①] 赢得的席位屈指可数。而自 1999 年威尔士开始自治进程、成立地方议会和政府以来，威尔士党也未曾赢得过任何一次威尔士地方议会选举。当外界的目光往往聚焦在北爱尔兰和苏格兰这类民族主义运动表现突出的地区时，威尔士民族主义运动的弱势反而更值得关注和探究。本文将在考察威尔士党现当代发展演变的基础上，探讨其政治表现相对处于弱势的主要原因。

一、威尔士自治前的威尔士党（1925—1999 年）

（一）从保护语言到左翼路线

威尔士于 1282 年被英格兰彻底征服，1532 年被正式兼并。300 多年后，

* 本文系浙江外国语学院 2021 年度博达科研提升专项计划（第三期）青年基金项目"族群联邦主义视角下的苏格兰与威尔士分离主义运动研究"（2021QNYB6）的阶段性成果。
** 黄洋，浙江外国语学院英语语言文化学院讲师、环地中海研究院副研究员。
① "Plaid Cymru"为该党的威尔士语名称，对应的英文为"The Party of Wales"，意为"威尔士党"。

威尔士民族主义于 19 世纪后半叶开始兴起。然而，这段时间威尔士民族主义主要体现在文化和社会领域，政治上的威尔士民族主义运动尚处于萌芽阶段。直至 1925 年，威尔士民族党（The National Party of Wales）才正式成立，即今天威尔士党的前身。

威尔士民族党从成立之日就带有浓厚的族群文化色彩。大部分创立者和早期成员是专业的知识分子如教师和宗教人士。[1] 该党创建者之一的桑德斯·刘易斯（Saunders Lewis）就是一名大学教师，也是一位坚定的威尔士文化捍卫者。刘易斯于 1926 年首次在党内发表讲话时宣称，不以语言和文化延续为原则的民族主义在道义上是根本不正确的概念，只有威尔士拥有自己的政治体制，威尔士语才能够繁荣发展，这也是威尔士民族党成立背后的逻辑。[2] 他还呼吁将威尔士语定为威尔士的唯一官方语言。[3] 1932 年，威尔士民族党规定所有党员应当遵循的三大目标为："威尔士自治政府；保护威尔士语言、文化和传统；以及威尔士在国际联盟中的成员资格"，而威尔士语直至第二次世界大战结束一直是该党在各种会议、暑期学校和内部交流中几乎唯一使用的语言。[4]

然而，尽管威尔士语在传承上要比苏格兰盖尔语强许多，但是毕竟已经不再是威尔士的通用语言。经过几百年的同化，许多威尔士人已经不会说威尔士语，能说威尔士语的人口大部分也集中在农村地区，而拥有大量英格兰移民人口的工业和城市地区基本都是以英语作为通用语言。威尔士民族党也意识到局限于语言议题的做法并不利于该党赢得更多的选票。到 60 年代，随着更多的非威尔士语使用者加入该党，威尔士党 [5] 开始摆脱仅限威尔士语使用者参与的形象，开始赞成双语制。[6] 同时，威尔士党也开始将注意力放到经济和社会议题上，它的左翼意识形态定位也越来越清晰。在 1981 年的年会上，该党修改了建党初期确立的三大目标中的前两个，将"社会主

---

[1][2]　Charlotte Aull Davies, *Welsh Nationalism in the Twentieth Century: The Ethnic Option and the Modern State*, New York: Prager, 1989, p.41.

[3][4]　Ibid., p.42.

[5]　威尔士民族党于 1945 年正式改称"威尔士党"。

[6]　Charlotte Aull Davies, *Welsh Nationalism in the Twentieth Century: The Ethnic Option and the Modern State*, New York: Prager, 1989, p.43.

义"明确写入其中。到 1982 年，这两个目标的措辞最终确定为："通过建立一个民主的社会主义国家以实现威尔士自治"和"通过建立一个去中央集权化的社会主义国家以保障和促进威尔士的文化、语言、传统、环境和经济生活"。① 不过必须指出的是，这一举措并不意味着威尔士党放弃了对威尔士语的保护和发扬。事实上，推动威尔士语的保护和发展仍然是该党的核心政策。即便许多威尔士党的成员积极参与其他传统政治领域的各种活动，他们仍然视保护威尔士语为他们的核心责任。1979 年，由于新上台的撒切尔政府并未履行选举前成立威尔士语电视频道的承诺，威尔士民众发起了抗议运动。当时的威尔士党领导人格温弗·埃文斯（Gwynfor Evans）在 1980 年甚至宣布要绝食至死。最终该运动获得了胜利，以威尔士语为媒介的威尔士第四台（S4C）于 1982 年得以成立。

（二）追求"自治"而非"独立"

从 20 世纪 60 年代开始，部分威尔士民族主义团体也采取了激进乃至暴力的手段来"保卫"威尔士，包括制造爆炸和纵火等。② 威尔士党在这方面也一度表现得有些暧昧不清。事实上，威尔士党的部分早期成员就参与过暴力行动。③ 既然威尔士党在捍卫族群身份和维护威尔士利益方面如此强硬，以至于在 1983 年大选中公开宣称："威尔士作为一个内部殖民地被并入英国国家体制，这没有为我们赢得任何利益"④，那么建立一个完全独立的威尔士国家似乎应该是该党理所当然的奋斗目标。然而，威尔士党对于追求政治独立却长期表现出较为含糊的态度——虽然威尔士党始终毫无疑问地致力于让威尔士获得更大的自主权，但是在威尔士是否要成为独立主权国家的问题上，该党始终没有一个明确和稳定的立场。

作为威尔士党创建者之一和重要的早期领导人，刘易斯本人的威尔士民族主义热情毋庸置疑。然而，他对政治层面的民族主义并不热衷。在刘易斯

---

① Charlotte Aull Davies, *Welsh Nationalism in the Twentieth Century: The Ethnic Option and the Modern State*, New York: Prager, 1989, p.81.

② Nick Brooke, *Terrorism and Nationalism in the United Kingdom: The Absence of Noise*, New York: Palgrave MacMillan, 2018, pp.45—70.

③ Laura McAllister, *Plaid Cymru: The Emergence of a Political Party*, Bridgend: Seren, 2001, p.28.

④ Plaid Cymru, *1983 General Election Manifesto*, 1983; quoted in Laura McAllister, *Plaid Cymru: The Emergence of a Political Party*, Bridgend: Seren, 2001, p.40.

心中，政治诉求更多地是为了保护威尔士文化所采取的手段而非最终目的，甚至不是必需的。他曾说道，如果可以"在不对英格兰和威尔士的关系进行激进变革的情况下"保障威尔士的语言和文化，"那么就我本人而言是满意的"。① 他对威尔士独立也持鲜明的反对态度："独立的原则……是反基督教的，鉴于此我不能接受它……最重要的是，让我们不要为威尔士寻求独立。不是因为它不实际，而是因为它不值得拥有……它是一个物质主义的和邪恶的东西，会导致暴力和压迫。"② 刘易斯的这番态度同他对威尔士民族的定义和他本人的宗教信仰有关。刘易斯是一名天主教徒，因此在他心目中威尔士是一个"欧洲的"民族，曾经是梵蒂冈统治下的中世纪欧洲基督教文明的一部分，因此他所憧憬的是让威尔士和其他民族都享有在基督教道德和价值观框架内发扬自身语言和文化的自由，而非强调人民主权和代议制民主的现代民族主义。③ 因此，在"自治政府"这一宪法目标上，当时的威尔士党并不追求完全独立，而是仅寻求获得仍留在英联邦内部的自治领地位。④

1945 年，格温弗·埃文斯接替刘易斯成为威尔士党的领导人。埃文斯同样认为"威尔士是一个欧洲民族"，其人民应当"认为自己是威尔士裔欧洲人而非英国人"。⑤ 但在独立与否的问题上，埃文斯领导下的威尔士党仍然延续了先前的立场，即并不追求威尔士的完全独立。到 20 世纪 50 年代，其具体目标已经从寻求英联邦内的自治领地位变为寻求在一个联邦化的英国国家体制内进行自治。⑥

随着欧洲一体化进程的不断发展，威尔士党逐渐将实现威尔士自治政府的目标与欧洲一体化联系起来。1995 年，威尔士党提出"威尔士在欧洲的全权国家地位"（Full national status for Wales in Europe）的目标论述，该目标意味着："（威尔士）不再向威斯敏斯特派遣议员，也不再拥有国务大臣。威

① Laura McAllister, *Plaid Cymru: The Emergence of a Political Party*, Bridgend: Seren, 2001, p.24.
② Saunders Lewis, *Egwyddorion Cenedlaetholdeb*, Plaid Genedlaethol Cymru, 1926, p.4; quoted in Anwen Elias, *Minority Nationalist Parties and European Integration: A Comparative Study*, Abingdon: Routledge, 2009, p.48.
③ Anwen Elias, *Minority Nationalist Parties and European Integration: A Comparative Study*, Abingdon: Routledge, 2009, pp.45—48.
④⑥ Ibid., p.49.
⑤ Robert Saunders, *Yes to Europe!*, Cambridge: Cambridge University Press, 2018, p.328.

尔士将在欧洲部长理事会中拥有一个全权席位……在布鲁塞尔威尔士也将拥有自己的委员"，威尔士将成为"欧盟内部完全自治政府体系"的一部分。[①]然而必须指出的是，在威尔士党眼里，"威尔士在欧洲的全权国家地位"并不等同于威尔士从英国脱离出去。威尔士党的这一论述是建立在当时欧洲一体化进程中"地区的欧洲"（Europe of Regions）这一理念之上。根据该理念，地区在欧洲一体化进程中和成员国一样是重要的参与者。由于政治权力是在超国家层面（欧盟）和次国家层面（地区）进行分配，那么处于中间层面的成员国国家主权的重要性就有所降低，其作用也相应地减少了。作为地区之一的威尔士，完全可以在不完全脱离英国主权的情况下，直接参与欧盟的各种事务。这一论述可谓是威尔士党精心设计的产物，也表明威尔士党延续了之前不追求完全独立的路线。

虽然自 1925 年建党以来，威尔士党无论是在政策目标上还是成员结构上都经历了不同程度的变革，但是就选举政治的表现而言，威尔士党仍然只是一个长期处在边缘位置的小党。直到 1974 年开始，威尔士党才在开始在每届大选中连续获得席位，但数目却始终屈指可数。就得票率而言，威尔士党同样是从 70 年代起才开始有明显起色，不过也一直维持在较低的水平。截至 1999 年威尔士自治正式实行前，威尔士党在历届大选中的得票率最高也不过 10% 左右。[②]

二、威尔士自治以来的威尔士党（1999 年至今）

（一）分离主义目标的正式确立

1997 年，英国工党政府正式推行权力下放，威尔士的自治进程也由此开始。1999 年 7 月，威尔士国民议会正式开始运作。权力下放创造了一个以本地事务为重心的政治环境和包含比例代表制成分的选举制度。尽管这种选举

---

①   Plaid Cymru, *A Democratic Wales in a United Europe*, 1995, p.4; quoted in Anwen Elias, *Minority Nationalist Parties and European Integration: A Comparative Study*, Abingdon: Routledge, 2009, pp.57—58.

②   Sam Pilling & Richard Cracknell, *UK Election Statistics: 1918—2022: A Long Century of Elections*, 5 December 2022, p.22, https://researchbriefings.files.parliament.uk/documents/CBP-7529/CBP-7529.pdf, last accessed on 13 January 2023.

制度增加了单一政党赢得绝对多数的难度，但对威尔士党这样的小党而言，在选举中加入比例代表制的成分无疑有利于它将选票转化为更多的议席。此外，赢得威尔士地方政府的执政权显然要比入主唐宁街更具可操作性。在1999年第一届威尔士国民议会选举中，长期垄断威尔士政坛的工党并未能赢得绝对多数，只获得了总共60个席位中的28个，而威尔士党总共获得了17个席位，从而成了威尔士国民议会中的反对党。考虑到工党长期以来在威尔士的绝对统治地位，对于威尔士党而言这一结果无疑是令人鼓舞的。该党时任领导人达菲德·威格利（Dafydd Wigley）将其称之为一场"安静的地震"①，可见威尔士党认为此次选举的结果已经意味着威尔士政治版图发生了重大的变化。然而，事情并没有继续向有利于威尔士党的方向发展。在2001年全国大选中，工党重新展现出了绝对的统治力，赢得威尔士地区全部40个席位中的34个，而威尔士党只获得了4席。2003年的威尔士国民议会选举结果再次给予威尔士党重大打击。在此次选举中，威尔士党的得票率大幅下滑，所获席位也只有12个，相比1999年减少了近1/3。

2003年的选举失利在威尔士党内部引发了不少反思。如前文所述，威尔士党始终没有将威尔士的完全独立作为自身的目标，这一立场在权力下放初期也得到延续。这一方面固然是受到该党部分领导人对于民族主义个人理解的影响，另一方面也是出于政治策略上的考虑，担心若分离主义立场过于激进极易成为其他政党攻击的把柄，从而损失持温和立场的民众的选票。然而，由于选举表现并不令人满意，有声音认为，在宪法目标上的含糊不清阻碍了威尔士党赢得更多选民的支持。如果仅支持威尔士在英国内部保持自治，那么威尔士党的立场和其他政党相比基本没有太大差别，这使得该党难以同其他政党拉开差距。尤其是在意识形态相似但根基更深厚的工党面前，威尔士党更显得缺乏亮点。而更加重要的是，欧洲一体化的发展使得原先"威尔士在欧洲的全权国家地位"的目标变得不切实际。在欧洲一体化进程当中，地区的角色确实得到了一定的重视。根据1992年的《马斯特里赫特条约》，欧盟在1994年设立欧洲地区委员会（European Committee of the

---

① Frans Schrijver, *Regionalism after Regionalisation: Spain, France and the United Kingdom*, Amsterdam: Amsterdam University Press, 2006, p.325.

Regions）以促进各地区在欧盟事务中的参与和合作，但是该机构的权力和作用十分有限，更多地是作为一个就地区相关事务提供意见的咨询机构。相比之下，欧盟各成员国仍旧是欧洲一体化进程中的主要参与主体。威尔士党的目标——让威尔士以次国家地区的身份在欧洲委员会或欧盟理事会等欧盟权力机构中占有一席之地——基本接近于空想。面对这种现实，能够让威尔士真正参与欧盟事务的方法显然只有一个——让威尔士成为一个欧盟成员国，而这又毫无疑问意味着脱离英国而实现真正独立。2003 年，一份提交给威尔士党全国理事会的文件就明确写道："一个独立的威尔士将与其他小国一样处于平等地位——拥有欧洲议会中的更多席位、部长理事会中的完整投票权以及在欧盟委员会中的代表权。独立将克服成员国不愿下放权力给地区的困难。"[1] 可见，能够以全权成员身份参与欧盟事务才是威尔士党谋求威尔士独立的主要驱动力。

最终，"在欧洲中独立"（Independence in Europe）取代了先前"威尔士在欧洲的全权国家地位"，在 2003 年成为威尔士党新的最高目标。[2] 这也是威尔士党自创建以来第一次在党的正式目标中提到"独立"。同时，威尔士党也创造了一个新的术语——"内部扩大"——作为实现该目标的手段。顾名思义，威尔士党的设想是威尔士在从英国独立的同时继续留在欧盟内部，从而成为一个真正的欧盟成员国。不难看出，这一目标同其先前的"威尔士在欧洲的全权国家地位"论述相比前进了一大步，彻底摆脱了同英国国家体制或多或少的联系，因而可以说直到 2003 年威尔士党才正式走上分离主义的道路。

（二）参与威尔士联合政府

2007 年，第三届威尔士国民议会选举举行。在经历了 2003 年的重大失败之后，威尔士党在此次选举中的表现稍有起色，保持住了威尔士国民议会中第二大党的地位。工党虽然在选举中获胜，但是又一次面临不占绝对多数

---

[1] S. Thomas, "Routemap to Independence in Europe", document presented to the Plaid Cymru National Council, November 2003; quoted in Anwen Elias, *Minority Nationalist Parties and European Integration: A Comparative Study*, Abingdon: Routledge, 2009, p.67.

[2] Anwen Elias, *Minority Nationalist Parties and European Integration: A Comparative Study*, Abingdon: Routledge, 2009, p.66.

的局面，因而考虑寻求组建联合政府。然而曾经与工党组成过联合政府的自由民主党对与工党再次合作并不积极。威尔士党认为这一情形是一次良机。作为第二大党的威尔士党向保守党、自由民主党发出了邀请，提出建立一个由三党共同组成的执政联盟以取代工党。如果该计划成功，那么威尔士首席部长将首次由威尔士党成员出任。这一提议起初的确引起了保守党和自由民主党的兴趣，然而最终还是由于自由民主党的拒绝而未能付诸实践。

由于工党并不希望之后在预算和其他问题上陷入困境，因此仍然表示不放弃组建联合政府的尝试。在各自组建执政联盟的尝试均告失败后，工党与威尔士党开始就组建联合政府的问题展开谈判。作为威尔士国民议会中的前两大党，工党与威尔士党的联盟将占据绝对的优势。作为谈判条件，威尔士党的核心要求就是按照《2006年威尔士政府法》的规定，通过全民公决来决定威尔士国民议会是否可以拥有完全的一级立法权。最终双方达成协议，其中威尔士党就完全一级立法权举行公决的要求得到满足。对于工党与威尔士党的这一合作，连BBC的新闻报道都称为"历史性的"。[1]2011年3月3日，有关扩大威尔士国民议会立法权的公决正式举行并最终获得通过。由此，威尔士国民议会获得完全自主的一级立法权，自治程度向前迈了一大步。

诚然，对于威尔士党而言，2007年至2011年可谓是该党在其近百年的历史中最值得铭记的一段时间。它不但第一次品尝到了在威尔士执政的滋味，更在推动威尔士获得更大的自治权方面发挥了非常重要的作用。然而，这和威尔士党真正的宪法目标——"在欧洲中独立"——相比显然还存在相当大的差距，毕竟威尔士党只是以次要角色的身份进入了该届威尔士政府。如果它只满足于此，显然无法真正实现它的民族主义目标。另外，2011年公决的成功举行本应归功于威尔士党同工党在组建政府谈判中的大力坚持，然而由于工党在联合政府中的强势地位，最后却收获了推动公决举行的主导者形象。[2]这是威尔士党不得不面对的尴尬现实。事实证明，参与执政的这段

---

[1] "Historic Labour-Plaid Deal Agreed", *BBC News*, 27 June 2007, http://news.bbc.co.uk/2/hi/ uk_news/ wales/6245040.stm, last accessed on 13 January 2023.

[2] Craig McAngus, "Office and Policy at the Expense of Votes: Plaid Cymru and the One Wales Government", *Regional & Federal Studies*, Vol.24, No.2 (Dec. 2014), pp.209—227.

经历并没有帮助威尔士党赢得更多民众的支持。在公决举行仅仅两个月后的威尔士国民议会选举中，工党重新夺得多数党的地位，而威尔士党却只赢得11 个席位，和上一届相比反而少了 4 席，连第二大党的位置也被保守党夺去。而在权力下放伊始和威尔士党起点相似的苏格兰民族党，却已经在同一时间举行的苏格兰议会选举中赢得绝对多数，进而开始组建其领导下的第二届政府。相比之下，威尔士党的弱势地位更加凸显。

（三）脱欧公决带来的困境

结束执政之旅的威尔士党在 2011 年后又回到在野党的地位。在 2015 年全国大选中，它的表现也不温不火。随着脱欧公决被提上议程，威尔士党似乎又迎来一个机会。威尔士作为英国四大地区中最为落后的地区，一直从欧盟资金中受惠颇多。再加上传统的亲欧立场，威尔士党毫不犹豫地站在了留欧阵营的一边。毕竟，威尔士党走向分离主义的主要动力就是要让威尔士成为欧盟正式成员国，这也是威尔士党构建威尔士独立正当性的核心论点所在。然而，2016 年脱欧公决的结果对威尔士党无疑是一次重大打击——52.5% 的威尔士投票者选择退出欧盟。在这种情况下，威尔士党所有和欧盟有关的政策看上去都同主流民意背道而驰，更不用提"在欧洲中独立"这一最高的宪法目标了。

不过，威尔士党似乎并不打算改变自身的亲欧立场，而是要求威尔士继续留在欧洲单一市场内。同时威尔士党也没有放弃追求独立的目标，并且提出威尔士在独立后仍应重新加入欧盟。2019 年 10 月，该党时任领导人亚当·普莱斯（Adam Price）甚至表示要在 2030 年前举办威尔士独立公决。[1] 不过，就脱欧公决之后举行的几次大选结果来看，威尔士党的影响力仍然相当有限，离有足够能力推动威尔士独立公决仍有相当遥远的距离。在 2021 年 5 月举行的最近一次威尔士议会选举[2] 中，除了输给老对手工党之外，威尔士党甚至也不敌右翼的保守党，其政治影响力进一步遭受打击。

---

[1]　"Welsh Independence Referendum 'before 2030' Plaid Leader Says", *BBC News*, 4 October 2019, https://www.bbc.com/news/uk-wales-politics-49919125, last accessed on 13 January 2023.
[2]　2020 年 5 月，威尔士国民议会（National Assembly for Wales）正式更名为威尔士议会（Welsh Parliament）。

三、威尔士党政治表现相对弱势的原因

如上所述，威尔士党自成立后从未成为过威尔士的主导政治力量，即便是在威尔士实行自治之后，威尔士党也仅仅作为次要成员参与过一届威尔士联合政府。而从某些方面来看，似乎威尔士人更有理由对支持独立、支持民族主义的威尔士党表示支持：首先，不同于苏格兰和英格兰以和平的方式共同组成"大不列颠王国"，历史上威尔士完全是被英格兰以武力而征服，且长期以来被视作英格兰的一部分；其次，威尔士语仍然是一门具有活力、尚在日常生活中被使用的语言，威尔士人的文化身份明显保存得更为完好，而保护发扬威尔士语本就是威尔士党的立党之本；再次，威尔士一直以来是英国发展较为落后的地区之一，人均国内生产总值（GDP）远低于英国平均水平，甚至不如长期经受暴力冲突的北爱尔兰[①]；最后，威尔士长期以来从欧盟资金中受益良多，而威尔士党正是坚定的亲欧主义政党，一直以来大力宣扬威尔士留在欧盟内部的必要性。然而，为何大部分威尔士民众对于威尔士党政治主张的态度并不积极，并不愿用选票对其表示支持？原因主要有以下几点：

第一，威尔士同英格兰的融合程度较高，在社会和经济方面，威尔士对英格兰的依赖也相当明显。英国下院 2013 年发布的报告显示，每年英格兰与威尔士之间的跨境人次高达约 1.38 亿，与英格兰——尤其是伦敦、伯明翰和英格兰西北部的多个城市——之间的交通对于威尔士经济而言极其重要。[②]就威尔士的经济状况而言，威尔士独立的前景也不容乐观。威尔士政府通过税收获得的收入远远无法满足其公共开支的需要，因此威尔士的财政也长期处于严重赤字状态。2014—2015 财年，威尔士政府支出 380 亿英镑，却只征得 234 亿英镑的税款，赤字数额高达其 GDP 的 23.9%，而同时期英国全国

---

① Sarah Dickins, "Wales off Bottom of UK Productivity League Table", *BBC News*, 19 Decmber 2019, https://www.bbc.com/news/uk-wales-50853518, last accessed on 13 January 2023.

② House of Commons Welsh Affairs Committee, *Crossing the Border: Road and Rail Links Between England and Wales: Third Report of Session 2012—13*, Vol.1, No.6 (Mar. 2013), p.3, https://publications.parliament.uk/pa/cm201213/cmselect/cmwelaf/95/95.pdf, last accessed on 13 January 2023.

的赤字 GDP 占比只有 4.9%。[①] 即使近年来赤字占比有所缩小，但仍基本保持在 20% 左右的水平。[②] 虽然威尔士党一直指责英国政府忽视威尔士的发展，但事实上威尔士在财政上仍然严重依赖英国中央政府的补贴。这种经济状况也给威尔士独立后的发展前景蒙上一层阴影，使得威尔士民众对于独立不免产生疑虑。

第二，威尔士拥有相当多来自英格兰的移民人口。威尔士的英格兰移民历史悠久，最早可以追溯到诺曼征服时期。19 世纪，随着工业革命的兴起，拥有丰富煤矿资源的威尔士吸引了大量来自英格兰的企业主和工人；到 19 世纪下半叶，英格兰人已经成为威尔士移民中最主要的组成部分；在 20 世纪初，英格兰向威尔士移民的趋势达到了顶峰，在许多大的沿海城镇，英格兰移民已经同当地人口融合，难以区分。[③] 就目前而言，英格兰移民仍然是威尔士人口中的重要组成部分。如 2011 年的人口普查数据显示，在威尔士总人口中，出生于英格兰的比例高达 21%。[④]

第三，威尔士的左翼意识形态立场难以同工党进行竞争。威尔士一直以来是英国偏左的地区，工党也长期垄断威尔士政坛——迄今为止历任威尔士首席部长都是来自工党。英国工党在威尔士的分支——威尔士工党并没有追随 1997 年布莱尔上台后新工党向右转的脚步，而是坚持传统的左翼路线，重视社会平等、确保民众的社会福利，在威尔士实行自治之后坚持以威尔士的利益为出发点，保持一定程度上的独立性，从而成功赢得威尔士左翼选民的认可，也使得威尔士党难以从工党手中夺走左翼民众的选票。

第四，保护和发扬威尔士语固然是威尔士党的立党之本，但也成为阻碍其发展的一个负担。目前，威尔士语仍然具有相当的生命力——2001 年和

---

① "Wales '£ 14.6bn in the Red', New Research Says", *BBC News*, 4 April 2016, https://www.bbc.com/news/uk-wales-politics-35957743, last accessed on 13 January 2023.

② Guto Ifan et al. eds., *Government Expenditure and Revenue Wales 2019*, Cardiff University, p.8, https://www.cardiff.ac.uk/_data/assets/pdf_file/0004/1540498/Government-Expenditure-and-Revenue-Wales-2019.pdf, last accessed on 13 January 2023.

③ "English Migration", *Wales History-BBC*, 15 August 2008, https://www.bbc.co.uk/wales/history/sites/themes/society/migration_england.shtml, last accessed on 13 January 2023.

④ Office for National Statistics, *2011 Census: Key Statistics for Wales, March 2011*, 11 December 2012, p.11, https://www.ons.gov.uk/peoplepopulationandcommunity/populationandmigration/populationestimates/bulletins/2011censuskeystatisticsforwales/2012-12-11/pdf, last accessed on 13 January 2023.

2011 年的普查数据分别显示威尔士语使用者人数占威尔士总人口的 21% 和 19%[1]，2022 年威尔士政府发布的调查结果甚至显示该数字高达 29.5%。[2] 以保护威尔士文化为宗旨的威尔士党在保护威尔士语方面不遗余力，不断要求提高威尔士语在社会中的地位和普及程度。该党的这种行为固然可以理解，但无疑进一步强化了人们对威尔士党的刻板印象，即它是一个以威尔士语使用者为主、代表威尔士语使用者利益的政党。这对想要扩大支持者范围的威尔士党而言显然是非常不利的，因为威尔士语使用者的人数虽然较多，但在威尔士总人口中终究属于少数，更不用说威尔士人口中还存在相当一部分来自英格兰的移民。更加不利的是，威尔士党在语言问题上的话语权还受到来自其他政党的侵蚀。工党籍的威尔士前首席部长卡文·琼斯（Carwyn Jones）就是一名流利的威尔士语使用者，他在任内曾宣布要在 2050 年前让威尔士语使用者人数达到 100 万。[3] 甚至连保守党也表示支持给予威尔士语和英语同等的地位，以试图改变自身的"英格兰党"形象。[4] 这些举措无疑都削弱了威尔士党在语言问题上的话语权，从而分流了威尔士语使用者对于威尔士党的支持。

第五，威尔士党不仅坚定支持威尔士参与欧洲一体化，更为了让威尔士成为欧盟正式成员而走上分离主义道路。然而事实证明，这一主张却是对威尔士民意的一次重大误判，与威尔士民众的态度背道而驰。相较于苏格兰民众对于欧盟极大的热情，威尔士民众对欧盟的态度要冷淡许多。尽管威尔士从欧盟资金中受惠颇丰，但是在 2016 年的英国脱欧公决中，仍然有 52.3% 的威尔士民众投票选择离开欧盟，是英国内部除英格兰以外唯一支持脱欧的地区。此结果可谓是对威尔士党的重大打击，标志着它的一项根本政治主张遭到完全否定。威尔士党多年来以"在欧洲中独立"为最高目标来试图吸引

① "Census 2011: Number of Welsh Speakers Falling", *BBC News*, 11 December 2012, https://www.bbc.com/news/uk-wales-20677528, last accessed on 13 January 2023.

② Welsh Government, *Welsh Language Data from the Annual Population Survey: 2021*, 31 March 2022, https://gov.wales/welsh-language-data-annual-population-survey-2021, last accessed on 13 January 2023.

③ "Welsh Language Target of One Million Speakers by 2050", *BBC News*, 1 August 2016, https://www.bbc.com/news/uk-wales-politics-36924562, last accessed on 13 January 2023.

④ "Tories in Bid to Give Welsh Language Equal Status with English", *Wales Online*, 19 December 2006, https://www.walesonline.co.uk/news/wales-news/tories-bid-give-welsh-language-2291634, last accessed on 13 January 2023.

选民的举措不但没有起到效果，反而遭到彻底失败。

四、结语

　　作为一个有着近百年历史的老牌政党，威尔士党毫无疑问是近现代威尔士民族主义运动的中坚势力。然而，其发展历程却又恰恰反映出威尔士民族主义运动的尴尬处境。表面上看，威尔士民族主义运动具备许多发展的有利条件，如鲜明的文化身份（历史、语言）和制度安排（自治政府）。但事实证明，威尔士民众却没有选择支持威尔士党，对该党一贯追求的民族主义目标也不太感兴趣。纵观当今许多存在民族主义运动的地区，威尔士可谓是一个独特的案例。这也提醒民族主义运动的研究者以及面对分离主义挑战的政治决策者，民族主义运动的发展与否并不能简单用文化身份或制度安排等因素来解释，而是许多复杂因素共同作用而形成的结果。

近代早期大不列颠民族国家的构建问题 *

朱啸风 **

20世纪，很多国家建立的同时通常会将民族与国家两个概念画等号。这种交错使用的典型就是国籍（nationality）。其实国籍代表的仅仅是对国家的忠诚及具有的属于某个国家的公民的法律资格。[①] 国家和民族实际上是两个完全不同的概念，它们代表的是不一样的共同体。国家是一个正式的、自治的政治组织。其政治领导人或官员有法定的权力管理领土内的所有居民。国家是一个具有凝聚力的组织，涉及政治权力的运用。[②] 民族的核心则是人，通常指拥有共同地域、血缘、族群、宗教或共同信仰的群体。在历史上，对于民族的划分一般比国家的划分要困难得多。国家的领土虽然时常变动，但用于判定国家的标准，如政治机构等，还是比其他团体的标准要清晰得多。而对于民族的判定则是一个非常艰巨的任务。民族的领土区域是模糊不清的，民族成员对于本民族的认同感参差不齐，民族的构成可能会因为民族融合发生根本性的改变，即便是民族认同性的文化根源也有可能改变。混淆国家与民族的一个重要原因是这两者有时候在领土及法律身份方面是重叠的。尤其在那些所谓的民族国家中，政府通过运用政治权力使人们将国家本身视

---

* 本文系江苏高校哲学社会科学研究一般项目"近代早期英格兰与苏格兰国家联合问题研究（1603—1707）"（2021SJA0516）的阶段性成果。

** 朱啸风，江苏警官学院马克思主义学院讲师。

① H. Seton-Watson, *Nations and States: An Enquiry into the Origins of Nations and the Politics of Nationalism*, Boulder, Colo: Westview Press, 1977, p.4.

② G. Poggi, *The Development of the Modern State: A Sociological Introduction*, London: Hutchinson, 1978, p.1.

为民族认同的具体表现形式。

近代早期大不列颠民族国家的构建可谓是一个独特的过程。大不列颠主要由英格兰（包含威尔士）和苏格兰组成。在 1600 年前后，英格兰和苏格兰符合民族国家的诸多特征，而且两国的民族意识都还在不断增长着。但是 1603 年英格兰和苏格兰王位联合后，寻求构建大不列颠王国的政治前景又为两个民族国家增添了不稳定的因素。在两个王国已经拥有相当程度民族认同的前提下，如何构建以全新的大不列颠民族认同为基础的政治共同体就成为当时统治者不得不面对的难题。这个难题既包括大不列颠国家政治实体的构建，也包括民族意识的培养。

一、国家政治实体的构建演化轨迹

在王位联合前夕，英格兰和苏格兰的算得上是民族国家。当然，在作出这种定义的同时，有必要在某些领域有所保留。首先，近代早期是欧洲民族意识大发展的时期，但是地区间的阻隔、沟通的不畅、地方主义依然阻碍着民族意识的传播。如果被限制在某个狭小的地域并且难以获得外部信息的话，人们很难形成一种大范围的团体认同感。正因为如此，在英格兰、苏格兰乃至欧洲，民族认同在有产阶级以及受教育阶层中比较强烈。其次，英格兰和苏格兰都不是单种族国家。两个国家都包含某些特定区域——英格兰有威尔士，苏格兰有高地地区。在这些区域，当地民族尚未被主体民族有效地同化。双方的政府为了对这些边远地区加强控制，采取了一系列措施以达到同化的目的。在这方面，英格兰同化威尔士的努力比苏格兰同化高地地区有效得多。当时，两国依然存在大量未被同化的凯尔特人，不过这些凯尔特群体也并未寻求建立单独的政治机构。[①] 所以从某种角度讲，英格兰和苏格兰是存在着多种族的民族国家。双方存在着主体民族的同时，一些小规模但又不失有力的民族意识也维持着。

17 世纪，大不列颠国家的构建符合早期欧洲民族国家形成过程中的普遍

---

① Michael Hechter, *Internal Colonialism: The Celtic Fringe in British National Development*, London: Transaction Publishers, 1999, p.47.

特征，即从"复合型国家"往"单一制国家"发展。"复合型国家"的概念是20世纪下半叶由德国不列颠史学家科尼斯伯格（H. G. Koenigsberger）在伦敦国王学院一次开幕式演讲中首次提出的。[1] 科尼斯伯格认为近代早期的大多数国家都是复合型的，顾名思义就是由一个统治者管理着有多个主权实体的国家。他按照地理因素将复合型国家分为两种类型，一是互不接壤的复合型国家。此类国家内部有不同主权个体在地理上相互分离，比如西班牙哈布斯堡王朝及霍亨索伦王朝统治下的几个国家、英格兰与爱尔兰等。二是相互接壤的复合型国家，如英格兰和威尔士、英格兰与苏格兰、波兰和立陶宛等。16世纪，一些复合型国家已经解体，比如施马尔卡尔登同盟，还有一些尚在垂死挣扎，如神圣罗马帝国。当然也有一些新建立的复合型国家，比如法国路易八世成功地将南部的贝亚恩地区并入了法国。在这些复合型国家中，很多主权个体都极力维护着自身的独立地位。这种动机并不是像近现代国家那样出于维护独立主权的需求，更多的是自身立场所决定的。复合型国家可以说是通往单一制国家道路上的一个中间点。

中世纪的欧洲创造了不少大的政治实体，比如法国、英格兰以及卡斯蒂利亚王国。这些国家成功地构建了行之有效的行政体系，并在一定程度上形成了一种共同体意识。其大致方向的确是朝着单一制的国家迈进。然而欧洲根深蒂固的家族及领地继承意识时不时打乱着单一制国家形成的脚步。统治者对获得新领土的渴望也一定程度上破坏了国家内部好不容易形成的共同体意识。对于那些意图扩大领土的君主，构建复合型国家无疑是最为简单直接的方法。新的领土意味着新的财富及人力，当然也包含着更大的荣耀及更高的国际地位。在以下情况下，统治者还能够获得两个额外的好处：新获得的领土与原有领土相接壤；新领土的语言、风俗、政体、宗教、法律等方面与原有国类似。詹姆斯一世就曾经用上述两大理由来论证英格兰和苏格兰联合的合理性。[2] 但从实践来看，领土接壤和相似的国情并不足以促成具有完整性的国家联合。英格兰和苏格兰自1603年王位联合以后很长一段时间里，

---

[1] "Dominium Regale or Dominium Politicum et Regale", in H. G. Koenigsberger, *Politicians and Virtuosi: Essays in Early Modern History*, London: Hambledon, 1985, p.1.

[2] Brian P. Levack, *The Formation of the British State: England, Scotland and the Union, 1603—1707*, Oxford: Clarendon, 1987, p.11.

除了共有一君主之外在其他领域并没有过多的整合。即便到了 1707 年两国议会联合以后，两国依然保留了行政、司法、宗教的独立性。

17 世纪西班牙耶稣会成员索洛萨诺（Solorzano）认为，君主（统治者）主要有两种方式对待新获得的领土。第一种是附属式的联合，一个王国或地区与另一个王国进行联合之时会被吸纳为主体王国的一部分。其居民将会与主体王国的居民享受同样的权力并且服从相同的法律。英格兰和威尔士的联合就可以被视为这样的一种模式。第二种则是平等主体联合，两个或以上几个国家联合之后各自保留自己的称号，由一个君主进行统治。同时，各国各自的法律及其他基本政治文化特征也不作变更。英格兰和苏格兰、西班牙统治下的阿拉贡与加泰罗尼亚、西西里王国及那不勒斯、尼德兰联省共和国大致上都可以归结为这第二种模式。在这种模式下，各子国的臣民都希望最高统治者能够维持他们各自的相对独立性。

平等主体联合的方式有很多显而易见的优势。新并入领土的居民能够继续按照原来的方式生活，对新君主自然也会相对友好。[1] 在 16 世纪，西班牙哈布斯堡王朝运用这一模式统治了大片区域。新进的臣民在被新的君主统治后也可能会有一定的不满情绪，毕竟他们要去服从一个"外国"的君主。1603 年的大不列颠正属于这种典型：英格兰人突然要被长期和自己作对的苏格兰国王所统治了。但保留各自的法律、风俗及宗教又可以在很大程度上调和王朝及家族合并带来的伤痛。

如何有效统治新并入的领土对于统治者来说是个永恒的政治难题。高压政治在近代早期对维持国家联合发挥了一定的作用。但是军事占领的方式不仅花费高昂，而且也很难实现统治者期待的政治融合。在基层，世袭式的官僚制度同样很难使君主安插进对新政权效忠的官员。这在近代早期的欧洲是个非常普遍的现象。比如在西班牙阿拉贡，当地法律禁止任命非本地人为政府官员及法官。在意大利的西西里岛情况也一样。[2] 大不列颠的情况和西班牙非常相似：詹姆斯一世在英格兰的王庭中只有极少数的苏格兰人并且不发挥主体作用。在地方，英格兰和苏格兰各自保留着传统的行政系统。当查理

---

① Allan H. Gilbert, *Machiavelli's Prince and Its Forerunners*, Durham: Duke University Press, 1938, p.19.

② H. G. Koenigsberger, *The Government of Sicily under Philip II of Spain*, London: Staples Press, 1951, p.47.

一世试图在苏格兰更改贵族世袭式的官僚体制时遭遇了激烈的反抗。无论是从中央还是地方来看，复合式君主国在维持其长久稳定方面都存在严重的缺陷。王位的缺失是结构上的最大问题。作为复合式君主国中相对而言被忽视的一方，当地的政治精英（通常是贵族阶层）享受着很大程度的地方自治，这使得他们无意去改变这种现状。复合式君主国之所以能存在是因为君主与地方势力签订了某种契约（无论是成文还是不成文的）。如果君主能够不侵犯地方权贵的固有权利并在此基础上培植他们对王室的忠诚，维持国家的稳定还是有很大的希望。毕竟培养对君主个人的忠诚比培养对新共同体的忠诚要容易得多。而且，要选出一个使王朝名下的各国都满意的新共同体名字本身就不是一件简单的事。为了使臣民能够接受，统治者往往得从古代历史中寻找符合条件的名字。鉴于罗马时期欧洲曾经有过联合的状态，因而此阶段的名字通常比较容易让人接受。大不列颠正是由罗马时期的布列塔尼亚行省发展而来的。1603年后，无论是英格兰人还是苏格兰人都可以对斯图亚特王朝的君主忠诚，但要使他们对大不列颠忠诚则困难得多。

在对外扩张的过程中，大不列颠王国内部的矛盾也在不断激化。英格兰在获得北美殖民地后与苏格兰的分歧越发增大。当复合式君主国中的一个政治主体因获得海外殖民地实力增强之后，平等主体联合的模式就会受到极大挑战。当此政治主体不仅在综合实力上独树一帜，并且还要在行为举止上表现出这种强势的态度时，王国框架内部的其余政治主体必然会认为他们的身份认同将遭受威胁。从这段历史来看，统治者的确时不时采用英格兰的模式去改造苏格兰和爱尔兰。这些统治者，尤其是斯图亚特王朝的君主们并不是对英格兰有特别的民族感情，他们只是认为英格兰的模式更方便统治。但这些措施却被苏格兰有意识地认为是英格兰压迫他们的一种方式。17世纪初英格兰学者亨利·萨维尔（Henry Savile）在讨论詹姆斯一世倡导的两国联合时，曾经考虑过很多之前欧洲联合国家的例子：立陶宛和波兰、挪威和瑞典、阿拉贡和卡斯蒂利亚、布列塔尼和法兰西、玛丽·都铎时期的英格兰与西班牙等。他把1580年卡斯蒂利亚与葡萄牙的联合视为与英格兰和苏格兰联合最相似的模式。[①] 然而，这种

---

① Sir Henry Savile, "Historical Collections", in *The Jacobean Union: Six Tracts of 1604*, ed. Galloway and Levack, Edinburgh: Scottish History Society, 1985, p.229.

平等主体联合的模式并不符合詹姆斯一世完美联合的构想。两国各自保留着固有的民族认同，而貌似最具有深远意义的自由贸易也因为苏格兰单方面的恢复关税而被迫终止。

自 17 世纪 20 年代开始，越来越多的迹象表明一些统治者已经对平等主体联合的模式失去了耐心，并试图以缓慢的方式逐渐使国家朝单一制的体系上发展。随着封建制度的解体、专制制度的不断强化，新一代的君主不能再容忍先辈多元化的统治策略。查理一世的宗教统一政策无疑是此情境下合乎情理的选择。除了宗教外，战争与经济的衰退同样会鼓励集权的行为。然而由于当时欧洲君主的权力尚不能推行大一统式的集权政治，在宗教等领域也是如此，因此在大不列颠，强行推行集权改革造成灾难性的后果。

1707 年《联合法令》的颁布开启英格兰和苏格兰关系的全新篇章。它标志着自 1603 年以来王室及个人式联合模式的终结。从此英格兰和苏格兰不再是王位联合下的独立国家，而是一个统一的王国。1707 年以后，英格兰和苏格兰人民各自选举代表进入统一的大不列颠议会、支付同样的税款、平等竞争政府机构中的职位、共同参与海外贸易及殖民活动等。不仅如此，新的联合被实践证明是一种稳定的联合关系。单纯的王位联合只有在双方都认同新王合法身份的情况下才能实现，但是 1707 年的联合却能保证大不列颠拥有统一的王位继承法，因而不会出现对君主互不认同的情况。一些 18 世纪初的联合主义者认为是神的旨意使英格兰和苏格兰走向了完美的联合，而一些历史学家也表示是"仁慈的命运"使两国从王位联合走向了议会联合[1]，即便在语言上没有类似宗教语言的宿命论或天意论的表述，他们也几乎都将那些支持联合的历史人物称为有识之士或具有预见性的人。这样一来，像詹姆斯一世及克伦威尔（Oliver Cromwell）式的人物，无论他们有什么缺陷，都多少会受到赞扬。因为相对于当时目光短浅的人来说，詹姆斯一世和克伦威尔都认为以个人为纽带的联合作为一种人为的产物是不能长久的。虽然在当时不受欢迎，但他们都努力构建一种更持久的联合。这种目的论理论有两大缺陷。首先，此理论将早期的联合主义者与当时的历史环境相脱离，并强行

---

[1] R. S. Rait, *An Outline of the Relations Between England and Scotland (500—1707)*, London: Blackie & Son, 1901, p.146.

在他们身上安插了当代人审视历史的方法。尽管他们有很多措施与1707年的联合相似，但将克伦威尔视为先知式的人物明显是一种非历史主义的观点。联合对于克伦威尔及安妮女王来说，其意义相差甚大。如果克伦威尔的很多措施被运用于1707年联合的话，那无论对于当时的联合主义者还是反联合主义者来说都是一场噩梦。其次，此理论将1603年开始的个人式联合视为一种注定的失败。个人式联合的缺陷的确不可否认，但如果认定其注定失败则很难让人信服。很多由哈布斯堡王朝统治的君主邦联国家维持了两个多世纪，而1603年同样有很多关于斯图亚特王朝的王位联合会长久维持的言论。17世纪初，几乎没人会希望进行合并式的联合，因为没有先例可循。在欧洲其他地方除了用征服手段之外还没有两个王国合并成一个的例子。按照当时的历史，詹姆斯一世倡导的联合已经是个比较危险的新事物。18世纪初，对于1603年的王位联合模式是否要继续维持下去两国其实是有争论的，合并、联邦、相互完全独立都是可能的模式。[1]

1707年的协定否定了联邦制而采取了合并式，但这种合并不是完全的。一方面，两国的议会合二为一，苏格兰和英格兰实现了完全意义上的自由贸易；另一方面，两国的行政、法律、宗教体系依然是相互独立的。这种方式在欧洲并没有先例，因此可以称为是一种"准联邦"的体制。

二、大不列颠民族意识的培育

相对于国家的建设，民族的融合才是17世纪早期最为紧迫的任务。联合主义者对于政治联合、法律联合等都持保留态度，但却把新民族的构建放在优先位置。在他们看来，政治等领域的联合是一个遥远的又最终要实现的目标，新的民族却可以为新国家的形成奠定坚实的基础，而政治体制的变化只不过是新民族形成的外在表现罢了。当下的工作是培养一种新的大不列颠式的民族认同，就像后来德意志帝国和意大利王国建立前那样。这项工作无论从什么角度来看都是一种大胆的尝试。民族的界线就像国家领土的界线那

---

[1] Albert Venn Dicey and R. S. Rait, *Thoughts on the Union Between England & Scotland*, London: MacMillan, 1920, p.177.

样是可以改变的。新的民族可以由完全不同的民族构成，比如瑞士民族，也可以像德意志民族那样基本由同质的民族构成。近代早期民族国家的形成有的是像西班牙王国那样由一个主体民族合并另一个非主体民族，具体说来即卡斯蒂利亚王国合并了阿拉贡与瓦伦西亚，有的则是某个民族从被统治的政治实体中脱离出来建立国家，比如荷兰。但是合并两个具有独立主权以及清晰民族主体的国家，比如英格兰和苏格兰，则需要极大的努力，促成两个民族的融合自然也是困难重重。

（一）詹姆斯一世时期

17、18 世纪没有哪位不列颠的国王及政治家像詹姆斯一世这样在构建大不列颠民族方面花费如此多的精力。尽管最后失败了，但这并不完全是詹姆斯本人的责任。如果能成功的话，那詹姆斯一世可能是近代早期最伟大的民族构建者了。在詹姆斯一世继承英格兰王位以后，他就开始以英语作为自己的官方用语。他甚至还为了两国的联合专门建立了一个委员会。1604 年 5 月詹姆斯一世要求国民不要再把自己想象为是联合的两国，而应该视自己为"一个政治体的成员"[1]。一年之后，在意识到在英格兰和苏格兰并没有什么人服从他的意志后，詹姆斯一世就开始用更激烈的言语："如果某个苏格兰人不把英格兰人视为他的兄弟，或者某个英格兰人不把苏格兰人视为兄弟的话，那他就是上帝及国王的叛徒。"[2] 这种威胁颇为空洞乏力，一方面表达了詹姆斯一世调和两个民族的迫切愿望，同时也体现出国王其实没什么招数。对于早期大多数联合主义者，融合英格兰和苏格兰两大民族的确是保障国家联合长久维持的重要条件。只有当所有的臣民都认为自己属于同一个民族，大不列颠才能更加稳定。没有这样民族的融合，那政治联合、法律联合、宗教联合等都是空谈。对于英格兰的联合主义者而言，最好的先例莫过于威尔士。[3]

---

[1]　James F. Larkin & Paul L. Hughes, *Stuart Royal Proclamations: Royal Proclamations of King James I*, 1603—1625, Oxford: Clarendon Press, 1958, p.19.

[2]　Charles Johnson, *The Public Record Office*, London: Society for Promoting Christian Knowledge, 1932, p.93.

[3]　John Bruce, *Correspondence of King James VI of Scotland with Sir Robert Cecil and Others*, London: Camden Society, 1861, p.31.

1604 年，詹姆斯一世表达了一种愿望，要最终建立一个大不列颠王国、一个共同的议会、一部共同的法律。然而詹姆斯一世逐渐认识到在短期内建立这样一个国家无疑是十分困难的。于是他决定在维持两国相互独立的同时着手实现民族的融合。在 1607 年的时候，詹姆斯一世尚在讲话中要求两国实现法律和人民的完美联合，但后来他就放弃了法律联合而专攻后者。詹姆斯一世当然也会要求两国的议会协助促进民族的联合，但是英格兰议会最终拒绝执行 1604 年两国联合事务委员会的大部分提案，从而民族的联合仅仅指双方对国王都保持忠诚。从客观角度讲，17 世纪初构建统一的大不列颠民族时机尚不成熟，从主观来看，王室并没太多的政治资源能够协助詹姆斯一世完成这一宏伟目标。

在促进民族融合方面，詹姆斯一世主要有三大举措：国内自由贸易；宗教改革；对北爱尔兰的联合殖民。这三大举措都是为了促使英格兰和苏格兰人形成一种共同体意识。统一宗教从某方面来说比自由贸易更为重要，因为信仰牵涉的人口无疑比贸易要多得多。如果詹姆斯一世能够在苏格兰建立英格兰式的教会管理模式，那他就至少能在宗教方面为统一大不列颠共同体的构建打下坚实的基础。遗憾的是詹姆斯一世并没有实现他的预定目标，其继承人查理一世想要继续他的事业，却是一败涂地。后来的继承者基本只是将共同的新教教义作为民族联合潜在可能性的基础。至于在经济层面，两国的自由贸易也仅仅维持了很短的时间，而且即便在这段时期双方也并没有抛弃传统的有色眼镜。詹姆斯一世时期已经实现的成果在 17 世纪后半期也基本化为乌有，直到 1707 年双方才重新恢复了自由贸易。至于对北爱尔兰的开发，尽管英格兰和苏格兰人的确在同一片土地有了共同居住的经历，但在整个 17 世纪双方并没有形成统一的不列颠民族的认同意识。而且从微观角度看，两民族也并没有彻底打破隔阂，依然保持着各自的居住圈。

除了上述三大措施外，詹姆斯一世还从以下几个渠道增进民族间的联系。首先在文化方面，詹姆斯一世尝试着鼓励苏格兰人进入英格兰的两所大学（剑桥和牛津）。在詹姆斯一世看来，大学是促进民族融合的有力工具，因为学术性的交流有助于打破人们，尤其是统治阶层地方性的狭隘思维。[1]

---

[1] W. Prest, *The Inns of Court under Elizabeth I and the Early Stuarts, 1590—1640*, London: Longman, 1972, p.39.

理论上，既然大学（包括律师学院）促进了英格兰民族意识的形成，那在构建全新大不列颠民族意识方面也应当能发挥同样的作用。然而，这两所大学各学院对学生的录取权并不掌握在君主的手中，因而詹姆斯一世没法进行干涉。按照规章制度，学校是不能录取任何外国人的，而学校的管理层也没有明显的意愿来打破这种制度。① 在认识到这些障碍以后，詹姆斯一世用了多种方法来实现其既定目标。既然各学院公开声称他们无权违反既定的限制条例，詹姆斯一世请出了剑桥大学校长索尔兹伯里伯爵（Earl of Salisbury）以及牛津大学校长班克罗夫特大主教（Richard Bancroft），希望能凭借两人的权威来破除成规。詹姆斯一世还威胁如果学院代表再违抗他的旨意，他就要运用作为君主的王室特权来整治他们。然而，学院管理层却不为所动。作为对索尔兹伯里伯爵的回应，学院管理层用逃离的方式进行对抗。不仅是他们不愿意打破不录用外国人的传统，而且他们在财政上也难以供养超编的人员。学院管理层把不能录取苏格兰人的责任直接推给了那些负责各项开支的财务人员，而后者则宣称没有多余的款项能够支持新的苏格兰学生。② 苏格兰人本来就钟情于本国以及欧洲大陆的大学，看到英格兰方面如此的态度他们更加不愿意来学习了。整个17世纪在牛津及剑桥学习的苏格兰人可谓屈指可数，其中绝大多数是神职人员。③ 即便苏格兰人被授予学位也基本是荣誉性质的，因而大学在构建新民族的问题上很难发挥重要的作用。其次，詹姆斯一世鼓励两国人民进行通婚。詹姆斯一世非常喜欢将两国的联合比喻成一场婚姻，如果没有血统上的交融，那"联合之爱"明显是不完整的。1603年前，两国人民的通婚总体是比较少见的，大多数集中在边界地区而且是以非法的形式进行的。④ 詹姆斯一世希望经过王位联合，两国人民，尤其是贵族间的通婚能够有所增长。但是詹姆斯一世的这项目标也未能实现，他自己

---

① Logan Pearsall Smith, *The Life and Letters of Sir Henry Wotton*, Vol.2, Oxford: Clarendon Press, 1907, p.368.

② Francis Egerton, *The Egerton Papers*, Vol.12, London: Camden Society, 1840, p.444.

③ John Archbald and J. A. Venn, *The Book of Matriculations and Degrees: A Catalog of Those Who Have Been Matriculated or Been Admitted to Any Degree in the University of Cambridge from 1544 to 1659*, Cambridge: Cambridge University Press, 1913, p.589.

④ Thomas I. Rae, *The Administration of the Scottish Frontier, 1513—1603*, Edinburgh: Edinburgh University Press,1966, p.11.

之前制定的限制苏格兰人南下的政策本身就是一大阻碍。当时的一些英格兰人抱怨境内的苏格兰人太多，但实际上，即便是上层苏格兰人的数量也十分有限。在缺乏相互交流的情况下，安排通婚的难度是很大的。除了上述途径外，詹姆斯一世还试图废除边界地区的敌视法律、统一两国贵族的称号、组织两国联合的对外军事活动等。

17 世纪詹姆斯一世后继的几位君主在构建大不列颠民族方面都没有作出明显的努力。这些君主基本都是像欧洲共主邦联国家那样为了协调不同地域的统治作出努力，在有些时候可能也会为了两国进一步的联合而给予一些支持，但是已有证据显示他们没有太大的意愿消除两国民族感情的隔阂，使英格兰和苏格兰民族融为一体。这一方面是他们认识到民族融合的难度。另一方面，也是最主要的原因：他们认为此举没有必要。这些君主并没有像詹姆斯一世那样在苏格兰的统治经历，对苏格兰也没有特别的民族感情。对查理一世及其继任者而言，苏格兰不过是个需要加强统治的边远国家，而不是一个需要和英格兰进行爱之联合的民族。国家的联合可以为英格兰乃至大不列颠提供必要的安全利益，但民族的融合却对此无甚必要。

（二）英国革命时期

詹姆斯一世时代以后，英格兰和苏格兰两国唯一一次再度谈起民族联合是在革命的年代，即主教战争和英国内战期间。在此阶段，苏格兰盟约派 [1] 和英格兰议会就民族关系进行了多次商谈。当然，苏格兰方面所追求的主要还是教会的联合及反抗查理一世强行宗教改革的政策。但教会的联合的确已经牵涉到两国意识形态方面的交融。同时苏格兰也要求经济的联合（实现自由贸易），即便这主要是出于利己的考虑，但的确也是为两国人民进一步的联合提供一个看得见、摸得着的方案。有相当多的史料表明盟约派追求的不仅仅是宗教的联合。1640 年，苏格兰人发表了一份声明，明确表示他们进入英格兰的一大目标就是使两个王国能够实现"前所未有的友爱与联合" [2]。到

---

① 苏格兰基督教新教派别，指签署 1638 年《全国盟约》(National Convent) 与签署 1643 年《庄严联盟与誓约》(Solemn League and Covenant) 的苏格兰长老会。第一次内战期间与议会派共同对抗王军，第二次内战期间则与查理一世合作与克伦威尔军队作战。

② John Bruce, *Notes of the Treaty Carried on at Ripon Between King Charles I and the Covenanters of Scotland, A.D. 1640*, London: Camden Society, 1869, p.70.

了 1644 年，苏格兰人又发表了一份类似的声明，声称他们的目的是使"我们不再成为相互带有偏见的陌生人"①。同年，盟约派人物塞缪尔·卢瑟福（Samuel Rutherford）声称，两国在"神圣盟约同盟"的照耀下，已经不再仅仅是宗教联合的关系了。"我们驾驶着同一艘船，"卢瑟福写道，"在同一个岛上、拥有同一个王，现在又在上帝的庇护下宣誓着相同的盟约，生死与共。"②毫无疑问，卢瑟福的确在考虑两国形成一个融合的大不列颠民族。即便当盟约派放弃与议会的合作而与查理一世缔结和平协约的时候，他们用的也是"我们大不列颠子民"这个词语。

英格兰人在民族融合的问题上并没有盟约派那样的热情，他们签署"神圣盟约同盟"主要是出于实用主义的目的，即为了获得军事上的援助。不过在此期间，英格兰人也经常使用跟民族融合有关的词汇。他们也逐步采取措施尽量减少两国间存在的敌对情绪。那些支持与苏格兰结盟的英格兰人，比如西蒙兹·迪尤斯（Simonds D'Ewes）及约翰·皮姆（John Pym）等人在谈到两民族关系的时候通常会搬出詹姆斯一世时代鼓励民族融合的言论。当迪尤斯在议会上说服议员与苏格兰人进行商谈并寻求他们军事协助的时候，他坚持认为苏格兰人不是英格兰的敌人，而是与英格兰人在同一君主名义下紧密连接在一起的。"我们本来就是一个民族"，"来源于相同的祖先，说着相同的语言，只不过名字不一样罢了。在上帝的恩惠下，我们就好像是一个树根上长出来的不同分支罢了"③。在攻击查理一世及其权臣的时候，皮姆也用了相似的言论。在 1640 年的议会上，皮姆表示天主教的势力正试图将英格兰和苏格兰人民相互分离。④

英格兰和苏格兰试图加强两国联系的努力并不能克服双方根深蒂固的敌视与不信任。此阶段最热衷于宣扬民族仇恨的是英格兰保王党，他们对苏格兰的叛乱行为抱有最为敌视的态度。一位叫约翰·克利夫兰（John

① *A Short Declaration of the Kingdom of Scotland for Information and Satisfaction to Their Brethren of England*, Edinburgh: by Evan Tyler, 1643.

② Samuel Rutherford, *Lex, Rex, or, the Law and the Prince: A Dispute for the Just Prerogative of King and People*, Edinburgh: Robert Ogle, 1843, p.381.

③ Simonds D'Ewes, *The Journal of Sir Simonds D'Ewes from the Beginning of the Long Parliament to the Opening of the Trial of the Earl of Strafford*, New Haven: Yale University Press, 1923, p.320.

④ Ibid., p.9.

Cleveland）的保王党作家在其作品中极力宣扬英格兰传统的对苏格兰的蔑视。[1] 他把苏格兰人比喻成圣经中恶人的祖先该隐，认为"上帝应该把他赶回家而不是在外面瞎逛"。这又唤起了早期英格兰人对苏格兰贫穷事实的记忆，以及1607年议会上反对两国联合的一系列演讲。其他的保王党民谣则把苏格兰人比作流动商贩，就和英格兰议员于王位联合早期使用的称呼一样。[2] 当然，这种反苏格兰的情绪绝不仅仅来自保王党。1644年以后，苏格兰人与英格兰议会的相互不信任开始表面化。[3] 苏格兰盟约派遭到英格兰盟友越来越多的憎恨。英格兰议会对于苏格兰人干涉内政的行为日渐不满。英格兰境内的苏格兰军队逐渐成为两国误解的主要来源。1646年苏格兰人控制国王的行为更是极大地破坏了其在英格兰人心中的形象。

随着独立派在第二次内战中的胜利以及新模范军对苏格兰的征服，17世纪两民族融合的希望基本破灭。克伦威尔军事上的胜利为合并式的联合提供了条件，但这种联合不牵涉到民族的融合。对于克伦威尔及其同僚是否考虑过民族融合的问题，根据现有史料尚不能给出一个明确的结论。有一些历史学家认为克伦威尔有意愿消除两民族的一切差异，进而实现詹姆斯一世所期待的民族融合。[4] 从实际行动来看，克伦威尔的确实现了议会、经济方面的联合。除此之外，他还试图统一两国的法律。但是这些政策制定的目的不是为了促成"联合之爱"、接受苏格兰人成为英格兰人的兄弟，而更多的是为了保障英格兰的国家安全并方便对苏格兰进行统治。这些措施是国家构建的产物而不是出于民族构建的心态。克伦威尔希望将所有的苏格兰人和英格兰一起并入共和国这个大的政治实体中来，但是从这次措施中很难看出他有构建新大不列颠民族认同的意愿。克伦威尔在1648年还把苏格兰指为"外邦国家"，很难想象他会在这么短的时间内就改变主意追求民族融合。除此之

① Ruth Nevo, *The Dial of Virtue: A Study of Poems on Affairs of State in the Seventeenth Century*, Princeton: Princeton University Press, 1963, p.27.

② C. H. Firth, "Ballads Illustrating the Relations of England and Scotland during the Seventeenth Century", *Scottish Historical Review*, Vol.6 (Jan. 1908), p.58.

③ William G. Palmer, "Oliver St. John and the Middle Group in the Long Parliament, 1643—1645", *English Historical Review*, Vol.75 (1966), p.498.

④ William Ferguson, *Scotland's Relations with England: A Survey to 1707*, Edinburgh: Saltire Society, 1994, p.131.

外，英格兰占领当局也从未宣称自己是大不列颠国，而一直采用"英格兰、苏格兰及爱尔兰共和国"的称号。①

即便克伦威尔拥有和詹姆斯一世一样的不列颠视角，他的政策也实际上阻碍了大不列颠民族认同的形成。苏格兰在整个护国公制的时期都是一个被军事征服的地区，这使得苏格兰人很难将英格兰人视为他们的同胞。直到1660年，苏格兰都存在着大量的英格兰驻军，这无时无刻在提醒着苏格兰人他们被征服的事实。不可否认，英格兰为这个国家带来了一些好处，比如自由贸易及司法效率的提高，但是这些都难以抵消军事征服的民族憎恨。②这种憎恨情绪也阻碍了军事占领期间英格兰士兵与苏格兰妇女的通婚。这种通婚会使征服者与被征服者的地位模糊不清，因而也被英格兰占领当局严令禁止。③总体上，克伦威尔式的联合不仅没有减轻反而加剧了两民族之间的紧张情绪。即便是受到历史学家赞扬的自由贸易也引起了英格兰商人对苏格兰商人的强烈憎恨。这种联合走到尽头的时候，民族融合的前景反而愈加渺茫。在查理二世复辟期间，两国在政治法律方面的差异变得更加明显而经济的竞争也愈发激烈。在这种情况下，两国民族联合的可能性变得越来越小。自此以后，两国关于联合的话题基本局限于政治与经济的联合。双方讨论的是新国家的构建而不是民族的融合。

（三）1707 年两国合并时期

1707 年的《联合法令》从目的上来说并不是为了民族融合，但客观上使不列颠民族的构建能够在一种更为务实的基础上进行。17 世纪无论是君主还是其他政治宗教领导人都认为"同"是"和"的必要或者前提条件。为此英格兰和苏格兰双方不断地向对方输出自己的价值观，甚至尝试用强权改造对方的制度。詹姆斯一世、查理一世甚至克伦威尔都是这方面的典型。由于相对弱小，苏格兰往往是被改造者。作为大多数时候的受害方，苏格兰一有机会也会尝试用自己的方式去改造英格兰，比如在英格兰内战期间苏格兰盟约

---

① Thomas Burton, *Diary of Thomas Burton, Member in the Parliament of Oliver and Richard Cromwell from 1656—59*, Vol.4, London: H. Colburn, 1828, p.99.

② Ibid., p.137.

③ C. H. Firth, "Ballads Illustrating the Relations of England and Scotland during the Seventeenth Century", *Scottish Historical Review*, Vol.6 (Jan. 1908), p.122.

派就试图逼迫英格兰议会接受长老会式改革的方案。经过了一个世纪，双方终于认识到实现"和"不一定需要全方面的"同"。强行推行一厢情愿的大一统政策只会激化两民族的矛盾。1707年的联合在实现了国家统一的同时也在相当程度上维持了双方独立的制度。

1707年的联合法案建立了一个新的大不列颠国家，但和北美的情况不一样，新的大不列颠民族并没有形成。新的国家称号和詹姆斯一世的早期意愿颇为契合，在民族的问题上却没能实现詹姆斯一世所期望的不列颠式的民族认同。在1707年，民族认同早就被激烈的政治争论、对两国合并的抗议、对战争的恐惧等话题盖过了。[①] 在1707年，民族间的感情不仅成不了联合的纽带反而是隔断两国的利刃。即便是支持两国联合的笛福也在联合法案施行的几年后承认："一个联合的政策却不包括增进民族情感的内容实在是闻所未闻。自从《联合法令》实行以来，我还没见到两民族之间在友爱及善意方面有一丝丝的改善。"[②] 詹姆斯一世肯定没想过，他所期待的联合竟然在这样一种民族情感的环境下实现了。

1707年的两国联合依然留下了一个未解决的问题，即这种联合能否缓解两民族之间的紧张情绪，促进民族融合进而形成新的大不列颠民族？根据后来的历史来看，民族间的相互憎恨是持续的，而友好却是断断续续的。比如苏格兰人对于新的大不列颠议会中的议员人数安排其实是存在诸多不满的。1713年，苏格兰人批评政府关于苏格兰酒税征收的法案，从而再次引起苏格兰议员人数之争。一些苏格兰议员甚至叫嚷要取消两国的联合。尽管当时的政府最终说服苏格兰籍议员放弃了要求取消联合的提议。但是在安妮女王统治的最后几年，时不时会有苏格兰人要求取消两国联合的集会出现。到了19世纪，爱尔兰也加入联合王国的行列中，大不列颠的民族关系变得更加复杂。英格兰人和苏格兰人并没有去追寻一种相互团结的民族感情。英格兰议员对于苏格兰同僚在议会中的出现十分不满，他们讨厌苏格兰人难以理

---

① David Daiches, *Scotland and the Union*, London: J. Murray, 1977, p.7.

② Daniel Defoe, *Union and No Union: Being an Enquiry into the Grievances of the Scots, and How Far They are Right or Wrong, Who Alledge That the Union is Dissolved*, London: Printed, and sold by John Baker, 1713, p.52.

解的口音以及奇怪的装扮。整个 18 世纪，苏格兰人被歧视的案例数不胜数。传记作家詹姆斯·鲍斯威尔（James Boswell）看到当两个苏格兰高地的官员出现在考文特花园的时候，观众大喊："禁止苏格兰人进来，让他们滚！"大卫·休谟（David Hume）声称所有的英格兰人都讨厌他，就因为自己是苏格兰人。即便是支持美国独立战争的英格兰新闻工作者约翰·威尔克斯（John Wilkes）也煽动对苏格兰人的仇恨。苏格兰也存在一些对联合无甚热情的阶层，这些人的民族情绪表现得更为剧烈。想要拆散两国联合的詹姆斯二世党人算是比较极端的案例了，但他们不是孤军奋战。少数的极端长老会主义者依然反对《联合法令》，他们认为长老会是苏格兰的灵魂所在。一些苏格兰民族主义诗人抗议联合中苏格兰所处的不平等地位，要求继续使用古苏格兰语。[1] 很多底层的苏格兰人压根就没指望通过联合能为自己获取利益，因而继续按照原有的方式生活。高地地区更是一个特例，在詹姆斯二世党人的影响下，高地地区成为反对联合的前方阵地。同时高地地区自身也并未和苏格兰保持一致的民族认同。[2]

三、结语

经过一百多年的综合实践，大不列颠的国家构建算是完成了。在国家构建的层面上，无论如何称呼 1707 年的联合，苏格兰作为英格兰卫星国的地位并没有根本上的改变。1707 年之后，英格兰依然可以在统一的大不列颠议会中占据主导地位并在行政和外交方面作出一些有损苏格兰利益的决策。如果 1707 年的联合是一种完整意义上的统一，那估计 20 世纪苏格兰也很少会有剧烈的民族主义运动了。因为不完整的联合，无论是英格兰人还是苏格兰人，都觉得自己的国家依然以某种形式存在于大不列颠内部。

大不列颠的民族意识是存在的，但它是一种次要的民族意识。大不列颠民族在绝大多数时候依然只是一种官方以及他者的提法。大不列颠民族意识

---

[1] N. Phillipson, *Scotland in the Age of Improvement*, Edinburgh: Edinburgh University Press, 1970, p.117.

[2] Michael Hechter, *Internal Colonialism: The Celtic Fringe in British National Development*, London: Transaction Publishers, 1999, p.47.

只会在紧急的关头，比如战争时期才会以最为有力的形式表现出来。大不列颠民族意识与英格兰及苏格兰的民族意识是并存的，同时又是相互区别的。前者基于对共同政治机构的忠诚而后者则基于共同的族群。大不列颠的民族认同本质上是公民式的，而英格兰和苏格兰对各自民族的认同则是种族式的。这两种民族认同一直尝试着维持各自的独立性，但是随着时间的推移两者间的界限不断被打破。种族式的民族主义几乎总是声称自己包含某种公民式的特征，即便这种声音十分微弱。而公民式的民族主义则从来不可能是纯粹的，必然会包含着某种对单一民族的认同和归属感。1707年后的不列颠民族正是这种公民式的存在：包含多民族的同时又处在共同的君主、议会、军队及帝国的政治框架下，但在当时，英格兰和苏格兰双方很难立刻把对大不列颠的忠诚与对自己民族的忠诚扯上关系。

在如今的英国，主次分明的混合民族意识依然占据着主流。无论是英格兰人还是苏格兰人在某些场合的确会把自己说成是不列颠人，但绝不会否定自己的民族身份。英国虽然还维持着统一，但极端的民族意识时不时会给这个国家带来分裂的风险。

流离失所：18—19 世纪苏格兰高地清洗运动初探

刘子华 *

回顾不列颠岛的历史，苏格兰人对"英国人"这一身份的认同并非坚定无比。光荣革命后詹姆斯党人 [①]（Jacobitism）发动的数次叛乱就是例证之一。放眼当下，苏格兰民族党（Scottish National Party）在成为执政党后于 2016 年发起脱离英国的公投，尽管以失败告终，但其内部仍然有一股民族分离 [②] 势力的存在。从某种意义上说，苏格兰人的分离趋势与过往的历史，尤其是高地人的痛苦经历有关。18 世纪中叶发生的高地清洗（Highland Clearance）运动就是缩影之一。这场运动持续近一个世纪，数以万计的高地人在胁迫下离开家园，迁移到苏格兰其他地区或远赴加拿大、北美谋生。高地清洗运动导致原有的氏族社会衰落、人口锐减，对高地文化造成不可逆转的伤害，至今影响深远。

高地清洗运动是一个较为敏感的话题，如果翻阅一些英国学者撰写的英国通史著作会发现书中没有提到该起事件 [③]，并且在一些苏格兰通史著作中

---

* 刘子华，南京大学历史学院、中国南海研究协同创新中心博士研究生。

① 詹姆斯党人（Jacobite）　词源丁詹姆斯（James）的拉丁语书写 Jacobus，因该派对詹姆斯二世及其后代的忠诚而得名。有关詹姆斯党人的相关研究，可见胡莉：《英国史学界的"詹姆士党"研究述评》，《英国研究》第 7 辑，南京大学出版社 2016 年版，第 113—122 页。

② 民族分离主义指的是借助民族主义与民粹主义话语，持续动员民众支持分离。这些话语通常用来描述苏格兰与英格兰之间的差异，以此让民众相信分离的合理性。详见胡莉：《政党政治动员与民族分离主义——苏格兰民族党在苏格兰分离态势形成中的作用》，《国际政治研究》2020 年第 2 期。

③ 如［英］肯尼思·摩根：《牛津英国史》，方光荣译，人民日报出版社 2021 年版；［英］西蒙·詹金斯：《英格兰简史》，钱峰译，化学工业出版社 2016 年版。

也没有提及。① 不过，检索高地清洗关键词可以发现一些相关的著作。这其中关注较多、影响力较大的有约翰·普雷布尔（John Prebble）的《高地清洗》②和埃里克·理查兹（Eric Richards）的《有关高地清洗的辩论》③。普雷布尔是一名记者，但以研究苏格兰史闻名。普雷布尔在书中将高地清洗运动归结于英国政府有意识地将高地人口驱逐出去，并且将氏族首领和地主的贪婪性格刻画得淋漓尽致。因此他招致了一些批判，如迪瓦恩（T. M. Devine）认为，导致苏格兰乡村人口下降的原因还有经济和社会因素，这本书缺乏足够的史料依据。④苏格兰皇家历史学家戈登·唐纳森（Gordon Donaldson）更是将这本书称作是"彻头彻尾的垃圾"⑤。

亚历山大·麦肯齐（Alexander MacKenzie）的《高地清洗史》⑥出版于1883年，正值19世纪80年代英国政府开始着手对高地清洗运动进行调查的阶段。麦肯齐在书中介绍了包括萨瑟兰清洗（Sutherland Clearance）在内的数起事件。他希望能够借助本书让更多的人知晓这一事件，以此来支持佃农。该书出版后得到大量自由党人的支持，并以此为由批判保守党人的执政方针。

相较之下，理查兹的著作则更为全面。他认为18世纪晚期高地清洗运动的导火索是英国政府对詹姆斯党人的清洗；19世纪殖民地对移民的吸引力在不断增加，部分移民是自愿迁移的。当然，正如书名中提到的"辩论"一词那样，该书回顾了历史上有关高地清洗运动的相关观点，如马尔萨斯人口论、市场需求以及工业化社会对农业社会的冲击等。值得注意的是，该书还收录了许多有关清洗运动的原始材料，如亲历者的回忆录、官方调查文件等。

琼·索耶斯（June S. Sawyers）的《把人们带走：高地清洗运动便携指

① ［英］玛格丽特·麦克阿瑟：《苏格兰史》，刘淑珍译，华文出版社2020年版；［英］尼尔·奥利弗：《BBC苏格兰史》，张朔然译，译林出版社2020年版。
② John Prebble, *The Highland Clearance*, London: Penguin Books, 1969.
③ Eric Richards, *Debating the Highland Clearance*, Edinburgh: Edinburgh University Press, 2007.
④ T. M. Devine, *The Scottish Clearance: A History of the Dispossessed 1600—1900*, London: Allen Lane, 2018.
⑤ 详见 https://en-academic.com/dic.nsf/enwiki/2346947, 2023-02-13。
⑥ Alexander Mackenzie, *The History of the Highland Clearance*, Edinburgh: Mercat Press, 1883.

南》①是一份便携式的小册子。该书以百科全书的方式介绍了与清洗运动相关的主、次要人物；与清洗运动有关的地点和历史事件；当今现存的清洗运动遗址等，有助于我们更好地了解这段历史，这也是作者撰写该书的目的。索耶斯认为，近年来一些学者试图淡化高地清洗运动影响的做法是不对的。运动的受害者不是冰冷的统计数字，而是一个个鲜活的人。他们无权选择自己的命运，只能被动地接受。她认为高低清洗运动甚至可以被视作一场发生较早的"民族清洗"（ethnic cleansing）事件。

当然，也有一些学者对高地清洗持有不同的态度。阿瑟·赫尔曼（Arthur Hermann）的《苏格兰：现代世界文明的起点》②一书就为高地清洗运动进行了些许的辩解，即大规模驱逐的主导者是氏族首领和他们的代理人，而非英格兰人。在作者看来，氏族首领几乎毫无选择。他们身负巨额债务，又面临市场激烈的竞争。在这种情况下他们只能选择本轻利厚的牧羊业。清洗与卡洛登战役也并无直接关系，毕竟清洗不是在战争结束后立刻发生的。战争只是切断了氏族首领和佃户之间的纽带。

迪瓦恩的《苏格兰大清场：1600—1900年被剥削者的历史》③一书介绍了高地土地所有权、氏族制度以及英格兰人对高地人的态度是怎样转变的。需要说明的是，迪瓦恩是一个民族主义者，故他在书中的态度较为激进。他声称英格兰人有所求时便将高地人视作英勇的士兵，一旦不需要了就看作懒惰的原住民。不过，他也承认氏族首领并非罪不可赦的。当内战（叛乱）结束且不再需要士兵后，他们需要寻找其他的收入来源，养羊便是途径之一，清理人口便是无可厚非的。

可以看出，国外学术界对于高地清洗运动的态度大体上分为两派。一派认为该事件完全应由英国政府和氏族首领承担责任，另一派则认为清洗运动是不可避免的，是当时社会发展的必然趋势。国内学术界对该问题的研究尚

---

① June S. Sawyers, *Bearing the People Away: The Portable Highland Clearance Companion*, Sydney: Nimbus Publishing, 2013.
② ［美］阿瑟·赫尔曼：《苏格兰：现代世界文明的起点》，启蒙编译所译，上海社会科学院出版社2016年版。
③ T. M. Devine, *The Scottish Clearance: A History of the Dispossessed 1600—1900*, London: Allen Lane, 2018.

处于空白，目力能及的范围内没有检索到相关文章。故本文小作尝试，以求
抛砖引玉。

一、高地清洗运动的背景

从地理位置上看，苏格兰的西部为高地，东部为低地。两者的分界线大
致呈圆弧形，从西南部的克莱德湾（Firth of Clyde）延伸到西北部的马里湾
（Moray Firth）。低地水源充足、土地肥沃、人口稠密、经济繁荣。高地则与
之相反，到处是湖泊、荒野和高山，多岩石且高不可攀。群山间的山谷是唯
一可以耕种的地方，然而可收获的作物也是种类稀少、收成晚、产量不稳
定，就连植被都很稀疏。在高地地区，即使孜孜不倦地劳作，也只能勉强维
持生计。①

除了地理上的差异，高地与低地在政治、经济、宗教、文化等各方面都
存在差异。低地受英格兰文化的影响较多，也更亲善于英格兰人。高地则因
其浓厚的凯尔特民族特征和盖尔语（Gaelic）的使用形成独特的"盖尔区"
（Gàidhealtachd）文化。高地人围绕强有力的军事首领形成独特的"高地氏
族"（Highland Clan）。氏族的组织结构有些类似中世纪时期的封建制。高地
氏族首领需向国王效忠，氏族成员则对首领效忠。不过，高地氏族是依赖血
缘关系结合的，因此一个氏族通常是一个大的家族组织，所有的成员据称拥
有一个共同的祖先。这样的氏族在高地有数十个之多。

按照过往的传统与封建法律，高地社会就像是一个金字塔，总体上有三个
阶层。氏族首领在塔顶，他们将地产留给中间人管理，这些中间人也可被称为
小土地占有者（tacksman）②。小土地占有者再将土地租给下一级的佃农，佃农
再往下租。底层则是无地的佃农和雇农，在需要征战的时候他们也是士兵。③

---

① ［英］玛格丽特·麦克阿瑟：《苏格兰史》，刘淑珍译，华文出版社 2020 年版，第 3—4 页。
② 苏格兰语为 fear-taic，意为支持者。是苏格兰高地社会中具有中等法律和社会地位的地主。他们通
常是土地的大承租人，他将土地的一部分作为自己的领地保留在自己手中，将剩余的部分出租给下一
层租户。
③ ［美］阿瑟·赫尔曼：《苏格兰：现代世界文明的起点》，启蒙编译所译，上海社会科学院出版社
2016 年版，第 115 页。

佃农分到的土地不等，有的是 1/6，有的是 1/8，他们死后可以由他们的儿子继续承租。适合耕种的土地大多呈条形状，其他稍差一点的地可以用来养牛或养绵羊。①

在低地人眼中，高地人是十分不堪的。根据一份 14 世纪末的编年史材料记载，他们认为："高地人是野蛮而且难以驯服的家族，粗鲁而无拘无束，惯于打家劫舍，生活粗鄙，对英格兰人、对不同的语言都充满敌意，而且极度残忍。"② 不仅是低地人这样看待，就连历任苏格兰国王都提防着高地人。1427 年，苏格兰的詹姆斯一世在因弗内斯（Inverness）召集氏族首领参加议会。会上他借机扣押监禁了他们，其中有三位首领被绞死，还有一些人被关进监狱。双方因此还爆发了战争，最终以氏族的臣服告终。1597 年苏格兰的詹姆斯六世颁布一项法令，要求高地的氏族首领们支付一大笔钱来重新拥有他们所拥有的土地。③ 这意味着本就属于高地氏族的土地现在变成了由国王授予，实际上是要求他们向国王屈服的表现。

当詹姆斯六世成为共主国王詹姆斯一世后，他曾试图征服高地。他最初采取的做法是向高地西部地区派遣种植园移民，顾名思义就是到高地去从事种植业。他宣布所有无法书面出示所有权的部落首领的土地都将被没收，然后再将这些土地分给低地的殖民者，在他们的土地上种植耕作。詹姆斯一世希望能借此在高地传播敬畏上帝、顺从国王与定期支付地租等观念。这项政策很快就失败了，因为派过去的人要么被杀要么逃回来。1604 年，控制低地边界地区的麦格雷戈家族（Clan MacGregor）与低地人发生冲突并大肆屠杀了低地人。

对于高地人的反抗，詹姆斯一世认为需要施以更严厉的回击。1605 年他派遣大卫·穆雷（David Murray）前往高地与当地酋长交涉，说服他们服从王权。1608 年，国王又派遣代表诱骗 12 位氏族首领登船，并将它们软禁起来，直到他们同意签订契约。1609 年，苏格兰高地通过了《艾奥纳法令》

---

① John Prebble, *The Highland Clearance*, London: Penguin Books, 1969, p.20.

② Neil Davidson, *The Origins of Scottish Nationhood*, London: Pluto Press, 2000, p.64. 转引自 [英] 玛格丽特·麦克阿瑟：《苏格兰史》，刘淑珍译，华文出版社 2020 年版，第 4 页。

③ Maurice Lee, "James VI's Government of Scotland after 1603", *The Scottish Historical Review*, Vol.55, No.159 (1976), p.42.

（Statutes of Iona），即要求苏格兰高地氏族首领将他们的继承人送到苏格兰低地，在讲英语的新教学校接受教育，从而使得一些氏族从天主教转信新教。其他涵盖的内容包括：驱逐高地上游手好闲的乞丐；禁止提供免费住宿和食物的"索恩"习俗；允许家庭酿造葡萄酒和威士忌，但禁止进口和销售，以避免促进贫穷和野蛮；禁止携带武器，以避免叛乱的发生。[①] 乍一看，这项法令是为了帮助高地人开化，而实际上是摧毁他们的文明。

1688 年光荣革命后，詹姆斯二世逃亡法国。由于斯图亚特王室自 1371年起就统治着苏格兰，故在许多苏格兰人眼中斯图亚特王室是苏格兰王国的象征，同情与支持詹姆斯二世的人很多。加之当时法王路易十四对詹姆斯二世持支持态度，还为其提供了约 50000 英镑的年金。[②] 在多方支持下，1689年詹姆斯二世在爱尔兰登陆，但遭遇了威廉军队和长老会教徒的抵抗，1690年 7 月再次失败流亡法国。值得注意的是，1689 年 4 月，邓迪子爵约翰·格拉汉姆（John Graham of Claverhouse）在苏格兰高地召集了一部分忠于老国王的高地氏族兴兵举事。

为了招揽高地氏族，威廉三世同意给予高地氏族一笔总数为 12000 英镑的补偿金，条件是所有氏族需在 1692 年 1 月 1 日前向国王效忠。由于格伦科的麦克唐纳家族（MacDonalds of Glencoe）在路程上耽搁，没有及时赶到，导致整个家族受到敌对家族的血洗。这一事件被称为格伦科屠杀（the Glencoe Massacre）。这一事件使得绝大多数高地氏族对威廉三世持有敌视的态度，对詹姆斯二世则持有怀念之情。"苏格兰盖尔地区长久以来一直把自己的一切都深深献给了苏格兰国王。"[③]1707 年英格兰与苏格兰合并后，詹姆斯党人洛克哈特（Lockhart）更是声称："各个阶层的人都对苏格兰主权的丧失感到越来越懊恼、不满、怨愤，越来越倾向于接受王室的复辟……整个国家都充斥着对国王的向往和对合并的不满。"[④]

① Cathcart Alison, "The Statutes of Iona: The Archipelagic Context", *Journal of British Studies*, Vol.49, No.1 (2010), pp.4—5.

② 杨珺、陈晓律：《18 世纪上半叶詹姆斯党叛乱及其后果》，《英国研究》第 1 辑，南京大学出版社 2009 年版，第 40 页。

③ John L. Roberts, *Clan, King and Covenant*, Edinburgh: Edinburgh University Press, 2000, pp.213—237.

④ Murray G. H. Pittock, *Scottish Nationality*, MacMillan Distribution Ltd., 2001, p.63.

1715 年叛乱以及后来的叛乱中，高地人都扮演了极为重要的角色。在历次战斗中，高地士兵令人胆寒的呐喊和手持阔剑冲锋劈杀的情景给人留下了深刻的印象。1716 年颁布的《解除武装法案》(Disarming Act) 规定高地人交出所有的剑、盾牌、火枪、长匕首等武器，以避免发生动乱的可能性。然而，1724 年乔治·韦德 (George Wade) 前往高地视察后报告，高地氏族的整体战力为 22000 人，其中只有 10000 人可以保持忠诚，剩下的人"不管他们的上级或氏族首领何时召唤，都准备好了为僭位者而战，从而制造新的麻烦和武装叛乱"[1]。据统计，在 1689 年有 28 个氏族参与叛乱，1715 年为 26 个，到 1745 年，虽然有所减少，但也有 18 个氏族参与叛乱。[2]

1746 年卡洛登 (Battle of Culloden) 战役结束后，高地氏族的特殊地位受到终结。叛乱使得英格兰议会意识到，必须采取强有力的措施来打破旧的高地部族制度。同年颁布的《取缔法案》(Act of Proscription 1746) 全面禁止高地人使用武器，这意味着高地人连打猎的能力都被剥夺了。坎伯兰公爵威廉王子 (Prince William, Duke of Cumberland) 也在镇压叛乱后着手解决高地问题，即"去除在这个国家里散播的坏种子，使其再也无法发芽"[3]。起初他打算把高地的詹姆斯党人全部送到北美，在意识到过于麻烦后又转而采取"焦土政策"，四处驱散民众、没收财物、破坏耕地、抢夺牲畜。1773 年旅行家约翰逊 (Johnson) 和博斯韦尔 (Boswell) 在游览苏格兰时提到："也许从来没有一个地方的风俗习惯变得如此之快……高地人民在他们被征服后，只剩下了他们的语言和贫穷。"[4]

二、高地清洗运动的原因

高地清洗运动本质是一场土地私有化运动，发起者是占有土地的氏族首领或大地主，受害者是底层佃农和游民。这场运动最初被定义为驱逐

---

[1] Magnus Magnusson, *Scotland: The Story of a Nation*, New York: Atlantic Monthly Press, 2001, p.576.

[2] John L. Roberts, *The Jacobite Wars: Scotland and the Military Campaigns of 1715 and 1745*, Edinburgh: Polygon at Edinburgh, 2002, p.40.

[3] Ibid., p.183.

[4] Eric Richards, *Debating the Highland Clearance*, Edinburgh: Edinburgh University Press, 2007, p.9.

（eviction），后来产生的负面影响过大才使用清洗（clearance）一词。对詹姆斯党人的清洗是运动发起的原因之一，但不是唯一的原因。

从英格兰人的视角看，苏格兰高地氏族社会太"落后"。苏格兰传统的农业模式是农耕与畜牧业的混合发展模式。高地进行牲畜和绵羊养殖，低地负责种植粮食。17世纪起，生活在低地的洛锡安人（Lothian）开始效仿荷兰人进行农业改革，以此来应对爱丁堡不断增长的粮食需求。低地佃农的数量逐渐减少，农场规模扩大；农田被重新划分，从条块所有制变为整合一体的股份制；施肥、撒石灰以及轮耕这些新技术让土壤变得更为肥厚。低地的农业改革某种意义上也是一场清洗运动，但变化尚且限于东洛锡安人的农场。[①] 反观同期的高地农业，仍然延续着以往的混合种植经营。即便是身为苏格兰人的亚当·斯密（Adam Smith）都认为高地是一个"由寄生虫主导的社会贫穷、腐败和苦难的缩影，是一个需要解放的社会"[②]。

1746年后，作为高地改造计划的一部分詹姆斯党人的土地被分发给了亲英的地主。这些人在高地实行新的农业技术，通过向英格兰输送农产品获得高额利润。加之低地地区对羊毛的需求大增，饲养羊群的利润远远高于再将土地出租的利润。获得更多的土地成为扩大利润的唯一途径。与圈地运动相似，氏族首领也开始意识到"养活众多的佃农并不是他们财产能够产生价值的唯一方式"[③]。因为随着英国对外战争的不断和人口的增加，人们对肉类的需求也在增加。仅在30年内，黑毛高地牛（Black Cattle）的售价就翻了一番，牧羊的利润则更不用说。[④] 低地的牧牛人开始租用山上的牧场。这些人证明了扩大农场、提高租金和小块土地占有制（run rig）[⑤] 废除后带来的高昂收益，到1820年，因弗内斯已然变成切维

---

① Robert A. Houston, Ian D. Whyte, *Scottish Society, 1500—1800*, Cambridge: Cambridge University Press, 2005, pp.148—151.

② Eric Richards, *Debating the Highland Clearance*, Edinburgh: Edinburgh University Press, 2007, p.10.

③ John Prebble, *The Highland Clearance*, London: Penguin Books, 1969, p.20.

④ Ibid., p.21.

⑤ Run-rig，又称 rig-a-rendal，是在苏格兰高地和岛屿上实行的土地所有制。土地被分成条带状，且进行周期性的回收再分配，即没有佃户可以连续耕种最好的土地，大多数土地都由包租户（tacksman）租用，然后再转租给佃户。

奥特羊（Cheviot Sheep）的销售中心。羊的增长数量是惊人的，1760 年前阿盖尔（Argyll）几乎没有羊，1800 年达到 27.8 万只，1855 年已超过 100 万只。①

与此同时，伴随着老族长逐渐去世，他们的后代则成为一个新群体。他们遗弃了盖尔语，开始和英国人一样认为盖尔语是野蛮的语言。年轻的氏族首领从低地甚至英格兰娶妻，他们也追求爱丁堡的庄园、马车，甚至让孩子接受南方的教育。尽管他们拥有丰富的土地，但是当他们去爱丁堡见到那里的商人、律师和低地领主时，却不禁为自己的贫穷感到羞愧。这些年轻氏族首领的儿子过着奢侈的生活，"穿花边的精致纺织品，喝法国的红葡萄酒，坐拥豪华的宅邸"②。

伴随着高地上的土地利用模式由原先的耕种变为圈地牧羊。原先在土地上耕种的佃农就要搬离到其他地方，以空出土地。氏族首领为此必须赶走他们的佃户。1746 年《继承权（苏格兰）法案》（The Heritable Jurisdictions Scotland Act）废除了苏格兰氏族首领的司法权，即他们不能在自己的土地上执法。不过法律也使他们获得补充权益，因为他们对自己的土地有了更大的控制权，可以随意将土地变成牧场。当旧租约到期的时候，族长通常会拒绝给老佃户提供新的租约。对于那些租约还没有到期的佃户来说，族长会向他们施加压力，如西福斯（Seaforth）的族长在写给刘易斯岛（Isle of Lewis）的一位小土地所有者的信中写到："他们（佃户）的地租没有付清前不得出售他们的牛，如果有人试图用现钱购买，你必须扣押他们的牛。在付清全部租金前，不允许他们将牛运出这个国家，这事由你负责。"1785 年一位英格兰旅行者在到访高地后表示："酋长们把大片的土地出租给了有血缘关系的人，这些人再将土地分成小块出租给下层人民。为了获取更多的利益，他们从下层人民身上榨取一切可能得到的东西……除非这一邪恶被消除，否则苏格兰永远不会进步。"③

---

① *New Statistical Account* 1845, Vol.7, p.213.

② ［美］阿瑟·赫尔曼：《苏格兰：现代世界文明的起点》，启蒙编译所译，上海社会科学院出版社 2016 年版，第 116 页。

③ John Prebble, *The Highland Clearance*, London: Penguin Books, 1969, p.21.

三、高地清洗运动的开展

在长时段的清洗运动中，萨瑟兰清洗是较为知名的一个。萨瑟兰位于高地北部，1785年第一任萨瑟兰公爵乔治·列文森-高尔（George Leveson-Gower）①与伊丽莎白·萨瑟兰（Elizabeth Sutherland）结婚后获得超过100万英亩的土地。他雇佣帕特里克·塞勒（Patrick Sellar）和威廉·杨（William Young）作为自己的事务专员处理高地事宜。杨认为："连绵几百英里的高山植物应该变成羊毛和羊肉供英格兰人使用。"②

斯特拉斯纳沃山谷（Strathnaver Valley）原是苏格兰高地中最富饶的地方，纳弗河（River Naver）从南至北流经这里直至大西洋。这些原住民住在铺着草皮的长石屋里。一侧用来养牛，另一侧用来住人。他们的房屋坐落在河边。此地的盖尔语名字是（achadh an eas），意为瀑布旁的玉米田。据后来被驱逐的人回忆："每座城镇里都住着4到5户人家，城镇之间还有美丽的庄园，有着绵延数英里的山上牧场。人们有大量的山羊、绵羊、马和牛，过着幸福的生活……"③

1813年12月15日星期三，27名来自斯特拉斯纳沃的佃户齐聚在戈尔斯皮（Golspie）的客栈前。他们希望可以说服斯塔奥德勋爵（Lord Staord）的代理人不要驱赶他们，但他们等来的只有一份通知："兹通知斯特拉斯纳沃的佃户以及萨瑟兰老庄园的其他人，今日起新农场将于戈尔斯皮开始建设——斯塔奥德勋爵和夫人已经下达指示，从河北部的库纳奇（Curnachy）与河南部的邓维丹（Dunvieddan）一直到河口的所有土地，都将分配给你们，以容纳每一个品行良好的人……"④次年1月15日，人们被再次告知，到了春季解冻的时候，土地测量员就会来到北方。不过这一过程比想象的花费了更多的时间，本该迁移的人们也就固执地留在了原地。4月，随着欧洲战争的结束，牛肉价格业已开始下跌，以饲养黑毛高地牛为生的高地人变得

---

① 在1833年前，他的头衔为斯塔福德侯爵，即Marquess of Stafford。
② John Prebble, *The Highland Clearance*, London: Penguin Books, 1969, p.90.
③ Ibid., p.76.
④ Ibid., p.118.

越发困难。当开春雪一融化的时候，牧羊人就烧掉了几十平方英里的荒地，这样棉花草就能长得更为茂盛，以供羊群食用。然而，这样大规模的燃烧对于牛来说是灾难性的，它们无处进食。最为毁灭性的是，人们无法带走原有的房屋木材。6月13日，针对原住民的强制清洗开始了。一间一间的小屋被清空，房屋中的木材被随意地燃烧，油乎乎的浓烟在潮湿的空气中滚滚而来。山谷里回荡着狗叫声、命令喊叫声以及妇女儿童的哭泣声。"即使是拥有一颗非常坚硬的心的人，看到此时人们的处境也会为他们感到悲伤。"[1]

据原住民唐纳德·麦克劳德（Donald MacLeod）回忆，当时有一位卧床不起的近百岁的老妇人，因为病得太厉害无法立刻搬走，结果被残忍地放火烧了房子。邻居费了好大劲才将她救出来。然而不到5天，她还是死了。另一个名叫贝蒂·麦凯（Bety McKay）的女孩当时只有16岁，她们一家人没有立即搬离而是又住了一段时间，但是"那伙纵火的人来了，把屋里剩余的东西都烧成了灰烬。人们不得不四处逃命，有些人除了身上穿的衣服外，其余什么都没有了。人们被告知可以去任何他们想去的地方，只要不妨碍土地的回收。人们像狗一样被赶走了"[2]。大火过去的几天后，无家可归的人还留在山谷里。

当然，类似这样的清洗还有很多。1829年格伦迪（Glen Dee）的佃户被迁离；1831年比格豪斯（Bighouse）有126户人家被迁往海岸；1846—1861年间，艾奥纳岛减少了284人……[3]那些无法忍受族长日益压迫的人，开始离开苏格兰前往北美。自1772年以来，至少有16艘满载移民的船只从高地的因弗内斯和罗斯（Ross）驶离，大约有6400人。有苏格兰血统的加拿大诗人约翰·麦克雷（John MacRae）曾说："最好不要住在那些不肯放弃（压榨）佃户的地主手下，他们宁可从蟹爪里取金子，也不愿从好人那里取金子。"[4]当然，不是所有的人都是被强制搬离的，也有因憎恨长老会和氏族吞并土地的行为而自愿离开的。有人提到："我看到我爱

---

[1] John Prebble, *The Highland Clearance*, London: Penguin Books, 1969, p.79.

[2] Ibid., p.82.

[3] Eric Richards, *Debating the Highland Clearance*, Edinburgh: Edinburgh University Press, 2007, p.58.

[4] John Prebble, *The Highland Clearance*, London: Penguin Books, 1969, p.24.

的许多朋友都陷入其中，而孩子们也无法避免，除非为他们开辟出另一条道路。"[1]

面对发生在高地上的清洗运动，英国议会并没有予以干涉，反而以立法的形式表示支持。1746年《继承权（苏格兰）法案》废除酋长对氏族的权力，给予地主更多的土地控制权。这使得地主可以更容易地清除土地上的租客。1803年《养牛公平法案》(The 1803 Cattle Hiring Fair Act) 规范在乡村地区为雇佣养牛人举行的集市活动。据该法案，集会需在指定的时间和地点举行。这使土地所有者对佃户有了更多的控制权，并允许他们对佃户施加更大的压力，迫使他们离开自己的土地。1814年《改善土地管理和耕种法案》(The 1814 Improved Land Management and Cultivations Act) 允许土地所有者改善他们的土地设施，如修建道路、桥梁以及排水系统等，并给予一定的财政支持。不过，该法案也为土地所有者强制搬迁佃农提供了政策基础。萨瑟兰公爵就以该法案为依据发起萨瑟兰清洗。

大约在19世纪50年代左右，高地清洗运动的势头逐渐衰弱。一方面是人们对羊毛的需求在逐渐下降，另一方面则是随着人口的不断减少，土地回收进程已基本完成。当然，面对高地冲突，英国政府也在着手解决，只是介入的时间太晚。1883年，纳皮尔委员会（Napier Commison）[2]成立。该委员会得名于其主席弗朗西斯·纳皮尔（Francis Napier），目的是对苏格兰高地和群岛上的农户生活状况进行调查。由于土地租金越来越高且土地使用者的利益难以得到保障，因此很多租户采取拒交地租和占领狩鹿场土地的措施。经过三年的调查，委员会于1886年颁布《苏格兰佃农持有地法案》[Crofters' Holdings (Scotland) Act]。该法案颁布后成立了一个委员会以及一个土地法庭，负责裁决地主和佃农之间的争议，为佃农的土地保有权提供了保障。不过，委员会资金不足不能为佃农进行资金上的补助，也无法真正协调土地上的争议。尽管该法案起到的效果不如预想那样，但也证明英国政府愿意着手解决这一问题。

---

[1]　John Prebble, *The Highland Clearance*, London: Penguin Books, 1969, p.25.

[2]　全称皇家高地及岛屿小农户状况调查委员会，Royal Commission of Inquiry into the Condition of Crofters and Cottars in the Highlands and Islands。

四、高地清洗运动的影响

高地清洗运动是苏格兰历史上重要的事件之一，对苏格兰高地社会、经济和文化产生了深远的影响。大量高地人民被迫离开家园，寻找新的生活地和工作机会。高地清洗运动证明了高地人民遭受的不公平对待，也加剧了高地人对英国政府的不信任。

首先，高地清洗运动埋下了暴力的种子。[1]约翰·拉姆塞（John Ramsay）就表示："许多地主的冷漠和自私已经使得佃农的爱戴和尊敬转化为仇恨和疏远，而这种仇恨和疏远无疑会在挑衅中爆发。"[2]佃农并不会心甘情愿地搬离，往往会予以还击。稍微轻一些的反击手段就是当代理人将驱逐令送达后，人们会抢走他的文件烧掉，有时也会脱下他的衣服烧掉。[3]较激烈的抗议手段包括偷羊，如仅在1818年，萨瑟兰就丢失了1500只羊。值得一提的是，女性通常是反抗力量的生力军。例如在1782年的洛哈伯（Lochaber）地区，一群来自低地的牧羊人遭到当地妇女的阻拦，包括辱骂、威胁甚至是恐吓性的枪击。1820年的库兰（Culrain）和1821年的格鲁伊德（Gruids）的抗议活动中，女性也都有参与并站在队伍的最前方。1854年绿场（Greenyards）的抗议活动中，女性抗议者受的伤是最重的。[4]这些均说明女性抗议力量的重要性。

其次，高地清洗加速了苏格兰人口分布的演变，尤其是在高地。如今高地人口密度每平方英里只有23个人，格拉斯哥（Glasgow）则相对较多，有8550人。[5]苏格兰西北地区的土地早已荒无人烟。其实与低地相比，高地的生活水平实在是太低了。相对城镇来说，高地就业机会缺乏、生产机械化水平较低。就算没有清洗运动，高地也很难留住人口，运动只是加速

---

[1]　M. Bangoe-Jones, *The Assynt Clearance*, Dundee: Assynt Press, 1998, p.24.

[2]　Eric Richards and Monica Clough, *Cromartie: Highland Life 1650—1914*, Aberdeen: Aberdeen University Press, 1985, pp.302—303.

[3]　Eric Richards, *Debating the Highland Clearance*, Edinburgh: Edinburgh University Press, 2007, p.67.

[4]　Ibid., p.69.

[5]　［英］罗伯特·休斯顿：《苏格兰史》，张正萍译，海南出版社2020年版，第225页。

了这一进程。在具体手段上，一方面，大地主会通过暴力驱逐或提高租金的方式迫使佃农和游民离开土地；另一方面，他们也会选择提供一次性补助，"温柔地"劝说人们离开。1781 年到 1987 年间，大约有 50 万高地人移民到了澳大利亚。[①] 不过，这也不能说明清洗运动发起者是善意的。詹姆斯·亨特 (James Hunter) 就认为："尽管高地人在苏格兰以外的新家过得很好，这并不能证明当初对他们所做的一切就是合理的。就像不能说一个美国黑人今天在经济上比一个西非人更好，因此奴隶贸易就是一件好事一样。"[②]

最后，也是较为重要的是，高地清洗运动给苏格兰高地人带来了严重的伤害，也导致了他们民族凝聚力的加强。高地人本就有着自己的盖尔语言和盖尔文化，高地清洗运动后民间更是出现了很多怀念高地的诗歌和文学作品。在《布雷顿角的叹息》一书中就引用了很多带有思乡之情的盖尔语歌词，如"我看见，很远的地方 / 我看见，波涛的那边 / 我看见，布雷顿角，我的爱人 / 在海的那边 / 那么遥远……在我心中，有一个梦 / 想要回到故乡 / 但我心中，清楚明白 / 我不应该再回去。"[③] 高地移民对高地的怀念之情不言自喻。一些高地文人日后也成了苏格兰独立运动的鼓吹者，如威廉·吉利斯（William Gillies）、马尔的厄斯金（Erskine of Mar）和刘易斯·斯彭斯（Lewis Spence）等人都是苏格兰民族党前身组织的主要发起者。事实上，也确实如此。苏格兰与英格兰合并后固然解决了一些问题，但也衍生了很多新的问题，高地清洗就是问题之一。丹尼尔·笛福（Daniel Defoe）在《不列颠全岛游记》中写道，苏格兰"在此（合并）之前，她被当作一个国家，现在她再也不是了，只是一个省而已，或顶多是一片辖地"[④]。通过笛福的描述，可以一窥合并后的苏格兰地位，也就不难理解为何部分苏格兰人心怀不满了。

① ［英］罗伯特·休斯顿：《苏格兰史》，张正萍译，海南出版社 2020 年版，第 247 页。
② June S. Sawyers, *Bearing the People Away: The Portable Highland Clearance Companion*, Sydney: Nimbus Publishing, 2013, p.17.
③ ［加拿大］阿利斯泰尔·麦克劳德：《布雷顿角的叹息》，文嘉译，上海译文出版社 2020 年版，第 17 页。
④ ［英］罗伯特·休斯顿：《苏格兰史》，张正萍译，海南出版社 2020 年版，第 160 页。

五、结语

根据理查兹等学者的定义，苏格兰高地清洗运动始于 18 世纪五六十年代，结束于 19 世纪中叶或 19 世纪末。总体上运动持三个阶段。第一阶段受詹姆斯党人叛乱的影响，英国政府决定以法律的形式对高地进行强制性改造。加之这一时期内战结束，氏族首领不再需要大量的佃农作为军队的直接补充，将种植业变为畜牧业可获取更高的利润。受种种因素叠加的影响，清洗运动拉开序幕。第二阶段约在 19 世纪初至 19 世纪中期，这一阶段也是暴力清洗和佃农激烈抵抗发生的阶段。苏格兰海外移民潮也多发生于这一时期，第三阶段是 19 世纪中期至 19 世纪末期，以 1886 年《苏格兰佃农持有地法》颁布告终。这一阶段实则已无人可迁，因此影响较小。法律并没有根除矛盾，更像是为缓和矛盾而敷衍了事的结果，因此争议重重。

总之，高地清洗运动是难以简单定义的。时光回溯至 1814 年，沃尔特·斯科特爵士（Sir Walter Scott）出版了一本名为《韦弗利》（*Waverley*）的小说。沃尔特以书中主人公爱德华·韦弗利（Edward Waverley）的视角回顾了苏格兰与英格兰合并后 60 年内的历史。他称："没有任何一个欧洲国家在半个世纪内，能够像苏格兰王国一样经历了如此丰富的变化……财富的增加和商业贸易的扩展使得现在的苏格兰人成为与他们祖先不同的那类人……"[1] 也许对于斯科特爵士来说，苏格兰的发展是飞跃式的，然而对于那些被迫背井离乡的高地人来说则并非如此。马克思在《资本论》一书中也猛烈抨击了高地清洗运动，认为这一行径是以掠夺农民土地的方式完成资本的原始积累，是一种剥削，事实上也确实如此。无论如何，高地清洗运动都是历史上一段惨痛的记忆。这一事件表明英格兰与苏格兰合并后，苏格兰的经济发展是以部分高地人的牺牲为代价的。这也就不难理解为何部分苏格兰人对联合王国持有不满的情绪，并被分离主义者加以利用。

---

[1] Sir Walter Scott, *Waverley: Or the Sixty Years Since*, Edinburgh: Archibald Constable & Co., 1814, p.3.

英国社会史研究

19世纪英国"劳工阶级"与"贫民窟"的观念史考察 *

张卫良 **

"劳工阶级"（the laboring class）和"贫民窟"（slum）概念的出现是社会发展的阶段性产物，最初这些词汇是人们对于社会群体及其居住方式的一种称呼，并非一种社会学的术语。艾瑞克·霍布斯鲍姆（Eric Hobsbawm）在《革命的年代：1789—1848》导言中指出："词汇经常是比文献更响亮的证言。让我们想一下那些在本书所阐述的60年时间里发明出来，或者是在这个时期获得其现代意义的词汇"，"这些都是在这个时期新造的词汇，或为适应这个时期的需要而产生的单词"。① 史学界大多认为现代早期的英国社会是由阶层或等级组成的，这些阶层或等级是由身份和特权所决定的。② 实际上，在英国社会转型时期，很多的概念是不清晰的、混杂的或交替使用的。然而，随着时间的推移，一些称呼逐渐成为时代主导观念的反映，并成为一种共识。在19世纪，"劳工阶级"与"下层阶级""底层阶级""工人阶级"的概念曾经相伴出现，既是早期传统等级观念的延续，也有时代赋予的新内涵，"贫民窟"也一样，曾经与"乌鸦窝""热病窝""魔鬼地"等说法交叠使

---

* 本文系国家社科基金项目"19世纪伦敦城市贫困阶层历史变迁研究"（19BSS018）的阶段性研究成果。
** 张卫良，杭州师范大学人文学院教授。
① ［英］艾瑞克·霍布斯鲍姆：《革命的年代：1789—1848》，王章辉等译，江苏人民出版社1999年版，第1页。
② 王晋新、姜德福：《现代早期英国社会变迁》，上海三联书店2008年版，第156页。

用。在 19 世纪末，工厂工人数量快速增长，"工人阶级"概念渐成主流，而"贫民窟"的概念也更多地为"工人阶级住房"词汇所取代。新观念的出现与流行既与传统等级制度相关，也与工业化社会的来临、劳动价值理论的出现、新媒体力量的崛起以及"劳工运动"的发展存在着十分紧密的关系，这些变化凸显了新的社会发展趋势。国内外史学界有关"劳工阶级"和"贫民窟"概念虽然在恩格斯的《英国工人阶级状况》、多萝西·乔治（M. Dorothy George）的《18 世纪伦敦生活》、汤普森（E. P. Thompson）的《英国工人阶级的形成》、乔治·鲁德（George Rude）的《群众历史：英法大众骚乱研究（1730—1848）》、格特鲁德·海默尔法布（Getrude Himmelfarb）的《贫困观念：早期工业时代的英国》、沈汉的《西方社会结构的演变——从中古到 20 世纪》、贺鹭的《维多利亚时期伦敦社会分层研究》等著作都有所涉及 [1]，但尚未见有系统的探讨，本文尝试梳理 19 世纪英国"劳工阶级"与"贫民窟"概念变化及其内在原因。

一、"劳工阶级"观念及其他

"劳工阶级"的概念与"劳动"一词存在密切的关系。在英文语境里，13 世纪的"劳动"有两个方面的用法，一是开始工作（laboure），另一方面，是不辞劳苦，也就是说，"工作与辛苦（痛苦）"。[2] 这样的"劳动"概念通常与"穷人"（the poor）一起使用，在 16 世纪的英国，随着《济贫法》的实施，"贫穷的劳动者"（the poor laborer）成为一个特定的人群。在 17 世纪以后，"劳动"一词已经越来越明显地具有一种普遍的社会活动的意涵，并具有较独立的抽象意涵。1688 年，格雷戈里·金（Gregory King）在《关

---

[1] ［德］恩格斯：《英国工人阶级状况》，《马克思恩格斯全集》第 2 卷，人民出版社 1957 年版；M. Dorothy George, *London Life in the Eighteenth Century*, New York: Capricorn Books, 1965；［英］E. P. 汤普森：《英国工人阶级的形成》，钱乘旦、杨豫、潘兴明、何高藻译，译林出版社 2001 年版；George Rude, *The Crowd in History: A Study of Popular Disturbances in France and England, 1730—1848*, New York, 1964；Gertrude Himmelfarb, *The Idea of Poverty: England in the Early Industrial Age*, New York: Vintage Books, 1985；沈汉：《西方社会结构的演变——从中古到 20 世纪》，珠海出版社 1998 年版；贺鹭：《维多利亚时期伦敦社会分层研究》，江苏大学出版社 2015 年版。

[2] 参见［英］雷蒙·威廉斯：《关键词：文化与社会的词汇》，刘建基译，上海三联书店 2005 年版，第 256—260 页。

于英格兰状况和条件的自然和政治观察》中就有等级、身份等的分类，"体力劳动者和外出打工者"属于一个类别，与工匠、流民等其他类别相区别[1]，但是，在格雷戈里·金的这些分类中，我们还没有看到"劳工阶级"类别的表达及其具体的含义。

1770—1840 年间，"阶级"（class）开始演变成具有现代意涵的词，且对于特别的阶层皆有相对的固定名词来称呼，例如，"下层阶级"（lower class）、"中产阶级"（middle class）、"上层阶级"（upper class）、"工人阶级"（working class），等等。事实上，在 18 世纪末至 20 世纪，最普遍的词汇一直是"rank"（阶级、阶层）与"order"（阶级、等级），而"estate"（阶级、地位）与"degree"（阶级、等级）仍然比"class"更普遍。[2] 但是，"class"一词也已经较多地被使用，雷蒙·威廉斯（Raymond Henry Williams）认为"劳工"的阶级属性起源有点复杂，"要追溯这种阶级论述的起源殊属不易"[3]。

在近代早期的历史语言表达中，"劳动"尤其是"体力劳动"一直被归类于"下层阶级"的活动，通常来说，这是社会中上阶级对于社会下层群体的一种带有蔑视的说法。"下层阶级"是一个相对的概念，指代的范围也是宽泛的，并没有界限清晰的划分，一般指"出卖体力的工资劳动者"，也有认为"下层阶级指低收入，缺乏技能、教育等"。在 18 世纪中期，谢比尔（Shebbeare）写道："在伦敦，下层阶级都无法无天，经常醉酒和偷窃，在乡村，他们能维持良好秩序，持重而诚实，制造业城镇除外，那里的情况像伦敦，更加引人注目。"[4] 另有学者认为，乔纳斯·汉威（Jonas Hanway）1772 年的小册子《对下层阶级人群中盛行的放荡原因观察》就使用了"下层阶级"的概念。[5]1842 年，记者出身的詹姆斯·格兰特（James Grant）曾经作

---

[1] Gregory King, "Natural and Political Observations and Conclusions upon the State and Condition of England", in *Seventeenth-Century Economic Documents*, ed. John Thirsk and J. P. Cooper, Oxford: Clarendon Press, 1972, pp.780—781.

[2] ［英］雷蒙·威廉斯：《关键词：文化与社会的词汇》，刘建基译，上海三联书店 2005 年版，第 53 页。

[3] 同上书，第 256—260 页。

[4] M. Dorothy George, *London Life in the Eighteenth Century*, New York: Capricorn Books, 1965, p.156.

[5] Gertrude Himmelfarb, *The Idea of Poverty: England in the Early Industrial Age*, New York: Vintage Books, 1985, p.290.

过这样的描写，"成千上万的下层阶级，7到14个人的家庭卑微地生活着，住在悲惨的小屋里，其中很多人住在地下室"①。埃德温·查德威克（Edwin Chadwick）在《关于劳动人口卫生状况及其改善方法的报告》中，也经常地使用这个概念，表达了一样的观念，"下层阶级的真实条件"，"公共道路和花园对人口中下层阶级的健康和道德的影响"。② 牧师查尔斯·格德尔斯通（Charles Girdlestone）在《关于低等住宅不卫生状况的信，特别是大城镇》中，大量使用"工人阶级"这个词，"可以证明工人阶级的疾病和死亡率在人口稠密的城镇是远远高于乡村地区的"③。

可以说，"下层阶级"在等级社会中无疑等于生活境况最糟糕的人，也是道德存在严重问题的人，而这个阶层的典型人群是赤贫者，特征是贫困、无家可归和失业，或低于贫困线。因此，有时候"下层阶级"是与"底层阶级"（underclass）并用的。在18世纪90年代，"下层阶级"也被表达为"最下层阶级"（lowest class）。相比较而言，"中等阶级"（middle class）是一个使用相对稳定的词汇，"中等阶级"对于"下层阶级"是怀有恐惧心理的。1792年，约克郡温和的改革派克里斯托弗·威维尔（Christopher Wyvill）牧师写道："如果潘恩先生能把下层阶级唤醒，他们的参与就可能是很粗野的，而我们现在拥有的一切，无论是私人的财产还是公众的自由，就都受那帮无法无天凶野狂暴的乱民去摆布了。"④ 可以说，"下层阶级"就是社会的底层，尤其在城镇中，他们有时候就是罪犯的代名词，被严重地污名化。

在法语中，"劳工阶级"与"特权阶级"通常是一对相对的概念，其语境与英语是有一些差别的。法国史家沃尔内（C. F. Volney）在《废墟：或各帝国革命概述》一书中，描述了两种不同阶层的人：第一类是指那些"通过有用的劳力对于维系社会命脉有所贡献的人"，意指大多数人，"劳动者、工匠、零售商与每一种有利社会的行业；这些人即是通称的'people'（百姓）"；第

---

① James Grant, *Lights and Shadows of London Life*, Vol.1, London: Saunders and Otley, 1842, p.163.
② Edwin Chadwick, *Report on the Sanitary Conditions of the Labouring Population and on the Means of Its Improvement*, London: William Clowes and Sons, 1842, p.141, p.155.
③ Charles Girdlestone, *Letters on the Unhealthy Condition of the Lower Classes of Dwellings, Especially in Large Towns*, London: Longman, Brown, Green and Longmans, 1845, p.3.
④ ［英］E. P. 汤普森：《英国工人阶级的形成》（上），钱乘旦、杨豫、潘兴明、何高藻译，译林出版社2001年版，第11页。

二类是指"特权阶级"（privileged class）即"教士、朝臣、公家会计师、军队指挥官。简言之，即是隶属于政府部门的行政、军事、宗教官员"。在法文的描述里，"百姓"（the people）与"贵族政府"（aristocratic government）是彼此对立的。[①]后来，英文世界的学者也普遍地接受这样的观点。

在18世纪晚期，英国的古典经济学家开始挖掘"劳动价值"问题，并以经济学的方式表达出来。亚当·斯密的《国富论》虽然主要讨论国家财富与国民幸福的问题，但也涉及"劳动价值"这个主题，他指出"劳动是财富的唯一泉源"，他也使用"下层阶级"指代穷人，"下层阶级生活状况的改善，是对社会有利呢，或是对社会不利呢？一看就知道，这问题的答案极为明显。各种佣人、劳动者和职工，在任何大政治社会中，都占最大部分。社会最大部分成员境遇的改善，绝不能视为对社会全体不利。有大部分成员陷于贫困悲惨状态的社会，绝不能说是繁荣幸福的社会。而且，供给社会全体以衣食住行的人，在自身劳动生产物中，分享一部分，使自己得到过得去的衣食住条件，才算是公正"[②]。亚当·斯密的"下层阶级"包括"各种佣人、劳动者和职工"，明显地扩大了"下层阶级"的范围，包括一些非体力劳动职业。托马斯·马尔萨斯（Thomas Robert Malthus）在《人口原理》一书中也使用了"下层阶级"的称呼，强调"富人无论作出多大的捐献，作出多大的牺牲，也不会阻止社会下层阶级陷于苦难。特别是如果以货币的形式作出捐献或牺牲，情形就更是这样。不错，也许会由此带来巨大的变化。富人会变穷，一些穷人会变富，但终归还是有一部分社会成员的生活会遇到困难，这种困难自然将落在最不幸的社会成员身上"[③]。这里，"下层阶级"指代的就是穷人，也指一群较为宽泛的社会成员。

马克思主义史学家汤普森认为，在18世纪90年代，托马斯·潘恩左右了大众激进主义，社会被分为两个部分，其中一部分是"有用的"或"生产

---

① C. F. Volney, *The Ruins, or a Survey of the Revolutions of Empires, to Which Is Added, the Law of Nature*, 1795，转引自［英］雷蒙·威廉斯：《关键词：文化与社会的词汇》，刘建基译，上海三联书店 2005 年版，第 59 页。

② ［英］亚当·斯密：《国民财富的性质和原因的研究》上卷，郭大力、王亚南译，商务印书馆 1972 年版，第 72 页。

③ ［英］托马斯·马尔萨斯：《人口原理》，朱泱、胡企林、朱和中译，商务印书馆 1992 年版，第 31—32 页。

的阶级"，另一部分是廷臣、闲职官员、证券持有人、投机商和寄生的中间人。① 其实，这种观点在大卫·李嘉图（David Ricardo）等人的著作中有了进一步的划分，他认为"土地产品要在土地所有者、耕种所需的资本的所有者以及以进行耕种工作的劳动者这三个社会阶级之间分配"②，这种划分也为麦克库洛赫（John Ramsay McCulloch）等人所继承，经济学家大多把社会划分为三个阶级，即土地所有者、资本拥有者和劳动者，后来马克思在《资本论》中作了更加清晰的表述。

从 19 世纪 20 年代起，由于法国大革命的深刻影响，有关"下层阶级"的概念有了很大的变化，"劳工阶级"的概念开始出现，劳动者的社会力量被更多的人重视，有一些学者开始为劳工辩护。托马斯·霍奇斯金（Thomas Hodgskin）曾经写过《劳工反对资本家的主张》，他说："我想，劳工非常不幸，他们周边国家的政治状况比我们差，有些国家的劳工收入比这里还要差。"③ 在 19 世纪 30 年代，布雷（J. F. Bray）的演说在英国有很大的影响，他提出，"生产阶级对自己考虑实施的多种补救办法感到困惑。他们有许多补偏救弊的办法——这些办法彼此矛盾，其中大多数是毫无价值的；因为它们都只是基于过去的事件，而不是基于某个伟大原则的广泛基础"，"劳工现在采取自己的立场，即广泛的权利平等原则"。④

在 19 世纪 40 年代，随着工厂工人数量的快速增长，"劳工阶级"和"穷人"现象引起越来越多人的关注，新闻媒体也有更多的报道。在这一时期，伦敦统计协会的报告大量使用了"劳工阶级"的概念，认为需要关心这个阶级的身体和道德状况。⑤1845 年，英国城镇健康协会也用了这个概念⑥，

---

① ［英］E. P. 汤普森：《英国工人阶级的形成》（上），钱乘旦、杨豫、潘兴明、何高藻译，译林出版社 2001 年版，第 99 页。

② ［英］彼得·斯拉法主编：《李嘉图著作和通信集》第 1 卷《政治经济学及赋税原理》，郭大力、王亚南译，商务印书馆 1962 年版，第 3 页。

③ Thomas Hodgskin, *Labour Defended Agaisnt the Claims of Capital* (1825), with an Introduction by G. D. H. Cole, London: The Labour Publishing Company Ltd., 1922, p.22.

④ J. F. Bray, *Labour's Wrongs and Labour's Remedy; or the Age of Might and the Age of Right*, Leeds: David Green, Briggate, 1839, p.8, p.13.

⑤ *Journal of the Statistical Society of London*, XI (March, 1848), p.17.

⑥ William A. Guy, *Unhealthiness of Towns, Its Causes and Remedies: Being a Lecture*, London: Charles Knight & Co., 1845, p.16, p.23.

在"劳工阶级"使用过程中，这个词汇逐渐有了一定的褒义内涵，例如，伦敦模范住宅公司为"勤劳阶级"提供房租低廉的住房，伦敦还有大都市改善"勤劳阶级"住宅协会，"勤劳阶级"包含了"劳工阶级"的部分指向。当然，在那个时期，劳工、穷人、"下层阶级"、"劳工阶级"一类概念还是经常混用的。例如，约翰·西蒙（John Simon）在1849年《第一个伦敦城卫生状况年度报告》中，提到要关注"下层阶级的社会条件"，也提到"最下层阶级的个人习惯""改善劳工阶级的状况""提升劳工阶级的品格"。[1]1851年，亨利·梅休（Henry Mayhew）将在《纪事晨报》发表关于劳工阶级生活状况的文章，结集以书名《伦敦劳工与伦敦穷人》的四卷本形式出版，梅休采访了伦敦街头的各类穷人，包括乞丐、街头艺人、流动摊贩、妓女、工人、拾荒者等。该书编辑出版的前言里写道："我真诚地希望这本书能让富人更深入地了解穷人的痛苦，经常做一些英雄救难之事——这可以教会那些人摆脱诱惑、宽容地看待他们不幸兄弟的弱点——让那些身居'高位'的人和那些被寄予厚望的人，竭尽全力去改善那个苦难、无知和罪恶的阶级的生活状况，至少可以说，在'世界第一城'的巨大财富和深厚知识中，那是我们的国耻。"[2]他所描写的伦敦劳工有"水果蔬菜小贩"（costermonger），提供了一种传统的判断，伦敦水果蔬菜小贩的良知"像他们的知识水平一样几乎没有发展"，我们有如此多的人已经"沉入我们家园周围的野蛮深渊里"。[3]除此以外，"在这个大都市中，尤其还有扒手、乞丐、妓女、街头叫卖者、街头表演者、车夫、马车夫、船工、水手这样一类人。这些类别中的每一个——鉴于他们为了生计或多或少都经历过纯粹的流浪——即便他们可能没做什么，但是从一个地方到另一个地方流动，也是在掠夺这个社会更勤劳的群体的所得"[4]。显而易见，梅休所讨论的"劳工阶级"范围是很大的，既有体力（苦力）劳动者，也有社会底层阶级。

---

[1] John Simon, *Reports Relating to the Sanitary Condition of the City of London*, Scholar's Choice, 2015, p.8, p.50, p.57.

[2] Henry Mayhew, *London Labour and the London Poor*, Vol.1, London: Griffin, Bohn and Company, 1861, p.iv.

[3] Ibid., p.101.

[4] Ibid., p.2.

在 19 世纪 50 年代，"劳工阶级"的概念已经扩大到英国议会法案的表达之中，1851 年《劳工阶级寄宿房法案》(The Labouring Classes Lodging-Houses Act) 和 1866 年《劳工阶级住房法案》(The Labouring Classes Dwelling-Houses Act) 都采用了"劳工阶级"这种表达，虽然在法案中没有明确地指出"劳工阶级"的具体对象，但从法案条款内容看，主要涉及工匠和体力劳动者的居住问题，其他的对象是比较模糊的，其中没有采用"下层阶级"的说法。在其后的议会辩论中，"劳工阶级"的使用频率是非常高的。1861 年 2 月 28 日，德比伯爵（Edward George Geoffrey Smith-Stanley, 14th Earl of Derby）在议会提交了帕丁顿教区普拉德街及其附近地区房地产承租人和使用人的请愿书，其中抱怨他们在大都市铁路公司手中遭受的不公正待遇，指出："这个委员会确实受理了劳工阶级一起提出的请愿书；这个委员会不仅听取了请愿者的陈述，而且遵从劳工阶级的祈求否决了该提案，这让参与此事的律师非常反感。"[1] 在 19 世纪 80 年代的议会辩论中，"劳工阶级"概念依然被广泛地使用，但逐渐与"工人阶级"概念交相使用。

在 19 世纪初，与"劳工阶级"相关的另一个重要概念"工人阶级"也涌现出来。"劳动"与另一个重要词汇"工作"(work)、"工人"(worker)结合，显然，"劳工"与"工人"的内涵有部分重合。在有关"资本主义社会"的表述中，劳动力作为一种生产要素，展现了"劳工"是一个有价值的群体，"劳动力市场"概念被广泛地应用，激发了其后的劳工运动（Labour Movement）。1813 年，罗伯特·欧文（Robert Owen）采用"贫穷与工人阶级"(poor and working classes) 的说法，雷蒙·威廉斯（Raymond Henry Williams）认为这也许是英文中第一次使用"working class"一词。1818 年，欧文出版《两份代表工人阶级的请愿书》，直接采用了"工人阶级"的说法，"时至今日，工人阶级的消费手段或获得生活必需品的手段，只能通过他们的劳动媒介才能得到，而新的力量已经大大削弱了劳动媒介的价值"[2]。"工人阶级"的用法很快被人接受，托马斯·霍奇斯金认为"英国工人阶级概念的

---

① https://api.parliament.uk/historic-hansard/lords/1861/feb/28/petitions-observations#column_1060.

② Robert Owen, *Two Memorials on Behalf of the Working Classes*, London: Longman, 1818, p.5.

萌芽时期是在 19 世纪 20 年代到 19 世纪 30 年代"①。1831 年 5 月，英国"工人阶级全国联合会"成立，其后的《工人阶级全国联合会宣言》确定了自己的政治主张与目标，形成了极大的影响，其机关报《贫民卫报》的文章具有鲜明的工人阶级觉悟，"我们代表了工人阶级，即生产者阶级，然而他们是贫穷的阶级，他们构成了英国人口的绝大多数"，"成千上万的穷人选择我们作为他们的权利和自由的保卫者"。②

在 19 世纪 40 年代，"工人阶级"也已经成为一个非常通用的词汇，这种说法是有历史依据的。1842 年，埃德温·查德威克在《关于大不列颠劳动人口卫生状况的报告》中也提到，"工人阶级卫生习惯的发展被严重阻碍"，"工人阶级拥挤在一些最糟糕的住宅里"。③1844 年，科伯恩（Cockburn）提到："所谓的工人阶级，仿佛是说，唯一的工人就是用手操作的人。"然而，其中的"工人"（working man 或 workman）一直指的是"以手操作的劳工"（a manual labour）。④同一年，恩格斯的《英国工人阶级状况》已经清晰地勾勒了"工人阶级"的样貌，大工业造就了"工人阶级"，但其中也包含了"下层阶级"，"我们已经看到，甚至仅仅像珍妮纺纱机这样一架很不完善的机器已经使下层阶级的社会地位发生了这样大的变化，因此，从我们这里得到原料而还给我们以布匹的一整套配合得很好、构造得很精密的机器，它所起的作用就不会使我们感到惊异了"⑤。1845 年，威廉·盖伊（William A. Guy）在谈到英国城镇不卫生状况时说："他（Dr. Southwood Smith）了解工人阶级的真实状况，以及他们应该得到何种更好的待遇，他怎么有脸夸耀英国的文明？"，"伦敦的工人阶级感到，他们在精神上和身体上因各种原因遭受了极大的痛苦，他们相信其中的很多原因可以被消除或大大地减少"。⑥

---

① Thomas Hodgskin, *Labour Defended Agaisnt the Claims of Capital* (1825), with an Introduction by G. D. H. Cole, London: The Labour Publishing Company Ltd., 1922, p.7.
② 《贫民卫报》，1831 年 9 月 24 日，转引自沈汉：《英国宪章运动史》，商务印书馆 2021 年版，第 29 页。
③ Edwin Chadwick, *Report on the Sanitary Condition of the Labouring Population of Great Britain* (1842), with an Introduction by M. W. Flinn, Edinburgh: Edinburgh University Press, 1965, p.150, p.232.
④ ［英］雷蒙·威廉斯：《关键词：文化与社会的词汇》，刘建基译，上海三联书店 2005 年版，第 58—59 页。
⑤ ［英］恩格斯：《英国工人阶级状况》，《马克思恩格斯全集》第 2 卷，人民出版社 1957 年版，第 287 页。
⑥ William A. Guy, *Unhealthiness of Towns, Its Causes and Remedies: Being a Lecture*, London: Charles Knight & Co., 1845, p.28, p.41.

进入 19 世纪 60 年代以后，英国一些议员也采用了"工人阶级"的称呼。在 1860 年 3 月 18 日下院委员会会议中，来自哈克尼教区的议会议员亨利·福塞特（Henry Fawcett），后来是格拉斯顿政府的邮政总长，他十分反对提出的议案，认为那个议案标题是"邪恶的和误导的"，"工人阶级词汇甚至出现在序言中，在他看来，这是极其错误的；因为，为一个贫穷的职员或一个小商人的遗孀提供住所，难道不正是一个工人阶级成员的职责吗？"在 1884 年议会动议辩论过程中，罗彻斯特主教（The Bishop of Rochester）也说："工人阶级有权要求，如果他们的住所被拆除，应在同一地点为他们建造其他房屋。"[1] 在那个时期，"工人阶级"词汇所表达的内容并不完全是在工厂上班的劳动者。1885 年《工人阶级住房法案》的第 11 条中，"工人"所指有劳工、农场用工、工匠等。[2] 1890 年《工人阶级住房法案》的解释是，这个法案加强和修订了以前的《工匠住房法案》和《工人阶级住房法案》，确认了"工人阶级"的基本特点，是所有依赖"薪水"（wages）或"工资"（salaries）过日子的人。这样，"工人阶级"的概念逐渐成为英国社会表达劳动者的一个重要词汇，而其广泛使用的原因，除了其阶级队伍迅速扩大以外，也与其强大的阶级力量有直接关联。

二、"贫民窟"概念及其涵义变化

"贫民窟"概念与"穷人住房"的表达经常是混用的，在英文语境里，"贫民窟"这个词汇实际上经过了很长时间的演变，有很多的形式。在 19 世纪初，"贫民窟"（slum）这个词汇是极少使用的，"乌鸦窝"（rookery）反而是一个通用的词汇，表示过度拥挤的居住状况——像很多的乌鸦在一棵树上筑窝，一个大杂院"因被命名为'乌鸦窝'而著名，（那里每个房间都有一个卑微的家庭）"，"to rook"长久以来指代的意思是"欺骗"，因而带有一种"道德规训"的腔调："乌鸦窝"就是不诚实和不名誉的人住的地方。[3]

---

[1] https://api.parliament.uk/historic-hansard/lords/1884/feb/22/motion-for-an-address#column_1706.

[2] Housing of the Working Classes Act, 1885; 48 & 49 Vict. Ch.72.

[3] Judith Flanders, *The Victorian City: Everyday Life in Dickens' London*, London: An Imprint of Atlantic Books Ltd., 2012, p.168.

一个作家把乌鸦窝描述为："一个道路狭窄弯曲的大迷宫，小路在迷宫般的混乱中穿越和横切，这些房屋似乎原来就被一大块石头吞食，塞入无数的小屋和相连的通道。"① 这种描述的意思是相似的，都是形容一种比较杂乱的地方。

关于"乌鸦窝"的称呼，托马斯·比姆斯（Thomas Beames）在 1850 年给出了一个相对明确的解释："无疑，在这些穷人的居住点与作为其名字的鸟巢之间有某种相似性；大部分房屋既高又窄，在一个既定空间里让尽可能多的人挤进去——他们粘在一起有共同的必然性；虽然不同房客的职业是不一样的，但他们属于那个社会集团的同一部分，已经下降到与人类生活相适应的最低水平。"当然，他也清醒地认识到，把"工人阶级"的住宅叫成"乌鸦窝"通常是错误的，在乡村，"工人阶级"的住宅与之并不相似：它们没有足够的高度，也并不足够拥挤；不存在那种"合法的乌鸦窝"所需求的空间经济。② 在他看来，"贫民窟"是与特定的社会环境相联系的，没有一定的社会条件，"贫民窟"就不能存在。在其论著中，他举出的伦敦"贫民窟"例子是圣吉尔斯、红花山、雅各岛、拉特克利夫公路、圣詹姆斯教区的贝里克街区以及威斯敏斯特的派尔街，这些地方的绝大多数位于伦敦城市中心区域。

"贫民窟"原来是指一个房间。1812 年，詹姆斯·哈代·沃克斯（J. H. Vaux）在《闪光词典》③ 中说，"贫民窟"是一个稍多于一间房的住房名词。到 19 世纪 20 年代，这个词作为一个俚语表达，开始有了三层明显的意思，指代各类客栈、饮食店以及在其中可以随意言谈、举止粗俗的房间。根据英国著名城市史家迪奥斯（H. J. Dyos）的详细考证，在 19 世纪 20 年代，皮尔斯·伊根（Pierce Egan）在《伦敦生活》中开始在穷人居住区这个意义上使用这个词，描述主角科林西安·汤姆（Corinthian Tom）在霍利巷或圣吉尔斯的"后街贫民窟"滑稽行为，贫民窟作为一个地点的脚注，定义为"这个

① David R. Green and Alan G. Parton, "Slums and Slum Life in Victorian England: London and Birmingham at Mid-century", in *Slum*, ed. S. Martin. Gaskell, Leicester: Leicester University Press, 1990, p.61.

② Thomas Beames, *The Rookeries of London: Past, Present and Prospective*, Second Edition (1852), London: Frank Cass & Co. Ltd., 1970, p.2; 此处"空间经济"指与城市乌鸦窝一样的谋生方法。

③ J. H. Vaux, *A New and Comprehensive Vocabulary of the Flash Language*, 1812.

城市粗俗、人迹罕至的地方”①。

随着穷人住房的不断增加，“贫民窟”这个词在 19 世纪 20 年代后期开始被较多地使用。查尔斯·狄更斯（Charles Dickens）在 1840 年 11 月 20 日的一封给丹尼尔·麦克利斯（Daniel Maclise）的信中也在穷人住房这个意义上使用了这个词汇，那时他写道：“今天晚上我在伦敦走了很多的北街贫民窟的路。”② 从 1845 年起，“贫民窟”这个词汇开始作为一个半俚语来表达，并逐渐变得非常通俗，但带有明显的贬义色彩。在那个时期，“乌鸦窝”、“热病窝”（fever-dens）、“小地狱”（little hells）、“魔鬼地”（devil's acres）、“黑暗的边缘地区”（dark purlieus）等词汇与“贫民窟”具有同样的意思。随着“slum”成为最常用的“贫民窟”词汇，其中的引号也逐渐消失了，于是“贫民窟”变成一种惯用的称呼。

在 19 世纪早期的文献中，“贫民窟”或“乌鸦窝”的含义从来没有被严格定义过，仅仅用“瘟疫的温床”“罪恶的结集地”“穷人的出没地”和“重罪犯的潜伏地与繁殖场”等词汇来描述③，这些描述包含英国传统社会对于穷人住房的鄙视。如前所述，在那个时代，亨利·梅休关注到伦敦“贫民窟”真正的主人，即穷苦人。④ 一些中产阶级人物也表达出与他相似的观点，认为穷人像动物一样生活，注定有无法约束的激情和用于维持他们基本生活的野蛮食欲，当然，这也是有争议的，也有人认为，穷人怎会仅仅像动物一样生活。由于对传染病和社会混乱所造成的威胁的恐惧，中产阶级越来越多地聚焦于“贫民窟”及其居民，这种恐惧增加了他们逃往郊区的紧迫性，反过来说，日益增长的阶级之间的空间分离鼓励了针对穷人的比喻修辞和词汇学的发展，其他阶级把穷人看成一个独立的“种族”，具有在外貌上和文化上不同于社会“文明群体”的特征。在这一层面，“下层阶级”也最终被描绘

---

① Pierce Egan, *Life in London: Or, the Day and Night Scenes of Jerry Hawthorne, Esq. and His Elegant Friend Corinthian Tom, Accompanied by Bob Logic, the Oxonian, in Their Rambles and Sprees Through the Metropolis*, London: Serwood, Neely and Jones, 1821, p.274, p.288, p.343, pp.345—346.

② Quoted in H. J. Dyos, "The Slums of Victorian London" in *Exploring the Urban Past: Essays in Urban History by H. J. Dyos*, ed. D. Cannadine and D. Reeder, Cambridge: Cambridge University Press, 1982, p.131.

③ Thomas Beames, *The Rookeries of London: Past, Present and Prospective*, Second Edition (1852), London: Frank Cass & Co. Ltd., 1970, p.149.

④ Henry Mayhew, *London Labour and the London Poor*, Vol.1, London: Griffin, Bohn and Company, 1861, p.46.

成一个独立的"种族"；缺乏文化、社会性甚至人性。①

在相当长的时间里，"贫民窟"没有标准的界定，或许这个词也不需要有统一标准，因为语言本身有时候也仅仅表达象征意义，舆论也仅仅代表一种说法而已。起先，这个词没有一种邪恶的内涵，简单地说，就是指安静的后巷。但是，从19世纪中期起，"贫民窟"开始被视为一个拥挤、被污染和潜藏疾病的居住区域，有各种各样的犯罪和堕落，是一个藏污纳垢的地方。从某种程度上看，那个时期的"贫民窟"一词已经受到一定的污名化。

随着社会公众广泛关注"贫民窟"，政府也希望解决"贫民窟"问题，穷人的住房问题开始进入英国议会政治的领域。英国的政治家在面对这一问题时陷入了表达困境，因为无法给"贫民窟"一个标准的界定，这个概念是无法操作的。迪奥斯认为："由于'贫民窟'概念本身存在的模糊性，政府在处理贫民窟时也存在很大的难度。在这个层面，贫民窟指代的东西，确切地说，从来都是不清楚的，部分是因为它还没有发展出议会法案中定义的那种技术含义：确实，它仍缺乏这种精确性，即使今天也倾向于根据废弃房屋的数量而非某种相关的住房来确定，那样，地方当局就可以去清除它。这种实践的模糊性一直被放大，因为议会或法庭根本无法清楚地定义一个贫民窟的主要特征，即何为过度拥挤或医学诊断的真实基础：一所'不适合人居住'的住房。"②

在19世纪80年代的英国住房改革运动中，"贫民窟"这个词汇的原有定义已经被改造为"不适合人居住的住房"，并在城市规划中界定了"贫民窟地区"。③在城市社会学的语境下，"贫民窟"似乎与人们居住的自然和社会环境的标准或质量的衰败相关。④在那个年代，一些作者尝试把"贫民窟"这个词汇变成一个动词，"逛贫民窟"（slumming），这个词有了关爱穷人、

① David R. Green and Alan G. Parton, "Slums and Slum Life in Victorian England: London and Birmingham at Mid-century", in *Slum*, ed. S. Martin Gaskell, Leicester: Leicester University Press, 1990, p.19.
② H. J. Doys, "The Slums of Victorian London", in *Exploring the Urban Past: Essays in Urban History by H. J. Dyos*, ed. D. Cannadine and D. Reeder, Cambridge: Cambridge University Press, 1982, p.131.
③ 联合国人居署编：《贫民窟的挑战——全球人类住区报告2003》，于静等译，中国建筑工业出版社2006年版，第10页。
④ D. A. Kirby, *Slum Housing and Residential Renewal: The Case in Urban Britain*, London: Longman Group Ltd., 1979, p.3.

开展慈善活动和拯救穷人良知行动的含义。在19世纪末,"贫民窟"的定义似乎表述得更加完整一些。1893年,罗伯特·威廉斯(Robert Williams)写道:"贫民窟或许指的是一所房子,但它一般是房屋群或是几个街区的住房,不一定是毁坏的、糟糕衰败的或古老的,但通常都是这样的,房间很小,而且被其他房子围着,因此需要阳光、空气以及清洁,总体而言不适合人居住。"[1] 由此,"贫民窟"的定义也就有了新的说法,更多地倾向于指一个区域的房屋,强调住房的过度拥挤。查尔斯·布思(Charles Booth)定义过度拥挤就是一个房间为"两个或更多人"所居住,后来的《伦敦生活和劳动的新调查》也保留了这样的定义。[2] 但是,这个定义仍是含糊的,因为这涉及究竟是多大的房屋、适合多少人居住等问题,况且还有住房的质量问题。事实上,英国议会有关工人阶级住房的法律中从来没有使用过"贫民窟"的概念,而是更多地讨论"不适合人居住的住房"问题,以及如何解决这样的问题。马丁·加斯克尔(S. Martin Gaskell)说:"贫民窟是要'改造''清除''拆毁'或'更新'的住房,这是其定义变化所决定的,其真正的性质被定义为一种社会疾病,需要补救的因素有:陈旧、过度拥挤、不适合居住、犯罪和不卫生。从这个问题被清楚地认识的时候起,贫民窟就成为国家层面上的主题,也成为大多数重要的住房法案提及的论点,有助于铸造一种国家的住房政策。"[3] 诚然,"贫民窟"就是不适合人居住的房屋,这样的定义使政府拥有了更加现实的可操作性。

三、"劳工阶级"和"贫民窟"等概念变化的社会原因

19世纪,伴随着英国由传统农业社会向现代工业社会的转型,"劳工阶级""下层阶级"和"贫民窟"等概念在时代形势下也逐渐为新的概念所取代,显然,"工人阶级""工人阶级住房"等概念的流行有深刻的社会原因。

---

[1]　Robert Williams, *London Rookeries and Colliers' Slum: A Plea for More Breathing Room*, London: Reeves, 1893, p.3.

[2]　H. Llewelly-Smith ed., *The New Survey of London Life and Labour*, Vol.I, London, 1930, pp.150—151.

[3]　S. Martin Gaskell, "Introduction" in *Slum*, ed. S. Martin Gaskell, Leicester: Leicester University Press, 1990, p.7.

首先，工业社会新的阶层变化促使新的阶级观念及其相关概念产生。英国的传统等级社会导致了"下层阶级""底层阶级""贫民窟"等概念流行。直至 19 世纪早期，英国社会仍然是等级分明的，贵族体制稳定，"英国贵族人数虽少，其稳定性在欧洲首屈一指"[1]，在法律意义上，英国社会的另一端是平民，他们有自己的仪式、节日和生活习惯，也即有与贵族阶层不同的生活方式。阿萨·布里格斯（Asa Briggs）指出："等级观念和服从观念等一些古老意识，甚至在早期工业化危机最深重的时期仍然保留下来。"[2] 因此，即使英国受到法国大革命的冲击，"贫富贵贱"的习惯区分依然盛行，对"劳工阶级"的"污名化"时有发生。18 世纪晚期，工厂工人还是被看成有问题的人，罗伯特·欧文说："大多数人很懒惰、不正直、惯于说谎和偷窃。"[3] 对于穷人的住房称呼也是带有贬义的，认为"贫民窟""是猪造就了猪栏，不是猪栏造就了猪"[4]。然而，进入 19 世纪以后，英国社会因工业化、城市化而繁荣，城市人口快速增加，劳动者不再局限于农业劳动者、临时工和流浪者，矿产工人、码头工人、工厂工人以及各类职业人员在社会总人口中的占比越来越高，阶级意识有了明显的提高。汤普森指出，在工业化发生之前，"并不存在具有阶级意识的工人阶级，没有那种阶级冲突，只有片断的原冲突；作为一种历史行动者的工人阶级并未存在"[5]。但是，在 19 世纪 30 年代，阶级意识和阶级对立情绪都在迅速增长。一本由"劳工"执笔的著作（后来结集成《劳工的冤屈与补偿》一书）完整地呈现出"劳工"作为一个社会阶级的意涵，这种用法从此变得普遍。[6] 即使在英国议会讨论改革法案、工厂法案、公共卫生法案、住房法案以及其他法案时，也逐渐采用新的阶级概念，"劳工阶级""工人阶级""工人阶级住房"等也成了日常的政治术语。

其次，新的媒体力量崛起加快新的阶级观念流行。18 世纪中期以后，报

---

① 阎照祥：《英国近代贵族体制研究》，人民出版社 2006 年版，第 82 页。

② ［英］阿萨·布里格斯：《英国社会史》，陈叔平等译，中国人民大学出版社 1991 年版，第 243 页。

③ ［法］保尔·芒图：《十八世纪产业革命——英国近代大工业初期的概况》，杨人楩、陈希泰、吴绪译，商务印书馆 1997 年版，第 379 页。

④ Royal Commission on Housing of the Working Classes, *First Report of Her Majesty's Commissioners for Inquiring into the Housing of the Working Classes*, London: Printed by Eyre and Spottiswoode, 1885, p.14.

⑤ ［英］E. P. 汤普森：《共有的习惯》，沈汉、王加丰译，上海人民出版社 2002 年，第 19—20 页。

⑥ 参见［英］雷蒙·威廉斯：《关键词：文化与社会的词汇》，刘建基译，上海三联书店 2005 年版，第 256—260 页。

刊、杂志、小册子等媒体开始成为社会舆论的重要工具，进而加强了新的阶级观念的表达。1769 年 6 月，《纪事晨报》(*Morning Chronicle*)的前身《纪事晨报和伦敦广告人》(*The Morning Chronicle and London Advertiser*)开始发行，1789 年更名，查尔斯·狄更斯曾经为这家报纸撰稿。1785 年 1 月，约翰·沃尔特(John Walter)创办的《泰晤士报》(*The Times*)发行，其后成为英国最有影响力的报纸。进入 19 世纪，英国报刊杂志如雨后春笋般地涌现，仅在 1830 年，伦敦就有 7 份晨报和 6 份晚报——这对不到 150 万人口的城市来说是个可观的数量。这些报纸的总销量约为 4 万份，但这一数字并未考虑到众多租借报刊或阅读副本的读者（一份《泰晤士报》单行本可能被地方新闻记者以每小时 1 便士的价格租借给数十名读者，使用过的副本被寄给国内订户）。[1] 那个时期，还有各类地方的和星期日的报纸、各种宗教的和世俗的杂志、周刊、月刊和季度评论，等等。至 19 世纪中期，随着知识税（广告税、印花税和纸张税）的取消，英国新闻业进入"黄金时代"。[2]1842 年，赫伯特·英格拉姆(Herbert Inglam)创办了周刊《伦敦新闻画报》(*Illustrate London News*)，当年末，发行量达到 6 万份，1851 年 13 万份、1852 年 15 万份，而在 1855 年因刊登克里米亚战争照片，每周卖到 20 万份；1863 年每周卖出 30 万份，这是一个非常巨大的数字。[3] 在新闻媒体激烈竞争的年代，新旧意识形态得到充分的表达，下层民众的力量也获得社会的广泛重视与尊重，"下层阶级"和"底层阶级"这些词汇虽然仍在使用，但在 19 世纪上半叶的大部分时间里，"工人阶级"与"劳工阶级""生产阶级""勤劳阶级""有用阶级"交替使用[4]，在 19 世纪晚期，新闻媒体大多以新的阶级概念取代旧的概念，进而推动了社会语言的变化和观念的进步。

再次，"劳工运动"是加快"下层阶级"和"贫民窟"概念为新的"劳工阶级""工人阶级"和"工人阶级住房"概念替代的另一个重要原因。在

---

[1] Gertrude Himmelfarb, *The Idea of Poverty: England in the Early Industrial Age*, New York: Vintage Books, 1985, p.288.

[2] James Curran and Jean Seaton, *Power Without Responsibility: The Press, Broadcasting and the Internet in Britain*, London: Routledge, 2009, p.4.

[3] https://en.wikipedia.org/wiki/The_Illustrated_London_News (30/09/2016).

[4] Gertrude Himmelfarb, *The Idea of Poverty: England in the Early Industrial Age*, New York: Vintage Books, 1985, p.292.

17 世纪资产阶级革命以后，虽然英国没有发生过大的革命和战争——史学家麦考莱（Thomas Babington Macaulay）曾经说："因为我们在 17 世纪有过一次渐进式的革命……我们在 19 世纪便没有一次破坏性的革命"[①]——但是，法国大革命及之后的欧洲革命对英国社会还是产生了不少的冲击。在 19 世纪 20 年代，随着 1799 年颁布的《结社法》的废除，英国出现了工会运动浪潮。1830 年，威廉·洛维特（William Lovett）组织了"全国工人阶级和其他人联盟"（National Union of Working Class and Others），后来有"伦敦工人协会"（London Working Men's Association），宪章运动风起云涌。1834 年，欧文组织了"全国大团结工会联合会"（Grand National Consolidated Trades Union），支持各地工会的罢工活动，影响遍及整个社会。英国中上阶级对于自己的利益非常担忧，"我们的论点是，贫民窟是革命的种子之一；它们与其他罪恶相联系，毒害工人阶级的思想，使之反对政权，从而导致动乱；我们再说一遍，这样的罪恶很少是单独存在的；正义的精神可以视为劳工在其他方面的诉求，这几乎不会让工人注定进入拥挤的住所，也不会剥夺上帝给予我们的最寻常的祝福：最近发生的事件也不会得出同样的结论"[②]。雅各布·里斯（Jacob A. Riis）也认为："虽然有关贫民窟的抱怨是长期的，在每个时代都有，但巨大的转折出现在 19 世纪，人们认为贫民窟已经把真正的自由置于危险之中，因而对其进行尖刻的攻击。"[③]在 1848 年欧洲革命发生以后，英国中上层社会对于下层民众的社会力量也有了新的认识，虽然新的济贫法案、公共卫生法案以及工人阶级住房法案在英国议会辩论中存在着很大的争议，但有关"工人阶级"及其住房的概念成了法定词汇，获得更多的使用，也显示了社会发展的新趋势。

四、结语

在当今世界，一些既往的概念或观念似乎不再是重要的问题，因为大多

---

① ［英］阿萨·布里格斯：《英国社会史》，陈叔平等译，中国人民大学出版社 1991 年版，第 160 页。

② Thomas Beames, *The Rookeries of London: Past, Present and Prospective*, London: Cass, 1970, p.244.

③ Jacob A. Riis, *The Battle with the Slum*, New York: The MacMillan Company, 1902, p.3.

数人相信辞典或百科全书已经作出了权威的解释。雷蒙·威廉斯在《关键词：文化与社会的词汇》的导言中指出：社会上使用的词汇，如果"有清楚的观念，辞典上的定义方式必然有效。但是对于不同种类的词，尤其是那些牵涉到思想及价值观的词，此种定义方式不只是缘木求鱼，而且是不伦不类"①。在学术研究过程中，我们可以明显地感受到概念或观念是很多争议性话题的关键，一个特定概念背后隐藏着复杂的历史背景，如果没有厘清那些概念，我们就难以解读历史所蕴含的真正价值。19 世纪的英国正是社会快速变化的时代，工业革命、劳工运动以及欧洲革命等大事件加剧了社会阶层的嬗变，"劳工阶级""工人阶级""贫民窟""工人阶级住房"等概念纷纷出现、流传与交替使用。随着工人阶级力量的增长，在 19 世纪晚期，"工人阶级"和"工人阶级住房"这样的新概念最终成为社会的主流用语，这也在某种程度上昭示了社会发展的新趋势与新观念。

---

① ［英］雷蒙·威廉斯：《关键词：文化与社会的词汇》，刘建基译，上海三联书店 2005 年版，第 9 页。

"有毒的娱乐"？维多利亚时代便士剧院与道德恐慌

施义慧　刘浩成 [*]

　　维多利亚时期的英国，在人口密集的城镇，尤其是贫民居住区，有许多无证经营的小剧院，它们一般被称为"便士剧院"（penny gaff），也有的被称为"便士剧场"（penny theatre），或"便士杜基"（penny dukey）。无论哪一种称呼，其限定词"penny"说明了这种娱乐场所的消费价格低至一便士，是真正的廉价剧院。便士剧院的兴盛，一度成为维多利亚时代英国的一种文化现象，被贴上了"下层贫民的流行娱乐方式"这样的标签。维多利亚时代的道德家和社会改革家也多对这种廉价剧院抱着怀疑和排斥的态度，亨利·梅休（Henry Mayhew）在亲自走访了一家便士剧院之后，称其为"有毒的娱乐"。

一、贫民的娱乐

　　剧院在英国有着几个世纪的历史，是英国历史和文化的组成部分之一。其历史溯源可远至罗马政府时期，近至文艺复兴时期。尤其是在伊丽莎白女王统治时期，英国剧院开始蓬勃发展，其中最典型的、也可作为英国剧院标杆的环球剧院，就建造于 1599 年，莎士比亚众多著作，例如《哈姆雷特》，就是为环球剧院而创作。到了维多利亚时期，英国人对于剧院有着空前的热情。伦敦西区新建了诸多剧院，使得西区成为著名的娱乐休闲区域。

---

　*　施义慧，南京大学历史学院副教授。刘浩成，深圳行知中学教师。

但是，这一切与贫民阶层无关。英国剧院的经营模式是专利经营，即获得政府特许专利权的剧院才可以营业，其他的都是非法。这一限定使得繁盛的剧院只能是中上等阶层的享受，高昂的票价把贫民阶层隔绝在这个娱乐世界之外。

因此，戏剧娱乐虽非新鲜事物，但便士剧院这种极其廉价的娱乐场所却是后来才以满足贫民阶层日益增长的精神娱乐需求而出现的。

（一）便士剧院的出现

1869年，《北威尔士纪事报》（*North Wales Chronicle*）刊载一篇文章，描述1便士对于伦敦穷人的意义：

> 他们都是些目光敏锐、满脸皱纹的城镇小伙子，个个都很穷，对他们来说，一便士就是一枚重要的硬币。他们能吃什么，能喝什么！看看他们从这个摊子上转到那个摊子上，看看他们是怎么咽下该让他们做一百次噩梦的东西。不管他们要什么，都是**"只要一个便士"**。吃饱了之后，他们中间的奢侈之人从一个摊档走到另一个摊档，最后端来一杯气派十足的、**"只要一便士"**的"热的"红酒，他们动身去找另外的乐子了。①

微薄的收入，限制了贫困阶层享受高雅的、当然也是昂贵的休闲娱乐方式。便士级别的娱乐方式才是贫困阶层的正确打开方式。"便士剧院"就是在英国这种有着悠久戏剧娱乐文化传承的氛围中，贫民阶层参与并享受戏剧文化的一种变通之法。

第一家廉价剧院诞生于1832年，在当时被称为"便士杜基"。位置就在威斯敏斯特百老汇剧院的后面，属于非法经营。②此后直到19世纪70年代，在各地的贫民居住区，陆续出现了许多类似的廉价剧院，人们统称这种廉价剧院为"便士剧院"。

19世纪30年代，虽然便士剧院已经出现，但还没有作为一种社会现

---

① "A Penny Gaff", *North Wales Chronicle*, 20 Mar. 1869, p.6.

② Ann Featherstone, "Dukeys, Gaffs and Shop Shows: New Thoughts on the Penny Theatre", *Theatre Notebook*, Vol.74, No.1 (2020), p.35.

象引起中上阶层的广泛关注，许多人甚至对便士剧院的存在也不太了解。1839 年，泰晤士治安法庭处理一个 18 岁小伙子理查德·罗伯茨（Richard Roberts）入室盗窃案件，法官布罗德里普先生（Broderrip）在案犯父亲提及便士剧院对孩子的恶劣影响时，特意询问"什么是便士剧院"：

> 布罗德里普先生请他解释一下什么是便士剧院？
>
> 犯人的父亲说，那是个廉价剧院，他确信这个廉价剧院在镇上带来了严重伤害。剧院最吸引人的是入室盗窃大盗杰克·谢帕德的冒险故事的新版本，而这个被称为"gaff"的地方，每晚都挤满了孩子。就是在那里，他儿子第一次遇到了小偷林赛。

也许这是布罗德里普先生第一次听说便士剧院，在了解到这个剧院的情况后，他立即建议"伍尔维奇当局应该去处理这种有妨害的行为"[①]。

廉价剧院的出现打破了专利剧院的垄断经营，并且凭借低廉的票价成为工人阶级的主要选择。虽说无证经营的廉价剧院从规格和演出质量上较正规剧院来说相去甚远，但观看廉价剧院的演出在当时对于广大贫民区居民来说是为数不多的精神娱乐活动。来这里观看演出的基本都是结束一天辛苦劳作的工人，"很容易看出这些小伙子是比较粗野的人，但不是流浪汉。他们是工薪阶层。他们中有些人是面包房的小伙子，通过他们那沾满灰尘的帽子和外套就可以看出来，其他人也是脏乎乎的手，戴着油腻的帽子。这些都表明，他们做的是某种连续的劳动等"[②]。就在英国中上层社会还不太警觉的情况下，便士剧院在穷人居住区逐渐野蛮生长。直至 50 年代，随着越来越多的青少年犯罪与便士剧院之间的关系被逐渐披露，舆论媒体对这种廉价娱乐场所的关注度逐渐攀升，谴责的声浪也越来越高，人们对这种兴盛于社会底层的廉价娱乐场所的了解才日益增多，甚至被打上了"19 世纪英国下层阶级的流行娱乐形式"的标签。

（二）便士剧院所在

便士剧院不像正规的戏院对场地要求比较高，只要空间允许，就可以临

---

① "POLICE", *Standard*, 7 Nov. 1839, p.1.

② "A PENNY GAFF", *North Wales Chronicle*, 20 Mar. 1869, p.6.

时搭建舞台，成为便士剧院。因此，酒吧或者店铺的后屋以及小礼堂，都可以成为便士剧院。

1843年颁布的《剧院法》对戏剧表演的舞台有明确规定："任何类型的舞台剧都需要获得建筑许可证才能合法演出。如果在未经许可的剧院内进行营利性表演，经营者、表演者和观众将面临被捕、罚款或监禁的风险。"[①] 但无证经营不需要考虑剧院是否合乎开设标准，便士剧院老板为了压缩成本，通常选择空旷的地基搭建舞台，或者对旧棚屋、店铺、谷仓、废弃工厂进行简易改造。酒吧或店铺改造的剧院通常把店铺门面作为剧院入口或者等候室，后面的货仓用作剧场，二楼则用破旧的长条木凳叠加码放而成简陋的楼座。[②] 道具和布景很简单，几乎只有一个舞台和一架钢琴，几支便宜蜡烛勉强维持照明。

有记者曾经专门探访过纽卡特福音堂便士剧院[③]：

> 在舞台的后面，是残留的俗丽布景，旁边是一架摇摇欲坠的旧钢琴，曾经的"音乐会钢琴"，但它看起来至少有半个世纪历史了……这是一栋应该立即拆掉的建筑物，因为它看起来非常不安全。这个地方像个谷仓，高大，屋顶像帐篷，显然是用新梁把它拴在一起的；事实上，它确实得到了支撑。房子的正面和侧面都有一条走廊，都很危险地悬挂在所谓的座席上，整个地方都破败不堪。[④]

在伦敦东区，这样的便士剧院几乎遍地开花。"伦敦每一个贫民居住区都有自己的剧院，或者至少有一个低等的剧院，通俗的说法是'gaff'"，19世纪60年代，记者詹姆斯·格林伍德（James Greenwood）曾描述伦敦便士剧院的兴盛：

---

① Metropolitan Police Act, 1839, c.47 Section XLVI. Online. Accessed 3 Mar. 2022.

② ［英］约翰·斯普林霍尔：《青年、流行文化与道德恐慌》，王华等译，中国青年出版社2018年版，第17页。

③ 纽卡特福音堂（New Cut Gospel Hall），在1870年1月初记者走访之前的一周还是一家便士剧院，剧院关停后，纽卡特福音堂才成了真正传播福音的地方。

④ "A Visit to a London Gospel Hall Late a 'Penny Gaff'", *Alnwick Mercury*, 8 Jan. 1870, p.2.

第一个便士剧院出现在威斯敏斯特的彼得大街；第二个在朗伯斯的纽卡特；第三个在白十字街；第四、第五和第六个在白教堂和拉特克利夫马路之间。据估计，在圣保罗教堂周围 5 英里的范围内，至少有 20 家这样的危险娱乐窝点。①

有一些地域，便士剧院相当多，如朗伯斯的纽卡特，"许多年来，纽卡特因为这里的维多利亚剧场、各种便士剧院、各种安息日的交易以及各种各样的堕落与邪恶，一直声名狼藉"②。到了 60 年代，白教堂路有两家便士剧院；在拉特克利夫公路，还有许多表演歌舞的便士剧院与有证经营的酒吧连通。③

（三）演出内容

便士剧院的表演形式非常丰富，舞蹈、唱歌和戏剧都在这个小舞台上表演，还有各种猎奇的畸形秀、怪人秀、小丑表演和马戏表演等，著名的象人约瑟夫·梅里克（Joseph Merrick）也曾在便士剧院里展出。

便士剧院表演的热门题材一般都是易于表演、为观众所熟知，而且简单又激动人心的故事，如著名的拦路强盗、抢劫犯和杀人犯的事迹，尤其是《新门监狱日志》（Newgate Calender）中的人物。18 世纪强盗杰克·谢泼德（Jack Sheppard）多次越狱的故事和血腥的红谷仓谋杀案是最经久不衰的故事。威廉·莎士比亚戏剧的改编版本也经常上演。

1869 年 3 月 20 日，《北威尔士纪事报》描述了一家便士剧院的表演情况，在正式的歌舞剧开始之前，是各种乱七八糟的表演：

当我们进去的时候，舞台上有一个爱尔兰人，他在跳吉格舞，正旋转一根橡木棍。……接着是一段黑人舞蹈和一场杂技表演，歌舞中含着猥亵的暗示，观众完全听不懂。然后一个女人过来唱唱感伤小调……之

---

① James Greenwood, *The Seven Curses of London*, London: Stanley Rivers and Co., 1869, p.68.
② "The New Cut Ragged Schools", *Morning Chronicle*, 29 Nov. 1859, p.3.
③ "THEATRICAL LICENCES AND REGULATIONS Committee", *Era*, 10 Jun. 1866.

后就轮到当晚的合唱歌曲了，主旋律有着国内的特点，每一处的处理都很"适当"。……然后幕布落下了一会儿。幕间休息时给观众提供了便宜的点心。很明显，现在**真正属于**晚上的娱乐即将开始。①

这篇文章所说的"真正属于晚上的娱乐"其实就是这晚便士剧院表演曲目的重头戏，一场有着完整故事情节的歌舞剧，文章作者也不知道这出戏剧的名字是什么。这出剧描写的是从距离巴黎大约 20 里的近郊森林开始发展到巴黎市区的一场爱恨情仇。故事很长，人物也很丰富，有天真的森林少女、淳朴勇敢的哑巴小伙子、浪漫多情的贵族青年、恶贯满盈的森林恶人、傲慢的城市市民，甚至还有成精的森林黑熊。激动人心的打斗场面、酣畅的复仇情节，还有俗丽的服装和浮夸的表演，都深深挑动着现场观众的情绪，即便看不懂戏剧想要表达什么也没什么要紧，只要氛围够刺激就好。

古斯塔夫·多雷（Gustave Doré）和布兰查德·杰罗德（Blanchard Jerrold）在他们合作完成的《伦敦：朝圣之旅》中也对便士剧院的浮夸表演进行了描绘：

> 一顶高耸的三角帽，一件大得惊人的衬衫领子，伸展到膝盖的肩带，这是对白教堂一带游手好闲的人所熟知的重要人士、也是他们"大敌"的怪诞模仿。对警察形象的讽刺漫画式表现，对妇女服饰的过分夸张，这些在便士剧院的服装上表现得很显眼。②

无照经营的非法性质使得剧院老板不需要考虑剧本使用的合法性，为了提高收益、增加剧院演出的吸引力，他们会对时兴的犯罪、恐怖小说进行改编，或者是在常规故事中添加额外的暴力、抢劫和谋杀情节。如《新门监狱日志》中记录的各种谋杀案，就是剧本二次创作的主要灵感来源。比如 1836 年发生的埃奇韦尔谋杀案（Edgeware Murder）就是罪案改编剧的成功典范。

---

① "A PENNY GAFF", *North Wales Chronicle*, 20 Mar. 1869, p.6.

② Gustave Doré and Blanchard Jerrold, *London, a Pilgrimage*, Illustrated by Gustave Doré, New York: Harper & Brothers, 1890, p.166.

案件受害人汉娜·布朗（Hannah Brown）在洗衣时，被丈夫詹姆斯·格里纳克（James Greenacre）残忍杀害，并肢解尸体。命案发生后，伦敦的便士剧院很快将其改编成舞台剧，演出周期长达 10 月之久，场场人满为患。当时戏院门口张贴的手绘海报如此宣传道："埃奇韦尔谋杀案最新热演：下周二隆重推出国民大剧'格里纳克之木匠屋谋杀案'（*Greenacre, or the Murder of Carpenter's Buildings*）。"[①] 只要有新闻刊登了最近发生的凶杀案，以这类富有血腥和暴力色彩的凶杀案为原型的改编剧很快就会登上廉价剧院的舞台。

二、混乱的场所

便士剧院的演出在当时对于广大贫民区居民来说是为数不多的精神娱乐活动，因此剧院往往人满为患。

一般的便士剧院规模不大，大概可以容纳一两百人。1866 年，一位证人在给剧院特许和规范委员会作证时也说，"每家'便士剧院'都能容纳 120 人左右"[②]。1868 年 8 月底，警方对莱姆豪斯圣安妮广场的东阿罕布拉便士剧院采取行动时表示，当时"观众大约有 100 人，主要是男孩子"[③]。1869 年，纽卡特福音堂便士剧院，可能有 150 人出席，其中大多数是穷人。[④] 但随着便士剧院变得越来越受欢迎，更大、更宽敞的场馆也随之开放。黑衣修士路的圆形大厅就可以容纳 1000 人，在其高峰期，演出持续一个小时到两个半小时。

不同于其他工人阶级经常光顾的休闲娱乐场所，如酒吧，顾客以成年男人为主，便士剧院的主要观众群体是青少年男女。嘈杂混乱的环境，三教九流齐聚，使得便士剧院很快成为维多利亚时代道德家们最担忧的少年犯罪温床。

（一）观众身份：三教九流

多雷和杰拉德在《伦敦：朝圣之旅》中曾说："真正的便士剧院是贫困

---

① ［英］约翰·斯普林霍尔：《青年、流行文化与道德恐慌》，王华等译，中国青年出版社 2018 年版，第 24 页。

② "THEATRICAL LICENCES AND REGULATIONS Committee", *Era*, 10 Jun. 1866.

③ "Storming a Penny Gaff in Limehouse", *Sheffield Daily Telegraph*, 29 Aug. 1868, p.8.

④ "A 'Penny Gaff' Chapel, and Divine Service at a Theatre", *Alnwick Mercury*, 5 Feb. 1870, p.2.

少年与少年犯罪遭遇的地方。"① 这句话传神地表达了维多利亚时代的人们对英国便士剧院的印象。

便士剧院的观众中永远少不了小偷。"狭窄的通道被眼尖的年轻小偷堵住了，他们能一眼就看出穿着单薄的私人便服的警察。不止一位年轻人主动过来搭讪，问我们是否需要他帮忙，直到一个警察经过我们身边，我们才得到解脱。"② 这是多雷和杰拉德进入伦敦东区一家便士剧院的亲身经历，他们慨叹，"这个剧院就是小偷们的快乐天堂"③。

上文曾提过一个1839年的案例，18岁的理查德·罗伯茨因入室盗窃被抓，在治安法庭处理他这起案子时，案犯父亲认为他儿子之所以犯罪，是因为他经常去伍尔维奇的一家便士剧院，在那里结交了坏朋友，认识了惯偷林赛，受到林赛的唆使。罗伯茨自己也交代，"入室盗窃是他和林赛在他们离开那个'便士剧院'后犯下的，而且林赛鼓动他犯这个重罪"④。

1869年底，纽卡特福音堂便士剧院被查封之前，其观众也主要是"工人、小贩、贫穷妇女以及小偷"⑤。

维多利亚时代关于便士剧院连篇累牍的报道中，几乎一致认定，小偷是便士剧院不可或缺的常客。不过，有意思的是，在笔者查阅的关于便士剧院的报刊报道中，鲜少有小偷在便士剧院作案现场被抓的记载。绝大多数的报道集中在便士剧院小偷泛滥对其他少年的腐蚀和影响，就如1839年案例所示。类似的记载也出现在1870年的《黑斯廷斯与圣伦纳德观察家报》上：1870年2月初，警方抓获一名从玉米店收银台偷钱的8岁儿童詹姆斯·安德森，他从店里偷走了4先令。治安法庭审理时，小犯人的父亲就抱怨说，他的孩子已经被坏伙伴带坏了，他们经常引诱他去尤斯顿路上的一个"便士剧院"，那里是小偷和坏女孩常去的地方。治安法官沃恩先生也认同说，在他之前遇到的一个类似的案件中，尤斯顿路上的"便士剧院"也被提到了。⑥

---

①② Gustave Doré and Blanchard Jerrold, *London, a Pilgrimage*, Illustrated by Gustave Doré, New York: Harper & Brothers, 1890, p.166.

③ Ibid., p.167.

④ "POLICE", *Standard*, 7 Nov. 1839, p.1.

⑤ "A 'Penny Gaff' Chapel, and Divine Service at a Theatre", *Alnwick Mercury*, 5 Feb. 1870, p.2.

⑥ "Complaints against a Penny Theatre", *Hastings and St. Leonards Observer*, 19 Feb. 1870, p.4.

因此，虽没有明确证据指向便士剧院就是小偷的犯罪现场，但是大量充塞其中的小偷身影，还是不可避免地对青少年产生了一定的消极影响。惯偷的主动引诱与"榜样的力量"，对于涉世未深的青少年来说，有时是不可抵御的。维多利亚时代道德家对于便士剧院的道德焦虑一部分就来源于此。

（二）混乱的氛围

如果用一个词来形容维多利亚时代人们对便士剧院氛围的印象，那就是"混乱"。一篇篇关于便士剧院的报道，无论其主题指向什么问题，都会提及便士剧院的混乱氛围。

当时有报纸描述观众集会的场面就像"装在桶里的鲱鱼一样挤在一起，散发着洋葱、炸鱼和腐烂蔬菜的邪恶气味"[1]。在剧院门口，一些无聊男女少年会成群结队嬉戏打闹，载歌载舞。19世纪50年代，亨利·梅休探访了一家位于史密斯菲尔德附近的一个宽阔大街上的便士剧院，他发现：

> 来的观众，除了极少数例外，都是男孩子和女孩子，他们的年龄似乎在8—20岁之间。有些女孩子——尽管她们的身材显示她们还只是孩子——穿着艳丽的棉绒波尔卡，戴着缀着羽毛的旧帽子。她们站在那里与小伙子们开着玩笑，放声大笑，行为散漫而放肆，令人震惊。有些女孩子等得不耐烦了，就选一个舞伴，开始跳起怪异的舞蹈，来博得旁观者的仰慕，小伙子会用淫词秽语来表达他们的欣赏，这些可悲的女孩子不仅不感到恶心，还把这些当做赞美欣然接受，用笑容和妙语表示认可。男孩子则聚在一起，抽着小烟斗，互相嘲笑对方的趣事，或者是当乐队伴奏响起时吹吹口哨予以应和。[2]

在维多利亚时代的道德家眼中，这些女孩子肆无忌惮的不检点行为与小伙子满口污言秽语的放肆行为，都是青少年性早熟的特征，也是堕落的象征。正因为如此，梅休才会用"令人震惊"表达他的情绪。

---

[1] Anonymous, *Marylebone Mercury*, 25 Aug. 1866, p.2.

[2] Henry Mayhew, *London Labour and the London Poor*, Vol.1, London: Griffin, Bohn, and Company, 1861, pp.40—41.

与剧院外聚集的男女少年放肆而堕落的行为相呼应的，是剧院内部表演过程中的嘈杂与纷乱。1869年《北威尔士纪事报》的文章中描述了一家便士剧院表演过程的乱象丛生：

> 我们发现这个地方很拥挤，听众主要是些小伙子。也有几个女孩，她们都很年轻……当舞台上爱尔兰人终于结束表演，观众报以掌声，这种掌声的最终表达是响亮刺耳的、长时间持续的口哨声。……观众对歌曲和歌手都不感兴趣，他们彼此之间吵吵嚷嚷地谈论着，粗暴地胡闹着，直到女歌手表演结束。之后就轮到当晚的歌曲了……合唱被观众以惊人的能量抢了风头。[①]

嘈杂的环境，亢奋的情绪，在这种环境渲染下的青少年很容易一言不合就动起手来。1888年3月下旬，爱丁堡黑修士街17号的便士剧院发生一起打架事件，最后送到了治安法官那里审理。一个名叫约翰·霍珀的年轻人和

（图片来源：Gustave Doré and Blanchard Jerrold, *London, a Pilgrimage*, London, 1872, chapter XX, "London at play. The penny gaff".）

---

① "A PENNY GAFF", *North Wales Chronicle*, 20 Mar. 1869, p.6.

另一个男孩在便士剧院观看演出时，交谈过程中发生争执，由争吵升级为吐口水，再演变为动手打架，男孩母亲麦奎妮也参与进来（可能是拉偏架），霍珀不仅揍了那个男孩，还揍了麦奎妮，而他自己也被麦奎妮母子联手殴打得很惨，双方各执一词，让事态变得更大，引发了剧院的混乱，舞台上的演员也不得不跳下台来恢复秩序。①

便士剧院的混乱，其实早在这种廉价剧场兴起之初就有人注意到过。1846 年，一位匿名的 W. B. 先生给《讽刺作家》编辑去信，反映他所住地域便士剧院几乎每晚都会发生骚乱，对周边居民造成严重影响：

> 你可能不知道，在骑士桥兵营附近有一个被称为"便士剧院"的巢穴。现在入场费只有一便士……[这里充斥着各色人等]包括一大批最低等的妓女，士兵，平民，以及一群被认为是更体面的人，但他们是被放在房间最里面平台上的钢琴"悦耳的声音"所吸引……
>
> 关于这些每晚都会发生的骚乱，我给您描绘一下……[具体打斗的过程，此处略]
>
> 骚乱、打架和其他令人不愉快的事变得如此之多，以至于邻居中颇有身份的人开了个会，同意把所有这些"剧院"当作公害投诉。我想你会同意我的看法，一星期里每天晚上，醉醺醺的妓女的尖叫，以及与她们为伴的歹徒的咒骂，再加上警察的污言秽语，在我们的窗下构成一首不太合宜的小夜曲。②

（三）低俗的内容

便士剧院招致维多利亚时代道德家批评的，不仅仅是前面提及的小偷泛滥和青少年男女放荡堕落的举止所蕴含的恶劣影响，还有便士剧院表演内容对于血腥、暴力、犯罪的过分热衷，以及表演过程中的放荡猥亵行为，可能会对青少年产生不良的诱导作用。

---

① "A Row in a Penny Gaff", *Edinburgh Evening News*, 23 Mar. 1886, p.2.
② B., "CHEAP LATE HOUR ENTERTAINMENTS", *The Satirist; Or Censor of the Times*, No.740, 21 Jun. 1846, p.194.

白教堂附近廉价剧院的傍晚

（图片来源：James Greenwood, *The Wilds of London*, London: Chatto and Windus, 1874.）

便士剧院为了吸引顾客，经常会以满足观众的猎奇心态为出发点，要么对历史上的传奇匪盗故事进行改编，要么就是对时兴的小说或犯罪案件加以改编，再在其中添加暴力血腥的恐怖情节。无论哪一种，便士剧院在表演中呈现给观众的那些有关犯罪和刑罚的场面，显然是不适合心智不成熟的青少年观看的。

1878 年，英国多家报刊报道了一位 12 岁的无法管教的男孩，因偷盗且屡教不改被送上治安法庭。这个小男孩是一个年轻小偷团伙的头目，证人说他认为这个男孩"就是毁在他读的那些拦路大盗的故事书，以及他频繁去便士剧场"[1]。

前面提及的 1839 年的入室盗窃案例中的 18 岁青少年理查德·罗伯茨，据他说经常去镇上的便士剧院，这个剧院"最吸引人的是入室盗窃大盗杰克·谢泼德的冒险故事的新版本"[2]。

这样的例子，在维多利亚时期的报刊杂志报道中不胜枚举。

除了改编舞台剧外，一些猎奇畸形秀同样也不适宜青少年观看，这主要

---

[1] "AN UNCONTROLLABLE BOY", *Daily Gazette For Middlesbrough*, 13 Mar. 1878, p.4; "An Uncontrollable Boy", *Western Times*, 11 Mar. 1878, p.3.

[2] "POLICE", *Standard*, 7 Nov. 1839, p.1.

是由于畸形人身体部位的过度暴露以及不良观赏心理的效仿对身心健康的影响。而剧院演员的粗俗表演，也在鼓励青少年观众学习污言秽语。梅休记录了一次观看剧院表演的经历，将他身边一个因观看演出而激动得流泪的女孩子描述为"享受着这有毒的娱乐"：

> 这位"喜剧歌手"戴着破旧的帽子，领子上系着大大的蝴蝶结，受到了震耳欲聋的欢呼。场内的观众点了好几首曲子，但这个"有趣的绅士"仅仅是要求他们"闭上嘴巴"，然后露出一个"心知神会"的表情，唱了一首歌，关键点在于，他在每一节的结尾都要唱一些脏话。没有什么比这个效果更好了。小伙子们高兴得直跺脚；姑娘们也兴奋得尖声大笑。偶尔会有人爆出尖利的笑骂声，这又会带来新的乐子，似乎这些脏话已经众所周知……演唱结束时，全场掌声如潮。①

三、道德恐慌

在维多利亚时代的英国，资产阶级文化和道德观念对社会有着深远影响。然而，便士剧院作为一种普及的娱乐形式，以其低俗、粗糙和放荡的形象，不断挑战着资产阶级的道德秩序，引发了资产阶级的"道德恐慌"。

（一）青少年性早熟引起的道德焦虑

便士剧院作为一种廉价的娱乐场所，吸引了大量底层民众，特别是青少年观众。然而，这一时期的便士剧院被认为是催生青少年性早熟的一个因素，从而引发社会道德焦虑。

首先，便士剧院的表演内容往往包含大量涉及性的题材。这些戏剧或歌舞表演以轻浮、暧昧甚至露骨的方式展现性爱场面，使得青少年观众在观看这些表演时可能对性有了早熟的认识。当亨利·梅休看到一个9岁的小女孩因为经常光顾这些地方，已经听得懂最下流的话，并且随着周围已经成年的年轻人一起大声嘲笑时，梅休忍不住评论道："这里冷酷地描绘着最下流的

---

① Henry Mayhew, *London Labour and the London Poor*, Vol.1, London: Griffin, Bohn, and Company, 1861, p.41.

思想和最恶心的场面"，"看到年轻人对这些污言秽语的含义津津有味，真是太可怕了"。① 这种过早的对性的不当接触可能导致青少年对性产生误解，从而影响他们的心理和生理健康。在维多利亚时代的英国，道德观认为性是私密的，应该被严格地控制和规范。然而，便士剧院的演出内容打破了这种观念，直接或间接地向青少年传递了大量的性信息。由此，社会开始对青少年性早熟的问题产生深深的担忧。许多人认为，这种过早的性认知可能导致青少年的道德堕落，从而引发一系列的社会问题，如早婚、非婚生育等。

其次，便士剧院内部的环境可能诱发青少年性行为。剧院内部通常空间狭小、昏暗，人群拥挤，观众在此相互接触的机会较多。青少年在这样的环境中容易产生好奇心和冲动，可能出现不适当的身体接触和性行为。这种情况加剧了当时社会对青少年性早熟以及道德堕落的担忧。维多利亚时代道德观强调节制、克制和传统家庭价值观，认为性是私密的，只能在婚姻内出现。在这种观念影响下，青少年性早熟被视为道德败坏的象征，便士剧院因此成为道德恐慌的源头之一。

（二）滋生青少年犯罪的温床引发的道德恐惧

便士剧院作为维多利亚时代最为普及的平民娱乐场所，不仅为大众提供休闲娱乐的空间，也成为影响青少年行为模式，尤其是青少年犯罪的一个重要因素。

便士剧院的表演内容中，往往充斥着暴力和犯罪的元素。血腥的打斗场面、罪犯的生活描绘，以及对犯罪行为的浪漫化描写，都可能使青少年产生对犯罪行为的误解和模仿。这些表演不仅展示了恶行，而且常常描绘犯罪行为的犯罪者最终能逃脱法律的惩罚。这种情况可能会误导观众，特别是年轻的观众，使他们认为犯罪行为可以被接受，甚至可能被奖励。青少年作为一种易受影响的群体，可能会被剧院中的暴力和犯罪内容引诱，进而参与犯罪行为。这种对犯罪行为的美化和浪漫化，使得便士剧院成为潜在诱发青少年犯罪的场所。1870 年 2 月 19 日，《黑斯廷斯与圣伦纳德观察家报》报道，8 岁的小男孩詹姆斯·安德森为了凑钱去便士剧院，进入一家商店的收银台偷

---

① Henry Mayhew, *London Labour and the London Poor*, Vol.1, London: Griffin, Bohn, and Company, 1861, p.41.

钱。发生于这个 8 岁小犯人和治安法官沃恩先生之间的对话颇有意味：

> **沃恩先生**（对犯人说）：谁让你去那个地方的？
>
> **犯人**：没有人，先生。我和另一个男孩一起去的，他是个瘸子。我去过那里大约 6 次。
>
> **沃恩先生**：你去的时候有很多人吗？
>
> **犯人**：是的，先生。那里非常拥挤。
>
> **沃恩先生**：你在那里看到了什么，小男孩？
>
> **犯人**：哦！他们给我们表演了 3 首歌曲，还有一些表演，然后他们放下窗帘，就这些。（笑声）
>
> **沃恩先生**：是什么样的表演？
>
> **犯人**：啊？
>
> **沃恩先生**：是什么样的表演？
>
> **犯人**：哦，谋杀什么的。[1]

尚在懵懂中的 8 岁孩童，可能并不能看懂便士剧院表演的内容，但能让他记住的表演就是谋杀；他可能也并不能明晓自己的偷盗行为会给自己带来什么样的后果，在说到表演内容时还能笑出声来。就这样一个懵懂无知的孩童，却因为过于痴迷便士剧院的演出，即便其父亲数次揍打也屡教不改，最终为了一便士的入场费而误入歧途。时至 1904 年，普利茅斯仍有一个 12 岁的女孩子，因为要攒钱去便士剧院，便去骗邻居的钱和珠宝，抢自己母亲的钱，还去勒索其他孩子，最后被送去劳动教养学校。[2]

其次，便士剧院作为一个汇聚三教九流各种人物的结集场，其较为粗鄙的娱乐形式和内容与当时的道德观是相悖的。剧院内部空间狭小、光线昏暗，而且人群密集，各种各样的人都会出入，包括那些具有犯罪倾向的个体，这种环境可能成为犯罪的温床。长期混迹于此的青少年在与这些人交往的过程中可能被带坏，学习和模仿他们的行为模式，沾染上赌博、酗酒、谩

---

[1] "Complaints against a Penny Theatre", *Hastings and St. Leonards Observer*, 19 Feb. 1870, p.4.

[2] "Plymouth Girl Incorrigible at Twelve", *Western Times*, 20 Sept. 1904, p.8.

骂、斗殴等陋习，阻碍其良好品性的养成。19世纪70年代到伦敦旅游的法国人多雷和杰拉德在《伦敦：朝圣之旅》中曾对剧院中的少年的眼神有过传神的描绘："他们中有些人就像野猫。我从他们几乎还是婴儿的脸上看到的是比海湾里的猞猁还要凶残的目光。"①

　　尽管青少年犯罪的产生并非仅仅由便士剧院导致，还与当时的社会环境、教育状况和家庭背景等因素密切相关，但无可否认的是，便士剧院作为一个重要的社会因素，对青少年犯罪的滋生有着不容忽视的负面影响。在这种环境中，青少年可能形成错误的道德观，认为犯罪和暴力是可以接受的，从而更容易走上犯罪的道路。1866年，米勒先生在给戏院特许与规范委员会作证时就说："我绝对相信，它们会增加犯罪人数。我认为，一定年龄以下的儿童应该不准进入便士剧院。"②这一点，也是维多利亚时代的道德家对便士剧院持怀疑和否定态度的重要原因。甚至维多利亚时代的英国人会习惯性地把便士剧院与青少年犯罪画上等号。正因为如此，多雷和杰拉德在《伦敦：朝圣之旅》中说："真正的便士剧院是贫困少年与少年犯罪遭遇的地方。"③

（三）不合乎当时资产阶级道德标准的娱乐方式

　　当时的资产阶级道德观念强调节制、克制、工作热忱和家庭责任，对性、暴力和其他低级趣味的娱乐形式持谴责和排斥态度。在这样的观念影响下，便士剧院的表演内容和形式，如性暗示、暴力场景、犯罪描绘等，被认为是低俗的，违背了资产阶级的道德标准。

　　便士剧院主要面向的是社会底层，主流社会认为这些人群缺乏道德修养和文化素养，容易被剧院中的低俗内容诱导，从而导致社会道德的堕落。对这种低俗的娱乐方式，社会的话语体系是持鄙视态度的。这一点从便士剧院的英文名"penny gaff"可以体现出来。"Gaff"这个词，含义很多，但作为"廉价的剧场或音乐厅"这个含义来使用，据《韦氏词典》解释，最早是在

---

① Gustave Doré and Blanchard Jerrold, *London, a Pilgrimage*, Illustrated by Gustave Doré, New York: Harper & Brothers, 1890, p.167.

② "THEATRICAL LICENCES AND REGULATIONS Committee", *Era*, 10 Jun. 1866.

③ Gustave Doré and Blanchard Jerrold, *London, a Pilgrimage*, Illustrated by Gustave Doré, New York: Harper & Brothers, 1890, p.166.

1812 年，但具体来源失考。到了 19 世纪 30 年代，随着不断在贫民区涌现的廉价剧院，当时人就习惯性地用"gaff"来指代，而不是用更正式的词汇"theatre"，这里其实有着社会层面对这种娱乐设施的隐隐鄙视，与他们没有说出口的"低俗"画上了连接线。

便士剧院的表演对犯罪、暴力、性暗示和淫词秽语的崇尚，无疑是对当时资产阶级道德秩序的威胁。梅休曾愤怒地形容便士剧院的娱乐是"有毒的娱乐"[①]。他称这种娱乐方式为"堕落"，这里的观众表现出的是"无知和不道德行为"。为了探究这种"堕落"的原因，他亲自走访了伦敦贫民窟的几家便士剧院。他的观感和评论恰当地显示了维多利亚时代的资产阶级对便士剧院这种贫民娱乐方式的道德焦虑和愤怒——**"这里的舞台，不是用来揭示某个道德箴言，而是教导最污秽的淫乱之道的讲台"**[②]。在梅休看来，这些被他称为"窝穴"的便士剧院可怕之处在于它们"变成了引导道德生活方式的教室"：

> 这些小孩子们如此早熟，以至于 9 岁的小女孩因为经常光顾这些地方，已经听得懂最下流的话，并且随着周围已经成年的年轻人一起大声嘲笑。当便士剧院通过哑剧模仿我们不受约束地沉浸在天性中最腐败的欲望中，一幕落下，响起热烈的掌声时，**这么年幼的女孩子能形成什么样关于婚姻和贞操的概念！**当他周围的呐喊声给一首内容如此腐化堕落的歌曲带来荣耀，以至于只有最强大的习惯性力量才能控制住自己时，**这个小伙子怎么能学会克制自己的激情，并认为诚实和美德是值得钦佩的呢？**[③]

梅休认为，人们但凡去过便士剧院（哪怕是出于好奇），都会怀疑是否还能保持美德和诚实。便士剧院的管理者完全不会考虑演出的内容和表演方式是不是适合少年人观看，"那些展示最肆无忌惮的放荡行为的秀场会带来最拥挤的观众；为了达到这个目的，哪怕是暗示这些都是罪过，人们是这么

---

① Henry Mayhew, *London Labour and the London Poor*, Vol.1, London: Griffin, Bohn, and Company, 1861, p.41.

②③ Ibid., p.40.

做的，也是这么说的"。①

维多利亚时代以其特殊的社会环境和强烈的道德风气为标志，这个时期的英国，便士剧院成为广大贫民，特别是青少年的主要娱乐场所。这个平民化的娱乐场所对青少年群体产生一系列复杂的影响，既有积极的一面，也存在消极的影响。

便士剧院为青少年提供了一个接触社会和扩大视野的平台。在那个时代，教育资源的分配并不均等，许多底层家庭的青少年无法接受良好的教育。在便士剧院里，他们可以通过各种戏剧表演了解到社会的各种情况，提升他们的社会认知。而且，剧院中的表演往往具有强烈的现实主义色彩，对社会问题进行了深入的揭示，这对于启发青少年的社会责任感和公民意识也有着积极的作用。

然而，剧院作为一个公共文化空间，对于处于此空间的未成年人的身心道德健康有着重要的引导作用。便士剧院剧目中暴力、犯罪、性暗示的元素以及低俗的淫词秽语和混乱的环境，对青少年都有着负面的影响，容易引导他们走向道德堕落。这些元素与维多利亚时代强调的克制、教化和家庭价值观相悖，引发了道德恐慌，人们甚至将这种娱乐方式称为"有毒的娱乐"。然而，这种道德恐慌在很大程度上源于资产阶级对底层民众的偏见和歧视，忽视了底层民众也有自己的道德判断力，同时也低估了他们对便士剧院表演内容的理解和解读能力。同时，这种道德恐慌也反映了维多利亚时代资产阶级的双重道德标准。一方面，他们批评便士剧院的表演内容低俗、堕落，但另一方面，他们却忽视了社会上其他形式的暴力、犯罪和性问题，也忽视了底层民众的正常娱乐需求。这种双重标准暴露了资产阶级的道德虚伪，同时也凸显了他们对底层民众和青少年的道德控制。在一定程度上，这种道德恐慌其实是社会阶级对立、道德判断和文化偏见的体现。

---

① Henry Mayhew, *London Labour and the London Poor*, Vol.1, London: Griffin, Bohn, and Company, 1861, p.40.

18 世纪英国反圈地运动的兴起与化解

李启航 *

社会转型期伴随着各种主动或被动的变革，这些社会变革的结果可能在整体上会促进社会前进，但变革的过程中必然无法顾及所有社会成员的利益，进而会引起一部分人的抵抗和社会冲突。如何化解或者说尽可能地减少这种社会冲突，是值得我们思考的一个问题。

圈地运动是英国历史上具有重大意义的事件，这场运动不仅被认为促进了农业的发展，还为英国的工业革命提供了市场、原料和劳动力。但是这场运动对于部分农民来说却是一场灾难。他们无力支付高昂的圈地费用，赖以生存的公地权利被剥夺，自建的茅草屋也被推倒，最终只能出售自己微薄的土地，流向城镇或者是附近尚未圈地的村庄，这一不幸的结局注定会激起受害者对圈地运动的抵抗。托马斯·莫尔（Thomas More）的"羊吃人"早已成为了圈地运动的同义语，对于凯特起义的关注和研究论著在 20 世纪也已出现在国内学术界。早期反圈地运动以其广泛的、激烈的、波澜壮阔的社会画卷吸引着诸多历史学者的关注，但这种抵抗到了 18 世纪反而沉寂了。悲观派历史学者认为，这是由于 18 世纪的英国小农无力抵抗圈地；乐观派历史学者则认为，这是由于农民对 18 世纪的议会圈地普遍持满意态度。英国的圈地运动在 18 世纪进入了议会圈地的阶段，其涉及的土地范围和人员空前广泛，但这一时期的抵抗运动反而减少，这其中必然存在着某种有效的化

---

* 李启航，南京大学历史学系硕士研究生。

解社会冲突的机制。

一、反圈地运动的兴起

圈地是指通过修建栅栏等形式，将乡村的敞田、公地以及荒地等土地进行圈占，将土地所有者原先拥有的分散的土地集中到一起。这一过程实际上是在建立大土地私有制，消除土地的公有性质及农民对土地的共有权。英国的圈地运动共经历了三个阶段，即"非正式圈地、协议圈地和议会圈地"。13世纪的英国就已经出现圈地的现象，"1235年的《默顿条例》和1285年的《威斯敏斯特第二条例》写道：'授权庄园领主圈占自由佃户不需要的荒地'"①，但直到都铎王朝时期圈地运动才成为一种社会现象，引起了广泛的关注，18世纪则进入了议会圈地时期。18世纪的第一个议会圈地法案于1709年通过，但议会圈地的狂潮出现于18世纪后期和19世纪初期，1727—1760年通过的圈地法案数量为56件，1760—1845年通过的圈地法案数量则为1329件。②议会圈地借助国家强制力，使得圈地运动达到新的高潮，通过议会圈地圈占的土地达到170万英亩以上。③

到18世纪，圈地可以提高生产力、可以使地价"暴涨"，这些观念已经得到社会的广泛认可，但仍有一部分农民反对圈地。英国农民根据对土地拥有的不同权利可以分为自耕农、公簿持有农、佃户、茅舍农、占地者以及完全无地的农业工人。前三种人主要以土地为生，他们对土地的权利从所有权到长期租佃（长则父死子继，短则数年或终身）再到短期租佃；后三者则主要以务工为生，他们的土地少到不足以养活自己的家庭。反对圈地的主要是后三类农民以及前三类农民中占有土地较少者，他们反对圈地的原因主要有两个：一是高昂的圈地费用；二是公地权利的丧失。

圈地的费用一向被认为是非常高昂的。阿瑟·扬（Authur Young）将

---

① 沈汉：《重新认识英国早期圈地运动》，《英国研究》第4辑，南京大学出版社2012年版，第5页。

②③ Slater Gilbert, *The English Peasantry and the Enclosure of the Common Field*, London: A. Constable, 1907, p.267.

当时流行的圈地方式称为"荒诞的奢华";阿奇迪肯·坎宁安（Archdeacon Cunningham）将圈地称为"骇人的昂贵";哈斯巴赫教授（W. Hasbach）认为"圈地的费用通常吞噬了很大一部分土地的价值"。[1] 其具体费用可以参考塔特（W. E. Tate）、特纳（Michael E. Turner）、哈蒙德夫妇等学者统计、整理的数据，基于这些数据我们可以总结出三点：（1）每英亩的圈地费用大多在 1 英镑以上；（2）年份越晚圈地费用越高；（3）圈占的总面积越小，每英亩的圈地费用就越高。[2] 这些费用主要花在圈地法案的通过、圈地委员会及其职员的工资，公共道路、水沟以及各种栅栏的修建等方面。修建篱笆的费用在圈地总费用中占了很高的比例，并且由土地所有者个人承担，因此圈围的面积越小，每英亩土地的平均费用也就越高。最终的结果就是"圈地费用昂贵，面积越小，成本越高"[3]，具体来说"圈地费用通常是每英亩 1—2 英镑，而 19 世纪初圈围一块 10 英亩土地需支出 90 英镑，5 英亩份地 60 英镑，而 25 英亩竟高达 40 英镑"[4]。

再看这一时期小农的收入。一位拥有 50 英亩土地的约曼中等农户家庭的年结余为 12 英镑左右[5]，圈地费用按照 1 英镑每英亩来计算，那么这个家庭需要支付 4 年以上的收入来完成圈地。而且泰特和特纳都指出，实际的圈地费用要比根据《圈地裁判书》记录的费用更高，这是因为在《圈地裁判书》颁布后常常还会出现新的支出[6]，还因为一些领主、教会的圈地费用由其他土地所有人部分或全部支付。[7] 由此可见，圈地费用对于一个中等的约曼

---

[1] W. E. Tate, "The Cost of Parliamentary Enclosure in England (with Special Reference to the County of Oxford)", *The Economic History Review*, New Series, Vol.5, No.2 (1952), p.258.

[2] 参考 Michael E. Turner, "The Cost of Parliamentary Enclosure in Buckinghamshire", *The Agricultural History Review*, Vol.21, No.1 (1973), p.43 和 W. E. Tate, "The Cost of Parliamentary Enclosure in England (with Special Reference to the County of Oxford)", *The Economic History Review*, New Series, Vol.5, No.2 (1952), p.261 提供的沃里克郡、白金汉郡和剑桥郡圈地费用。

[3] 侯建新：《英国近代土地确权立法与实践》，《世界历史》2021 年第 4 期。

[4] G. E. Mingay, *Parliamentary Enclosure in England: An Introduction to Its Causes, Incidence, and Impact 1750—1850*, London: Longman, 1997, p.119.

[5] 参考戴逸主编、徐浩著：《18 世纪的中国与世界·农民卷》，辽海出版社 1999 年版，第 301 页，表 4-2。

[6] Michael E. Turner, "The Cost of Parliamentary Enclosure in Buckinghamshire", *The Agricultural History Review*, Vol.21, No.1 (1973), p.42.

[7] W. E. Tate, "The Cost of Parliamentary Enclosure in England (with Special Reference to the County of Oxford)", *The Economic History Review*, New Series, Vol.5, No.2 (1952), p.264.

农来说都是一笔不小的支出，遑论对于一个茅舍农了。

公地对小农的生存有重要的意义。尽管不同地区对拥有不同数量土地者授予的公地权利不尽相同，但这种根据长期以来存在的习惯所赋予的权利是广泛存在的。尼森（J. M. Neeson）根据圈地法和人口调查的数据计算了18世纪晚期北安普顿郡20个教区拥有公地权者的数量占总人口的比率最少为16%，最多为68%，20个郡的平均数为37%，并且尼森认为实际数量会比这一计算更多[①]，由此可见，公地权拥有者这一群体的数量是非常可观的。在公地上可进行的生产活动主要有挖掘煤炭、砍伐树木、采集果实、放养牲畜等。这些权利对与小农来说意义重大，许多出售房屋或土地的广告上都会强调包含一定的公地权，例如1788年《北安普顿使者》（*Northampton Mercury*）上刊登的一则出售家宅的广告就说明所附带的公地权，"可以养3匹马，3头牛和60只羊"[②]。公地和少地、无地的小农之间的关系，可以用保尔·芒图（Paul Mantoux）的话来概括——"不使这类农业工人的生存发生问题也就不可能改变公地"[③]。

圈地造成的公地权受损或丧失的情况可概括为两种。一是占地较少的农民在圈地之前被默许可以"适当"扩大其公地权，"占有土地不足放养一头牛的，可以放养一头牛或一匹马半年；在一些地方是一整年"[④]，他们所拥有的公地权扩大的部分在圈地后就会丧失；二是无地农民根据习惯获得的公地权丧失。这些无地或土地极少的农民根据长期以来的"习惯"获得了一些公地权，例如使用公共的羊栏、将养的猪赶入收割后的农田等，圈地者如果完全按照法律来执行圈地可以无视这些权利。阿瑟·扬曾询问过几个反对圈地的农民圈地让他们失去了什么，他得到的回答是："在共用地被圈围之前，我们能养4头奶牛，但现在只能养1只鹅，你说我们失去了什么！"[⑤]

总而言之，在这场圈地运动中"认为自己的田地不是资本而是谋生手段

---

① J. M. Neeson, *Commoners: Common Right, Enclosure and Social Change in England, 1700—1820*, Cambridge: Cambridge University Press, 1993, p.60.

② *Northampton Mercury*, May 31, 1788.

③ ［法］保尔·芒图:《18世纪产业革命》，杨人楩等译，商务印书馆2012年版，第132页。

④ J. M. Neeson, *Commoners: Common Right, Enclosure and Social Change in England, 1700—1820*, Cambridge: Cambridge University Press, 1993, p.59.

⑤ G. E. Mingay, *Parliamentary Enclosure in England: An Introduction to Its Causes, Incidence, and Impact 1750—1850*, London: Longman, 1997, p.131.

的小农，是以无能为力的旁观者姿态参加这一改变的；在此改变中，他的地产保存，甚至他的生存条件都成了问题"[①]。

二、18 世纪英国反圈地运动的形式和特征

（一）合法的反圈地运动

18 世纪英国合法的反圈地运动是针对议会圈地的各个环节而进行的，因此有必要先了解英国议会圈地的一般流程。所谓议会圈地，即通过议会获得法律效力后再进行圈地，主要经过向议会请愿、议会批准圈地议案、实施圈地议案三个环节。提交圈地请愿需要获得本地区 3/4 或 4/5 以上的土地的所有者的同意，投票权往往是根据土地的价值或者土地的面积来分配的。这一制度会导致尽管小土地所有者人数众多，但他们由于拥有的土地数量少而没有发言权，几个大土地所有者就可以决定一个地区是否进行圈地。议会批准圈地议案的过程和其他议案的批准程序相同，首先是在下院经过三读，在二读阶段下院会对议案各条款进行审查，有时还会作出修正，与此同时，如果有反对圈地的请愿也会和修正过的圈地议案一并提交给一个委员会进行讨论。在这之后，即三读阶段会对修改过的议案再进行一次简单的讨论，之后就可以提交给上院进行讨论和表决，最后在获得王室的同意后议案就成为了法律。接着，议会任命的圈地委员会就会前往相应的地区组织圈地工作。议会圈地的流程至少是在规则上呈现出了公开、公正的特点。1774 年下院规定所有圈地请愿必须粘贴在涉及的教区点教堂大门上公示，公示时间为 8 月到9 月的 3 个周末。圈地委员会在执行圈地法的过程中也要进行详细的记录，最后制定成圈地判定书。

首先，反对者可以在地方组织请愿，请愿的对象往往是一些对小农富有同情心的地方乡绅或是不能从圈地中获得了很大利益的土地所有者。在圈地请愿书递交议会之前，圈地者需要尽可能多地征求土地所有者的支持，至少要达到 4/5 的比例，反圈地的请愿活动能在一定程度上影响投票的结果，至

[①] ［法］保尔·芒图：《18 世纪产业革命》，杨人楩等译，商务印书馆 2012 年版，第 148 页。

少可以团结那些既不愿圈地又不愿得罪"上层人物"的反对者。而在圈地请愿书上交议会后，由地方乡绅递交给议会的反圈地请愿书也远比小农递交的请愿书有影响。一份由 78 位小农签字，反对伯顿拉蒂默（Burton Latimer）地区圈地议案的请愿书，就由威廉爵士上呈了议会。当圈地者寻求他的支持时，他告诉圈地者"他已经收到了一份由一些土地所有者签名的反圈地请愿书，在他回到镇上后就会出示"，最终在威廉爵士将这份请愿书上呈下院和圈地委员会的讨论后，对这份议案做出了一些有利于小农的修改，例如在议案中承认穷人对这一地区土地的原有权利并给予补偿。① 但也并非所有的地方请愿都能成功，一些失败的请愿最终甚至会演变成地方骚乱。在 1792 年巴卡纽奇公爵计划圈占罗金厄姆（Rockingham）的一块土地时，他收到了 18 位小土地所有者和茅舍农的请愿书，向他说明圈地的巨大代价和严重的后果。两年后，邻近村庄的农民也加入了这场请愿，并使用了一种"更具反抗性和侵略性"的语气来质问圈地者，但这次的请愿仍然未能成功。②

其次是直接向议会递交反圈地请愿。请愿者一般先陈情，说明圈地给当地带来的不利影响，例如贫困、失业、人口减少等，然后要求议会修改或拒绝通过某些圈地议案。韦林伯勒（Wellingborough）地区的请愿者向议院抱怨"他们将失去他们微不足道但却舒适的谋生手段，因为他们既不能没有公地权也承担不起圈地的费用"③。这些反圈地请愿有时会使得议会修改圈地法案中的一部分条款，有时则能使得圈地法案推迟通过或无法通过。1779 年卡尔弗顿（Calverton）地区的圈地法案作出了修改，授予了反对这一计划的农民任命一名圈地委员的权力；东利克（East Leake）地区的圈地法案于 1781 年提交上院，但由于遭到反圈地请愿，这一地区直到 1798 年才进行圈地；1768 年，巴布渥思（Babworth）地区提交的圈地请愿在下院宣读但最终未被提交给上院，这一地区也一直未进行议会圈地。④ 但由于向议会请愿的程

---

① J. M. Neeson, *Commoners: Common Right, Enclosure and Social Change in England, 1700—1820*, Cambridge: Cambridge University Press, 1993, pp.208—209.

② Ibid., pp.267—268.

③ Ibid., p.266.

④ W. E. Tate, "The Opposition to Parliamentary Enclosure", *Agricultural History*, Vol.19, No.3 (Jul. 1945), pp.138—139.

序复杂且代价高昂，因此实际上这种请愿数量较少。在 1743—1845 年这近 100 年的时间中，诺丁汉郡制定了 171 个圈地议案，这其中有 9 个遭到了反圈地请愿。[1] 在这 9 次反圈地请愿中，1759 年埃弗顿（Everton）地区、1770 年麦特西（Mattersey）地区、1771 年米斯特顿和斯德卫思（Misterton and Stockwith）地区、1779 年卡尔弗顿地区、1781 年东利克地区以及 1803 年莫顿和菲斯克顿（Morton and Fiskerton）地区的 6 次反圈地请愿由小土地所有者发起或参与。

最后，还有一种合法的反圈地手段，即对圈地委员的成员提出质疑，这一手段发生在圈地委员会开始进行圈地工作后。17 和 18 世纪的英国形成一种"开放委员会"（opening the committees）的习惯，当被圈地地区的人或是议院中的议员对某项圈地计划不满时可以对当地圈地委员会的成员提出质疑，并安排自己的代表者加入圈地委员会。在诺丁汉郡的 171 个圈地议案中，总共出现了 6 次"开放委员会"的案例，其中 1770 年麦特西地区的案例是由小土地所有者发起，其余 5 次皆是为了解决地主的不满或争端。[2] 上文也提到，一些反圈地者的请愿会使得议会授予反对者任命一名圈地委员的权力。但由于圈地委员的任命权长期把持在地方乡绅的手中，因此这一反抗手段作用有限且更为少见。

总的来说，尽管小农合法表达的反对意见作用有限，但是他们表达反对意见的渠道是畅通的。

（二）非法的反圈地运动

这一时期的反圈地运动同样也有暴力的、非法的形式。

谣言、恐吓、破坏等这些小规模的、局部的骚乱在 18 世纪反圈地运动中较为常见。散布谣言和恐吓往往发生在圈地者刚刚提出议案，正在寻求更多支持者的阶段。这些反圈地者声称圈地者会受到上帝的惩罚、会带来厄运或是写信威胁圈地者及其家属，通过这样一些手段来获得舆论上的支持，动摇那些意志不坚定的圈地者。1795 年，有人散布消息称一位拉文斯所普（Ravensthorpe）地区的圈地者由于大脑发热而生命垂危，这种症状被视为圈

---

[1]　W. E. Tate, "Parliamentary Counter-Petitions during the Endosure of the Eighteenth and Nineteenth Centuries", *The English History Review*, Vol.59, No.235 (Sep. 1944), p.399.

[2]　W. E. Tate, "The Opposition to Parliamentary Enclosure", *Agricultural History*, Vol.19, No.3 (Jul. 1945), p.139.

地造成的后果，引起当地圈地者很大的恐慌。①1762年，长巴克比（Long Buckby）地区最大的地主，也是一位圈地者，收到了一封威胁信，"让他当心夜行者，他们无所畏惧，他们将会摧毁一切他们可以摧毁的"②。至于那些小规模的破坏活动，有时发生在圈地议案提交议会之前，目的在于恐吓圈地者，例如上面提到的长巴克比地区的反圈地者，在寄出威胁信后数周推倒了这位大地主的一些果树和凉亭；有些则是在圈地议案得到批准后的圈地过程中，目的在于拖延和阻碍圈地的进行，例如韦林伯勒地区的反圈地者盗窃了当地的土地价值调查册，还有这一地区的勘测员，托马斯·库珀（Thomas Cowper），在他的日记中记载的苦闷的遭遇。库珀发现"无论他工作得多么尽心尽责，他总是处处遭遇敌视"，有人不愿在圈地议案上签字，有人一再妨碍库珀在他们的土地上进行测量。③这些小的骚乱传递出了一种信号，即有人反对圈地，这种信号一方面可以让圈地者重新评估圈地的代价和收益比，另一方面也可以团结这些反圈地者，坚定他们的决心。当这些反圈地者在这种信号的指引下聚到一起后，就有可能引发大规模的、有组织的暴力行为。

1765年7月29日《北安普顿使者》刊登了一则足球比赛的广告，称西哈登村（West Haddon）将在8月1日和2日，举办两场足球比赛。但这场足球比赛却变成了一场暴乱。④8月8日，《伦敦晚报》（London Eveing-Post）对这场所谓的足球比赛进行了报道，并刊登一则悬赏，"人们聚集在一起之后就变成了可怕的暴徒，他们推倒和烧毁了用于圈地的栅栏……在托马斯爵士的住宅纵火……托马斯爵士被迫雇佣了一支25人的卫队……托马斯爵士宣布他将悬赏20镑，以找出纵火者"⑤。这次暴乱给圈地者造成的损失巨大，因为这些即将用于圈地的栅栏就价值1500镑，而这些纵火者在次年3月被捕。同一年在沃克沃思（Warkworth）地区的暴动者则被当场逮捕。这一地区的圈地议案受到博迪考特（Bodycott）以及米德尔敦（Middleton）等地一半

① J. M. Neeson, *Commoners: Common Right, Enclosure and Social Change in England, 1700—1820*, Cambridge: Cambridge University Press, 1993, p.265.

② Ibid., pp.263—264.

③ Ibid., p.263.

④ *Northampton Mercury*, 28 Jul., 13, 20 Oct. 1777.

⑤ *The London Evening-Post*, 6—8 Aug. 1765.

以上的居民反对，他们大多是小土地的所有者，他们担心圈地后无法得到应有的赔偿，但这一议案经过一些修改仍然在议会通过了。①当沃克沃思地区的反圈地者准备破坏圈地的栅栏时，一队由地方法官率领的人马直接将其中一部分人逮捕。②

与18世纪的反圈地运动相比，早期反圈地运动更显轰轰烈烈。莱斯特修道院院长彭尼于1496—1502年间圈占了一处土地，附近的村民宣称这一行为是非法的，因为这块土地是他们的共用牧场，据此他们将圈地者起诉到了国王星室法庭和普通法法庭，最终又起诉到诉讼法庭，耗时30年之久，终于获胜。③1549年的凯特起义则是从7月初开始，8月末结束，持续近2个月的时间，起义队伍聚集至2万余人，攻占了诺威治（Norwich）城。然而18世纪圈占的土地面积远多于前几个世纪，这一进程之所以能相对平和地完成，是因为其中蕴含一定的社会冲突化解机制。

三、社会冲突化解机制的分析

维持社会稳定是政治精英社会治理的重中之重，然而由于多元价值观和多种利益的存在，社会冲突是不可避免的，如何控制和化解这些社会冲突就成为政治精英必须思考的问题。亨廷顿（Samuel Huntington）认为，"传统社会和现代性社会实际上都是相对稳定型的社会，而在传统向现代转型的现代化进程中却滋生着动乱"，18世纪的英国正处于这样一个转型期，但圈地运动却已进入一个相对成熟的阶段，这种成熟性的一个表现就在于其维稳的机制。具体来说可以概括为三点：第一，社会上层精英的有效介入；第二，社会利益主体的有效表达和参与；第三，有效的协调机制。

（一）社会上层精英的有效介入

社会中的不满情绪如果得不到宣泄最终就会积聚成剧烈的社会冲突，同

---

① *House of Common*, 4 Apr. 1764.
② J. M. Neeson, *Commoners: Common Right, Enclosure and Social Change in England, 1700—1820*, Cambridge: Cambridge University Press, 1993, p.278.
③ L. A. 帕克：《莱斯特郡圈地：1485—1607》，第45—50页，转引自侯建新：《圈地运动与土地确权——英国16世纪农业变革的实证考察》，《史学月刊》2019年第10期。

时也会改变原有的社会关系，因此社会治理者应当允许可控制的复仇行为的发生，并且将这些复仇行为转移到一个替代对象上，以此避免矛盾双方的直接对抗。在议会圈地中，承担这一功能的就是议会本身，对圈地不满者可以将自己的不满诉诸议会，而非和圈地者进行直接的对抗；议会对这些不满情绪作出适当的回应，如果不满较少就予以忽略，如果不满较多就对圈地议案作出修改或者停止圈地。向议会公开表示自己对圈地的不满这一行为本身就会提供一种满足感，这种满足感远大于偷偷破坏圈地者的房屋或栅栏。如果议会处理的结果让反对者感到满意，那么这一潜在的社会冲突自然就被化解了；如果未能感到满意，不满的情绪全部或者部分就会转移到议会。然而由于议会具有的强大力量和权威性，这种不满情绪只能被深深压抑。诚然，在后一种情况下，潜在的社会冲突并未被完全消解，但是它会变得难以爆发。英国政府对圈地运动的态度存在着从反对到支持的转变，这种转变的原因普遍被理解为是大地主阶级在议会掌权，为了满足其自身利益需要而支持圈地，但是议会的介入在客观上也减少和控制了社会冲突的数量和规模。

除了在政治层面的介入，英国社会精英还在集体意识的塑造上发挥了很大的作用。18 世纪的英国出现了一大批热衷于农业改革的贵族、学者，这其中包括汤森勋爵（Lord Townshend）、阿瑟·扬，以及国王乔治三世等人。汤森勋爵于 1730 年脱离政治生活，开始在诺福克郡实践他在荷兰学到的农业知识，"他把地里的水排出去，用泥灰土和肥料来改良若干部分的土壤；以后他就在那里开始一些有顾虑的轮种，既不耗费地力也不让土地荒休……不到几年，他就把一个硗瘠不结果实的地方变为王国中最繁荣的地区之一"。以汤森勋爵为代表的农业改革家引起英国社会的广泛模仿，"前一代贵族只对狩猎感兴趣，仅仅谈论马和犬；这一代则谈论肥料、排水、轮种、苜蓿、紫花苜蓿和萝卜"①。阿瑟·扬则对农业改革的宣传作出了很大努力。"他（阿瑟·扬）从 1767 年起就游遍英格兰各地，一天一天地、一里一里地记下：耕作的状况，试行的改良，革新者的成功或失算，地主、佃农、雇工的状况……他是位热忱的宣传家，除游历笔记以外，他还留下了大量的著作：从 1784 年

---

① ［法］保尔·芒图：《18 世纪产业革命》，杨人楩等译，商务印书馆 2012 年版，第 140 页。

起，他主编《农业年鉴》，据说国王乔治三世也并不不屑于向它投稿"①。而"持续不断的圈地运动是农业'改良'进程中必不可少的部分"，因此圈地成了英国社会的广泛共识，"当时的人们认为，支持圈地的农民'就知识和观念而言属于新人'"。②统一的集体意识带来的是统一的是非观，在面对有关圈地的冲突时，旁观者会自然倾向于圈地者，反圈地者就难以造成大的动荡。

（二）利益主体的有效表达和参与

社会冲突形成的一大原因就是利益的不合理分配，利益主体的有效表达和参与能在很大程度上解决这一问题。18 世纪英国发生的第一次议会圈地是在 1709 年圈围南汉普顿郡的罗普利公地（Ropley Commons），通过议会的记录我们可以清楚地看到相关利益主体是如何表达和参与的。首先是圈地请愿，1708 年底，该地区的圈地者向议会提交圈地请愿书，说明该块土块的性质、圈地会带来的普遍好处、会公平公正地分配土地等内容。③这份请愿书首先被提交到上院，上院指派了两位法官负责这项请愿，他们"立即召集了所有议案中涉及的群体；在听取了他们（的意见）后，向议院报告了委员会的看法，以及所有可能受结果影响的群体是否都在请愿书上签了字"④；2 月25 日和 27 日，在上院分别进行一读和二读，并且于 27 日任命一个人数众多的委员会；3 月 16 日，委员会报告该议案"适宜通过，无需修改"，在三读后该议案在上院正式通过并且提交给了下院。下院在收到这份议案后进行了类似的程序，于 3 月 18 日进行一读，3 月 20 日进行二读并任命了一个委员会，但是到了 23 日，下院收到了一份反圈地的请愿，因此委员会又分别听取了反圈地者和圈地者的意见，最终才作出报告和决议。"通畅的沟通系统可以让群众通过各种渠道及时充分地表达自己的利益要求，通过制度化的渠道及时宣泄不满情绪，防止不满情绪的积聚"⑤，尽管 18 世纪英国议会圈地中

---

① ［法］保尔·芒图：《18 世纪产业革命》，杨人楩等译，商务印书馆 2012 年版，第 142 页。
② ［英］阿萨·布里格斯：《英国社会史》，陈叔平等译，商务印书馆 2015 年版，第 220 页。
③ 阿瑟·扬的《农业年鉴》中收录了这份请愿书，但是阿瑟·扬记录的议院讨论、批准该请愿的时间有误。具体内容可参见：Arthur Young, *Annals of Agriculture and Other Useful Arts*, Vol.1801, Arthur Young, 1801, pp.226—231。
④ *House of Lord*, 16 Jan. 1709.
⑤ 刘中起：《转型期群体性社会冲突的形成机制及安全阀调节机制研究》，《福建论坛》（人文社会科学版）2012 年第 1 期。

表达和反馈的及时性、充分性、公平性有待考量，但它确实是有效的，各利益主体的声音能够被决策者听见，并且能影响决策。

（三）有效的利益协调和补偿机制

议会圈地阶段主要的协调机构就是圈地委员会。尽管议会和圈地委员会都允许不同意见的碰撞，但是圈地委员会作为圈地的具体执行者，几个圈地委员代表了不同的利益人，他们在圈地的过程中不断协调、裁决各方的利益诉求。应当说圈地委员会的工作更加繁琐和细致，主要是作为一个协调机构而非决策机构。

1802 年牛津郡海丁顿（Headington）地区的 3 位圈地委员在《圈地判定书》中郑重宣誓："我会充分运用我的能力和知识，忠诚地、无私地、诚实地履行给予我的信任，并且凭借美德和法律听取和处理所有圈地委员会可能面临的问题和事务。"[1] 圈地委员会通过召开会议来讨论和裁决圈地过程中产生的纠纷，不同的圈地委员会召开会议的次数也不同，从每年 2 次到每年 10 次以上都有。1798 年韦斯顿特维尔（Weston Turville）地区的圈地委员会召开多次会议，"圈地委员会收到了大量教区居民对权利要求的反对意见……（圈地委员会）开始听取那些提出的权利要求遭到反对意见的所有者，对自己权利要求的证明和辩解"[2]。特纳则指出，"如果对于权利或者是分配的土地和道路的位置有反对意见，委员会去听取这些反对意见并作出裁决。通常他们会更改先前的决定以满足产权人的要求……产权人充分利用了委员的权力以使其土地的交换合法化，无论是在敞田还是已经圈围了的土地"[3]。利益补偿就是利益协调的结果之一。土地的重新分配不仅涉及土地的数量问题，还涉及土地的价值以及圈地前的公地权等多种问题，圈地委员很难在每个方面都做到让人满意，因此有时就会进行一些利益补偿。作出补偿的原因是多样的，包括对教会什一税的补偿、对商业租佃契约的补偿、对穷人共用权的补偿；补偿的方式包括给予土地、货币，一些地区还会保留少量公地供穷人使

---

① Headington Enclosure Award, p.17.

② 倪正春：《英国议会圈地中圈地委员工作的公正性探究》，《北方论丛》2016 年第 5 期。

③ Michael E. Turner, "Enclosure Commissioners and Buckinghamshire Parliamentary Enclosure", *The Agricultural History Review*, Vol.25, No.2 (1977), p.125.

用①，对于土地所有人，圈地委员会尽量使其在土地数量和价值上达到平衡，"他们可能没有收到数量相称的土地，但是作为补偿他们总是一定会收到更大价值的土地"②。

四、结语

由于圈地费用高昂以及公地权利的丧失等原因，部分农民在 18 世纪仍然反对圈地，他们通过请愿、破坏圈地者财物、制造骚乱等方式与圈地者抗争。然而 18 世纪的议会圈地运动相比早期的圈地运动在程序上得到了很大改善，这一时期对于圈地运动的评价也日益走向正面和积极，因此这一时期的反圈地运动规模较小，也未造成过多的社会冲突。这一成果的取得既包含着历史发展的必然性，也得益于英国政府对圈地这一活动的积极干预和有效管理。但议会圈地仍存在着公平性不足的问题，哈蒙德夫妇称："如果这些请愿来自一位庄园主或是什一税征收者，那这些请愿就会受到关注……也可能会因此对议案作出调整以满足其要求；如果这些请愿是来自茅舍农或小土地所有者，那就例行无视"③，这一问题在圈地运动结束前也未能得到解决。

---

① 侯建新：《英国近代土地确权立法与实践》，《世界历史》2021 年第 4 期。

② Michael E. Turner, "Enclosure Commissioners and Buckinghamshire Parliamentary Enclosure", *The Agricultural History Review*, Vol.25, No.2 (1977), p.121.

③ J. L. and Barbara Hammond, *The Village Labourer 1760—1832*, London: Longmans and Co., 1911, pp.47—49.

英国文化史研究

论近代英国出版印刷业的发展变革 *

石 强 **

  在漫长的中世纪，英国的阅读文化和其他文化现象一样，无不受到宗教文化的制约。宗教活动是文化活动的主导方面，神学为所有学问之本，而且文化活动几乎为教会贵族和世俗贵族所垄断。教育首先为教会僧侣阶层所垄断，受教育者群体是相对狭隘的精英阶层，主要为僧侣贵族和世俗贵族，阅读的书本主要为拉丁文的《圣经》和神学家的著作，还有经院哲学家充满神秘色彩和艰涩思辨的哲学著作，少量的文学及史学著作大多充满神话和宗教色彩。尤为束缚阅读文化的是这类出版物大多以拉丁语或希腊语出版或手抄，而广大民众被排除在读书识字的教育对象之外，也就难以成为阅读文化的主体。自诺曼征服之后，"所有的英国方言都沦落到同样不重要的地位，原有的统一的文学语言消失了，代替它的是一些分歧很大的方言。作家和抄写者都用他们的方言来进行创作和抄写，因此早期中古英语文学作品里就出现了各种不同方言的特点"①。以国王为代表的世俗贵族则主要使用法语，贵族文化更多地带有法国色彩，采用法语和拉丁语发布政府命令及行政公文，在司法活动中也广泛使用法语，议会审议及通过的法案、颁布的法律、司法诉讼及法院的判决、民间借贷契约等也多是在贵族的主持下采用法语书写。贵族子弟的初等和中等教育多在宫廷或家庭中进

 * 本文系教育部人文社科规划基金项目"近代英国阅读文化研究"（20XJA770001）阶段性成果。
** 石强，陇东学院文学与历史文化学院教授。
① 李赋宁、何其莘：《英国中古时期文学史》，外语教学与研究出版社 2006 年版，第 2 页。

行，之后进入牛津和剑桥等大学进行学习，但大学的教学语言也主要使用拉丁语、法语或希腊语，大学毕业后一般还要去大陆的法国、意大利等地游学，又进一步强化了贵族文化的法国色彩。而英格兰广大下层民众则使用英语，但英语主要用于口头交流，即使用于创作，也多带有方言特点，而且能够运用英语进行创作的下层知识分子实属凤毛麟角，能够用英语进行抄写阅读的人则少之又少，因为下层民众只会运用英语进行口头交流。这种等级制度的分化对立、僧俗贵族对文化的垄断、语言的断层现象严重束缚阻碍着阅读文化的发展，依靠手抄传播的阅读方式也制约着阅读文化的发展。

一、中世纪英国出版印刷业的缓慢发展

14世纪后半期文艺复兴运动在英国的兴起以及威克利夫（John Wycliffe）倡导的宗教改革运动是阅读文化被解放的起点。以乔叟（Geoffrey Chaucer）和威廉·兰格伦（William Langland）为代表的众多人文主义诗人，用本民族的语言创作出大量诗歌，不仅发展丰富了中古英语，也推动了本民族语言的运用，这对于唤醒民族主义意识、塑造共同的民族心理发挥了文化先导的作用。英法百年战争的长期持续进一步激发了英国贵族阶层的自我觉醒，使他们认识到历经时代的变迁，难以割舍的法国情结及文化已失去往日的意义。他们已不再属于法兰西，而是属于英格兰。在漫长的历史进程中他们和英格兰民众在共同的地域上已有了共同的经济生活及利益，创造共同的文化生活乃是大势所趋，也是自我的正确定位。共同的文化生活首先要有共同的语言，共同的语言才是造就共同的民族心理的最强有力的工具。"1362年，爱德华三世在召开议会时第一次用英语致开幕词，在同一年，由于下院的请求，爱德华三世颁布一道法令，规定法庭审讯必须使用英语，而不再用法语。1385年，英语已代替法语成为学校中的正式语言。1386年，人们第一次用英语来写致议会的请愿书。在伦敦保存下来的最早的一份用英语写的遗嘱属于1387年，最早的用英语写的行会章程属于1389年。1399年的一封用英语写的私人通信表明在社交生活中英语也代替了法语。这一系列的事实都

说明在 14 世纪，英语已确立了它在国家生活和社会生活中的地位。"[①]

都铎王朝时期，宗教改革运动打开了思想解放的闸门，不仅新旧教派的斗争较为激烈，新教内部也分化出许多激进的派别，要求进一步改革清除英国国教中从教义到礼拜仪式等各个方面天主教会的残余。为禁止保守或激进教派势力宣传其思想主张，维护英国国教的统治地位，加强对人们思想的控制，英国王室及英国国教对图书出版制度实行严格限制。图书出版许可制度早在亨利八世统治时期就已经开始，玛丽女王授权书籍出版经销同业公会垄断所有的出版印刷。伊丽莎白时期坎特伯雷大主教威廉·怀特基福特（William Whitgift）规定了法定出版社的数量，这距 1476 年威廉·卡克斯顿（William Caxton）在英国创办第一个出版社正好 100 年，当时限制出版印刷的主要方式是通过限制印刷厂的地点。17 世纪的政治和宗教冲突使这些限制得以维持。1662 年的《出版印刷法》实质上是对 1637 年星室法院颁布的出版印刷法令许多条款的重申。[②]

16 世纪晚期和 17 世纪里，不仅王室及教会用各种手段控制出版印刷业，伦敦的图书销售商也控制着出版物的销售与分布，已经赶上了以前在出版利益方面占主导地位的书籍出版经销同业公会。他们集体的力量已经能限制或促进某些出版物的流通，这就给予了他们支配地位，而且他们逐渐垄断了图书出版的版权。图书销售商非常小心谨慎，他们首要的关切是确保他们所销售图书的知识产权，获得皇室授权公司的许可与保护，从而得到国王许可且有利可图的出版垄断权。他们一般不会出版有政治不满、宗教异端、流言蜚议的作品而使自己疏远于政府。

二、图书出版制度的变革及出版印刷业的发展

17 世纪中期时，出版印刷的控制者与主张开放者斗争力量的平衡被彻底打破了。内战和空位时期，出版印刷的管理体系渐趋崩溃，大量关于政治和

[①] 李赋宁、何其莘：《英国中古时期文学史》，外语教学与研究出版社 2006 年版，第 3 页。

[②] John Brewer, *The Pleasures of the Imagination: English Culture in the Eighteenth Century*, New York: HarperCollins Publishers, 1997, p.130.

宗教争论的作品被印刷出版。在 17 世纪四五十年代，因为需要大量的临时性论战的作品，加之对出版印刷业控制的削弱，使得印刷厂老板能够绕开与他们相竞争的图书销售商而扩大印刷量赚取更多的利润。新的印刷厂纷纷成立，数量几乎翻了一番。关于时事问题辩论的小册子、报纸、期刊和印刷的传单，在内战和空位时期第一次蓬勃发展。①

查理二世复辟之后，又重新加强了对出版印刷业的控制，图书销售商再次取得支配地位，印刷厂老板的数量被限制在 20 人以内。印刷工人的数量也是固定的，伦敦的印刷行业雇工人数不得超过 200 人。但是空位时期已经发展起来的印刷业已势不可挡，他们已建立起了一套体系，通过街头小贩和摊点来销售关于时事和热点问题的作品。1660 年复辟后，非法的出版印刷虽然受到限制但并没有完全被消除。②

1662 年通过的《出版印刷法》规定，所有出版印刷商都必须注册登记，所有的书籍在出版印刷前都必须接受审查并授予印刷发行的许可。为了有效地贯彻落实这一法律规定，出版印刷大多只限在伦敦进行。同时对其他像牛津、剑桥、约克等地的出版印刷业规定了极为严格的条件。牛津、剑桥两所大学的出版要通过两所大学副校长的监督审查，约克的要经过大主教的监督审查。这一管理规定存在的时间并不长，光荣革命后就难以为继，政治上的权宜之计是其不能继续存在的主要原因。1695 年，《出版印刷法》被取消，其所有的限制，包括在地域上及内容上的限制都被废除。③

1695 年，《出版印刷法》失效了——这也许是在立法方面的一次意外事件——最终却取消了对日益扩张的出版印刷业最主要的法律束缚，然而这并没有完全消除政府的控制或者建立起完全自由的市场。出版审查制度终结了，但是法律依然反对带有亵渎神明、淫秽内容的作品，经常会以煽动或扰乱社会秩序的名义而被提起控告。④ 不过从更长远和更全面的角度来看，"整个 18 世纪英国政府对书本印刷内容的控制还是有所放松的，对违规的惩戒

① John Brewer, *The Pleasures of the Imagination: English Culture in the Eighteenth Century*, New York: HarperCollins Publishers, 1997, p.136.

②④ Ibid., p.131.

③ Jeremy Black, *Culture and Society in Britain 1660—1800*, Manchester: Manchester University Press, 1997, p.56.

也相对减轻了。英国没有专门的出版法，而关于出版制度的法律主要来源于普通法，其次是议会的制定法。长期以来形成的比较固定的出版制度有以下几点基本特征：出版不受检查；滥用出版自由的行为不受特别法庭审判。也就是说，出版者、印刷者、发行者和作者的出版物如果触犯普通法或有关法规，在出版物发行后，普通法院的法官才根据陪审团的裁决，运用有关法律判例，惩罚违规者承担相应的法律责任"①。

《出版印刷法》的失效对书籍出版经销同业公会还带来两方面的后果：首先，书籍出版经销同业公会在法律上失去了对出版印刷的垄断地位，各地出版印刷业发展的最大障碍被清除了。而地方上的反应与转变也随之而来，在这一法律被终止的几周后，布里斯托尔市政厅就要求威廉·博尼（William Bonny）在当地成立一个出版社。在接下来的几年时间内，出版商在什鲁斯伯里、埃克塞特和诺威奇都建立了出版社。地方性报纸对于出版印刷业的发展起到了重要的推动作用。到18世纪30年代，几乎每个地方都有一份报纸，到19世纪中期时，报纸的发行网络已经遍布英格兰、威尔士大部分地区，苏格兰低地至少也有一种地方性报纸。地方性报纸搭建起一个广告网络，把各地与伦敦联结了起来。②

《出版印刷法》的废止所带来的第二个后果是威胁到了当时存在的图书版权体系，这是伦敦图书销售商权力之关键。在实践上，图书销售商通常要购买作者的版权来进行出版印刷，之后知识产权被不断转手买卖而赚取利润。但是1695—1709年，新的《版权法》付诸实施，对于现存的版权不再有任何的法律保障，对于再次出版时谁拥有版权的问题也没有明确的规定，这就没有确定图书销售商所宣称的一直拥有版权的惯例。按习惯法来解释新的法律，作者或代理人才有永久的版权，直到1774年永久版权法被贵族院宣布无效。这最终打破了伦敦图书销售商对出版印刷行业的控制。

出版印刷管理体系的松动也促进了报业的蓬勃发展。最早的报纸出现于

---

① 张鑫：《英国19世纪出版制度、阅读伦理与浪漫主义诗歌创作关系研究》，复旦大学出版社2012年版，第19页。
② John Brewer, *The Pleasures of the Imagination: English Culture in the Eighteenth Century*, New York: HarperCollins Publishers, 1997, pp.131—132.

内战前，在内战期间报纸虽然较多但受到严格控制，处在共和国或护国公体制的高压之下。在斯图亚特王朝复辟之后，对报纸内容的控制和以前一样严格，直到17世纪70年代，在詹姆斯二世统治开始之后，对报纸的控制才有所放松，报业才走向繁荣。第一份地方性的报纸出现于1701年，第一份日报出现于1702年。在18世纪的英格兰，报纸的确成为最典型的也是人们最熟悉的印刷品之一。到1750年时，每年印刷的报纸超过了700万份。在18世纪70年代，伦敦已有9种日报，地方性的周报已有50多种。①

各种图表印刷技术也取得显著的进步。铜版印刷术已经是普遍流行的技术，许多印刷者已有专门的出版机构来生产铜版。更为重要的是，在铜版制作过程中已经采用新技术刻画精美的线条来表现光线及阴影。在这一新工艺中，网线铜版雕刻法第一次机智地处理了色彩的渐变问题，而不再像以前一样依靠或多或少的阴影来表现各种色彩及色调。印制绘画作品时，尽管是单色的，但可以用他们自己的版权来适当表现艺术作品的外在形式。这些变革不仅在印刷的精美程度方面是重要的，在地图及乐谱印刷上也是意义重大的进步。到18世纪末时，在所出版的书籍中，普遍包含有一个卷首插画（通常都是作者肖像），或者是在书中一些适当地方配上说明性的插图、地图、图表及表格。

从斯图亚特王朝复辟到18世纪末的这段时期里，英格兰的图书印刷在实用性和熟练性上都有了很大的提高。随着读书识字人数的增加、图书市场的扩大以及伦敦过去限制的被冲破，图书市场继续扩张。新的文学体裁、新的印刷版式、新的商业技术都使更多的人能够读到更多的书，并且超过了历史上的任何时期。同时，多种多样的印刷品也进入人们的生活，诸如报纸、广告单、请柬、讥讽批评的传单、目录黄页、杂志等，成为城镇居民生活中不可或缺的读物，也成为商业交易中必不可少的部分，印刷出版物不再是文化和政治精英的专属品。

在印刷出版的内容上，尽管宗教问题在数量上还占有一定的优势，但文化主流的形式已发生了显著的变化。从文学角度来看，最重要的变化就是小说的兴起，成为以娱乐为目的的出版印刷物的主要形式。散文化的小说早在

---

① Jeremy Black, *Culture and Society in Britain 1660—1800*, Manchester: Manchester University Press, 1997, p.53.

斯图亚特王朝复辟之前就已经出现了，到17世纪70年代时，小说开始了变革的过程，在菲尔丁（Henry Fielding）和理查森（Samuel Richardson）时代出现了繁荣景象。小说开始反映时代特征，也有很多的出版形式。到17世纪后半期，小说已经以连载的形式出版在杂志、报纸或图书上。刊载小说的图书一般还是多卷本，数量通常是两卷或者五六卷。标准的三卷本的形式，也就是分成三册的书，出现在1815年。小说与当时一种流通循环的机构相关，类似于今天流通性的图书馆。伦敦第一家流通性图书馆是1661年由弗朗西斯·柯克曼（Francis Kirkman）创办的，他也是小说的出版商之一。到18世纪中期时，几乎每个乡镇都创建有流通性图书馆，尽管有些图书馆小到只有一两架书，就像一个可以借阅图书的小书店。较大的图书馆，像巴斯、利兹、布里斯托尔、纽卡斯特的图书馆，通常有成千上万本图书，成为重要的社会和文化中心。①

三、阅读文化的发展及影响

塞缪尔·约翰逊（Samuel Johnson）曾经这样提倡读书：书籍对于人们的理解力总是有一种潜在的影响，我们总会体会到这样的乐趣，在他读关于科学的书籍时，尽管他没有提高自己的特定目的，但是也会增进他的理解力；他如果沉浸在关于道德和宗教的书本中，他的美德就会在不经意中得到提高；书本给头脑所提供的思想，他们最后终将在某一时刻会幸运地发现，这种思想已经被他们所接受。②阅读文化的发展对于知识的传播、思想的培育、道德的培养、技术的传承和整个社会精神面貌的塑造都有着非常重要的意义，而所有这些都将汇聚成文化的力量推动社会的发展。"口头表达是思想和信息交流的一个重要形式，但是印在纸上的文字和图像已经成为知识在一代又一代人之间传播的重要方法。"③

---

① John Brewer, *The Pleasures of the Imagination: English Culture in the Eighteenth Century*, New York: HarperCollins Publishers, 1997, p.55.

② Ibid., p.67.

③ Jeremy Black, *Culture and Society in Britain 1660—1800*, Manchester: Manchester University Press, 1997, p.67.

从 16 世纪到 18 世纪晚期，不列颠一个长期的趋势就是读书识字的人越来越多。最为可靠的数字显示，能够读书识字的男性的比例有着持续的上升，从 1500 年的 10% 上升到 1714 年的 45%，而到 18 世纪中期时，这一比例上升到 60%。女性读书识字人的比例相对较低一些，1500 年时只有 1%，到 1714 年时上升到 25%，1750 年时，上升到 40%。这种长期增长的趋势隐含着一个相当大的变化。贵族精英、乡绅和富裕商人文化程度普遍要比穷人高，到 1600 年时，他们几乎全部能读书识字。在社会精英阶层以下，店主老板群体中读书识字的人是最多的，到 18 世纪后半期时，这一比例已经达到 95%，与此同时，大部分从事体力劳动的工人则根本不会读书识字。城镇居民能读书识字的人的比例要高于乡村。据记录来看，伦敦的读书识字率是最高的，特别是女性的读书识字率增长特别快，从 17 世纪 60 年代的 22% 上升到 18 世纪 20 年代的 66%。①

读书识字的动力或许更多地来自经济和社会方面而不是文化方面。18 世纪后半期，城市经济日趋完善复杂，如果缺乏基本的读、写、算能力，交易就无法进行。在乡村或城市的工人阶级中，紧迫性虽然不明显，但到 18 世纪 90 年代时，随着宗教和政治改革的进行，动员城市工人阶级无论是参加宗教运动还是参加政治运动，最终都要依赖于教会他们读书识字。

如果没有持续近两个世纪读书识字率的增长，就没有 1700 年之后阅读群体的快速增长。如果没有这些阅读群体，也就没有 17 世纪后半期开始蓬勃发展的出版业。读书识字不可能植根于贫瘠的文化土壤，或者更确切地说，根本无法进行。促使这一切发生变化的因素，与其说是对出版印刷业的要求提高了，倒不如说是形势的发展已能提供大量的出版印刷物：国王对出版印刷限制的消除；保守的图书销售商联合起来共同反对以往的传统。这一改革不是因为读书识字率的增长，而是可阅读物供应量的日益增长，这一发展改变了阅读的本身。这一读书方式的改变有时被描绘为从"精读"转向了"泛读"，所谓精读，出现在书籍很少的社会里，因为书籍少而且贵，被视为神圣之物，应当反复阅读和仔细阅读。另外一个方面，"泛读"是出版印刷

---

① John Brewer, *The Pleasures of the Imagination: English Culture in the Eighteenth Century*, New York: HarperCollins Publishers, 1997, pp.167—168.

文化充分发展的结果，有大量的各种各样的书可供阅读。个人的图书不再被视为神圣之物，读者也更有兴趣，阅读速度也快。[①]

阅读文化的进步也从需求方面也拉动供给侧的发展。到18世纪中期时，很大程度上是因为期刊杂志的大量出版，才使伦敦职业作家群体成长了起来。期刊杂志使职业创作成为可能，期刊杂志的创办者被各种不期而来的信息和资料淹没，而且同其他杂志的竞争要求有更多的材料以供选择，这样一来职业作家就应运而生了。他们撰写散文、评论、诗词或批评性的文章以丰富大众生活或启迪教育大众。"到18世纪60年代时，职业作家为伦敦超过30份的期刊杂志供稿，而到18世纪末时，期刊杂志的种类已经超过了80份。"[②]在图书供应的源头，作者创作条件也发生了深刻的变化。随着印刷品数量的激增，特别是报纸和期刊杂志的增加，使相当数量的人通过写作来维持生计成为可能。在内战前，仅有一少部分职业的作家，但在复辟时期之后，特别是在1720年之后，职业作家的人数有了较大幅度的增长。这一时期，所有文章的作者都是匿名的，杂志和报纸上的文章也都是未署名的，或者最初是署名的，但在出版时则用了笔名。

阅读文化的进步也促进了知识分子阶层队伍的扩大。"有学问的职业——僧侣、律师、医生——数量庞大且非常活跃。据统计学家格里高利·金（Gregory King）估计，到1700年时，大概有10000多人从事法律职业，僧侣的人数与此相当，大约有16000人从事与科学和艺术创作相关的职业，其中包括医生。"[③]在整个18世纪，从事被艾迪生（Joseph Addison）称作"三大职业"的人数在持续地增加。正是这些人从根本上控制着公众环境，这是因为他们掌握了相关的专业技能。特别是医生和律师能插手一切事务，探索有利于个人发展的机会，满足新型的且不断扩张的商业社会的需求。

18世纪晚期，不列颠工商业比较发达的城镇大多出现了订阅性图书馆，这也充分体现了当地社区的扩张。1758年，利物浦出现了第一个订阅性图

① John Brewer, *The Pleasures of the Imagination: English Culture in the Eighteenth Century*, New York: HarperCollins Publishers, 1997, p.169.
② Ibid., p.142.
③ Jeremy Black, *Culture and Society in Britain 1660—1800*, Manchester: Manchester University Press, 1997, p.41.

书馆，紧随其后在沃灵顿（1760年），马克斯菲尔德（1770年），谢菲尔德（1771年），布里斯托尔（1773年），布拉德福德（1774年），惠特比和赫尔（1775年），利兹、哈利法克斯、卡莱尔（1778年）等地，都建立了流通性图书馆。到1800年时，这类性质的图书馆据估计已有100个。其中最好的有2个，一个位于布里斯托尔，该图书馆的订阅读者已达200多人，订阅书目约5000本；另一个订阅性图书馆位于利兹，订阅书目4000多册，由450个读者共同订阅。加入订阅性图书馆的读者大多是一些上层和受过良好教育的人。对1760年利物浦图书馆的记录表明了其读者的基本情况。大约有一半读者是商人，其所经营的包括红酒、蚕丝、糖和铁等，其余读者则分布于利物浦各个职业和商业阶层。①

表1　布里斯托尔图书馆借阅记录（1773—1784）②

图书分类	借阅次数	书目数量
历史	6121	283
美妆打扮	3318	238
百科	949	48
哲学	844	59
自然史	816	71
神学	606	82
法学	447	53
数学	276	42
医学 / 解剖学	124	24

通过这一独特的现存记录，我们可以观察出1773—1784年间布里斯托尔图书馆读者的阅读兴趣。从这些数据我们可以看出，很多读者的兴趣主要在历史、旅行和地理方面。这基本是一个对折的目录分类——和现代的情况是基本类似的，这一大类图书的借阅量约占了整个借阅量的45%。借阅量

---

① John Brewer, *The Pleasures of the Imagination: English Culture in the Eighteenth Century*, New York: HarperCollins Publishers, 1997, p.180.

② Ibid., p.181.

最多的 10 本书中有 6 本就属于此大类，分别是：约翰·霍克斯沃斯（John Hawkesworth）汇编的库克船长探险记——《南半球探险航行记》（*Account of Voyages of Making Discoveries in the Southern Hemisphere*，3 卷本，1773）被借阅 201 次；帕特里克·布莱顿（Patrick Brydone）的《西西里和马耳他游记——与威廉·贝克福德通信集》（*Tour Through Sicily and Malta in a Series of Letters to William Beckford*，2 卷本，1773）被认为是地中海游记的范本；大卫·休谟（David Hume）的最畅销的著作《大不列颠史》（*History of Great Britain*，4 卷本，1754—1762）；阿贝·雷纳尔（Abbe Raynal）的著作《欧洲人在东西印度殖民与贸易的哲学与政治史》（*A Philosophical and Political History of the Settlement and Trade of the Europeans in the East and West Indies*）在 1776 年时被翻译成英语，这部著作一贯反对奴隶制度；威廉·罗伯森（William Robertson）的《查理五世》（*Charles* Ⅴ，3 卷本）出版于 1769 年，这位苏格兰的历史学家在创作时提前得到了 4500 镑的经费；与此可以相提并论的就是利特尔顿勋爵（George Lyttelton）的《亨利二世的生活史》（*History of the Life of Henry* Ⅱ，1767—1771）。其中最受欢迎的作家是威廉·罗伯森，曾经担任爱丁堡大学的校长，也是三部巨著的作者，他的《查理五世》及《苏格兰史》（*History of Scotland*, 1759）、《美洲史》（*History of the Americas*，2 卷本，1777），累计被借阅至少 301 次。[①] 不仅仅是小说发生了变化，流行的时尚也在发生变化。历史也引起了人们极大的热情，关于旅行类的文学也受到欢迎。这些变化从出版商和书商的目录中就可以反映出来。杂志中的文章不仅有关于历史和旅游的，也有人们普遍感兴趣的考古学及动物学。出版印刷物从形式到内容，都呈现出多元化的特点。[②]

阅读文化的发展水平决定着一个国家文化发展的程度，甚至决定国民的文化素质和精神世界。构成阅读文化的各个亚文化层次相互制约又相依相成，在对立统一和矛盾斗争的基础上共同促进着阅读文化的发展。"书籍、

---

① John Brewer, *The Pleasures of the Imagination: English Culture in the Eighteenth Century*, New York: HarperCollins Publishers, 1997, p.181.

② Jeremy Black, *Culture and Society in Britain 1660—1800*, Manchester: Manchester University Press, 1997, p.55.

几乎每一本书，都成为有文化和有教养的象征。书籍的主旨就是了解世界，特别是了解一个人未曾直接经历过的世界，促使其熟悉神人同形同性论。书籍开始成为伴侣和朋友。正如戈德斯密斯（Oliver Goldsmith）在《世界公民》中所指出的，当我第一次读一本好书，对我而言就像遇到一个新朋友，当我详细地读完一本书，它就像老朋友和我在一起。书籍成为一个人最亲密的朋友，与书籍在一起，可以陶冶情操，进行美好的对话。"①

---

①　John Brewer, *The Pleasures of the Imagination: English Culture in the Eighteenth Century*, New York: HarperCollins Publishers, 1997, p.190.

近代早期英国百科全书的编纂与创新研究

吴　晗[*]

　　百科全书，是一个历史时期内人类对其掌握的知识的汇编。17—18 世纪是西方百科全书发展史中的一个高潮期。这一时期也是西方百科全书由古典向现代转型的一个分水岭。与古典时代和中世纪时期相比，这一时期西方百科全书在编纂群体、编纂思想、体例、方式和内容等方面都发生了重大变化。学术界对这一时期西方百科全书的研究由来已久，而但凡论及这一时期的西方百科全书编纂史，都不得不提到英国百科全书的编纂在其中的重要作用。受经验主义哲学和自然科学发展的影响，近代早期英国百科全书的编纂，在思想理论、编纂体例和内容等多个方面展现出了独树一帜的风格和特点，为近代西方百科全书的发展树立了风向标。譬如弗朗西斯·培根（Francis Bacon）在《伟大的复兴》（*The Great Instauration*）中提出的以经验主义哲学为指导思想的百科全书编纂理念，成为近代西方百科全书最重要的思想蓝图，18 世纪法国《百科全书》的知识分类体系就源于此。[①] 英国人托马斯·布朗（Thomas Browne）的《流行的伪知识》[②] 则是第一部以实验科学为基础而编纂的近代西方百科全书。而英国人约翰·哈里斯（John Harris）和伊弗雷姆·钱伯斯（Ephraim Chambers）编纂的百科全书创造性地应用了

<hr>

＊　吴晗，浙大城市学院浙江历史研究中心讲师。
①　［法］狄德罗主编：《狄德罗的〈百科全书〉》，［美］坚吉尔英译、梁从诫汉译，广州花城出版社 2007 年版，第 69、81 页。
②　Thomas Browne, *Pseudodoxia Epidemica: Or, Enquiries into very Many Received Tenents, and Commonly Presumed Truths*, London: Printed for Edward Dod, 1658.

约翰·洛克（John Locke）的分类索引思想，则是第一批具有现代气质和编纂体例的西方百科全书，也引领了近代西方百科全书的编纂风尚。

长期以来，西方学术界对于近代英国一些重要百科全书的研究，取得丰富的成果。具有代表性的成果如：理查德·汝（Richard Yeo）以启蒙运动中知识属性的变化为切入点，对近代英国几部重要的百科全书的编纂群体、诞生背景、编纂思想和主要内容等问题进行探究，认为启蒙运动改变了人们对于知识本质的认知，并由此对百科全书的编纂产生重要的影响。[①] 特伦斯·罗素（Terence M. Russell）的研究则以近代西方百科全书中对建筑、艺术与工艺等知识的叙述为立足点，认为培根的科学思想和知识分类体系，塑造了18世纪以来西方百科全书的编纂思想与体例。[②] 弗兰克·卡夫克（Frank A. Kafker）和杰夫·洛夫兰（Jeff Loveland）则聚焦于《不列颠百科全书》的早期发展史，对《不列颠百科全书》（Encyclopaedia Britannica）和法国《百科全书》（Encyclopédie）之间的差异进行了比较，认为苏格兰启蒙运动的独特背景，是塑造近代英国百科全书思想特色的最重要因素之一。[③]

国内学术界对近代英国百科全书的研究相对较少，相反其关注点主要集中于启蒙运动背景下的法国《百科全书》。[④] 程磊、金常政均对《不列颠百科全书》等近代英国百科全书的编纂发展史进行系统梳理，分析它们与当时的社会文化背景之间的关系。[⑤] 总体而言，对近代英国百科全书编纂史的研究，在一定程度上拓展了百科全书研究的深度和广度，关注到了这些百科全书所处的时代与思想背景，但对近代英国百科全书的编纂在整个西方百科全书发展史中的重要地位，没有给予充分的认识。没有将近代英国百科全书的编纂

---

① Richard Yeo, *Encyclopaedic Visions: Scientific Dictionaries and Enlightenment Culture*, Cambridge: Cambridge University Press, 2001.

② Terence M. Russell, *The Encyclopaedic Dictionary in the Eighteenth Century: Architecture, Arts and Crafts*, London: Ashgate Scholar, 1997.

③ Frank A. Kafker and Jeff Loveland, *The Early Britannica: The Growth of an Outstanding Encyclopedia*, Oxford: Voltaire Foundation, 2009.

④ 张正军：《18世纪法国"百科全书派"的社会历史观评述》，《西北大学学报》（哲学社会科学版）1989年第4期；朱伟明：《理性旗帜下的关注：论18世纪法国〈百科全书〉对中国的阐释》，华东师范大学硕士学位论文，2008年。

⑤ 程磊：《〈英国百科全书〉史》，《图书情报知识》1986年第4期；常政：《〈不列颠百科全书〉编辑史话》（上、中、下），《辞书研究》1981年第2—4期。

作为一个具有独特风格和思想体系的流派进行整体性的研究和评价。有鉴于此，本文试图在已有成果的基础上，对近代英国百科全书编纂史的重要发展阶段，即 17 至 18 世纪初英国百科全书的编纂创新及其影响进行探究，进一步揭示这一时期英国百科全书的编纂工作，在近代西方百科全书发展与转型的整体进程中的重要作用和意义。

一、弗朗西斯·培根与英国百科全书的思想创新

培根是近代英国著名的经验主义哲学家，也是近代西方实验科学的先驱者。他有句名言叫做"知识就是力量"。培根认为知识的尊严蕴藏在上帝的品德和行为之中，上帝的知识都是本原，支配知识就是支配人的理智、信仰和理解。① 他认为上帝创造万物，凭借的是法则、法令或计划，因而他指出，上帝自始至终所做的一切，便是自然法则的至高无上的作用。② 所以，自然法则就是成为知识的原型。因此他认为人只能做自然的仆人和解读者，他所做的和所知的只是他已经观察到的自然秩序在行为和思想上的反映。③

因而培根要做的第一件事就是要改造西方传统的自然哲学。他认为过去的自然哲学充满了人对于自然的"冒测"，即从感官和特殊性的东西直接飞越到最普遍的原理，其真理性即被视为已定而不可动摇，而由这些原则进而去判断，进而去发现一些中级的公理。④ 他认为这种方法对于获取自然法则和上帝的真理是无益的，反而导致人对于事物的种种无知，知识的拓展停滞不前。⑤ 只有建立在牢固的实验的自然历史基础之上的哲学才是具有根基的哲学。也只有通过实验的途径获取的知识，才是真正能够展现上帝法则的知识。⑥

《伟大的复兴》正是培根为了改造自然哲学，破除自古典时代以来，西

① ［英］弗朗西斯·培根：《学术的进展》，刘运同译，上海人民出版社 2007 年版，第 50 页。
② 同上书，第 5 页。
③ ［英］弗朗西斯·培根：《〈伟大的复兴〉导言、献函、序言及概要》，转引自［英］卡克斯顿等著：《名著之前言与序言》，罗涌洁等译，北京理工大学出版社 2014 年版，第 115 页。
④ ［英］弗朗西斯·培根：《新工具论》，许宝骙译，商务印书馆 1986 年版，第 12 页。
⑤⑥ ［英］弗朗西斯·培根：《〈伟大的复兴〉导言、献函、序言及概要》，转引自［英］卡克斯顿等著：《名著之前言与序言》，罗涌洁等译，北京理工大学出版社 2014 年版，第 100 页。

方知识生产中的各种谬误、迷信和权威而设计的一部关于其新哲学思想的大百科全书。为人类的理智开辟一条不同于以往的道路，并提供一些别的帮助使心灵在认识事物的本质方面发挥其本来具有的权威作用，是培根编写这部著作的首要目标。[①] 他认为人不能驾驭自然，只能服从她的号令，因此应当将注意力集中在自然的事实上，如实地反映它们的形象，因为上帝不允许我们宣扬我们在梦里臆造的那个世界。[②] 只有从感觉出发，依靠以坚实的实验和归纳法为基础，才能发现真正的真理。按照他的规划，这部百科全书将由6个部分组成，分别是：

1. 科学知识的分类

2. 新工具论

3. 作为哲学基础的自然与实验的历史

4. 理解力的阶梯（对于新工具论中新科学方法的实际应用）

5. 新哲学的预测（那些未被新方法所证明的有用的结论或公理）

6. 新哲学（由新方法所证明的关于自然法则的真正的真理）[③]

但遗憾的是，培根在其生前并没能完成这部关于新哲学的百科全书。而他的《学术的进展》《新工具论》和《木林集》[④] 等3部著作，实际上就是这部百科全书的前3个部分。

《伟大的复兴》的第一部分是总结或大体描述人类知识的现状，展示各个科学门类的分类，并改变其布局和分类方式。在《学术的进展》中，培根依据人类的3种理解能力，将知识分为3类，即历史对应记忆，诗歌对应想象，哲学对应理智。[⑤] 他是从经验主义出发来进行这一划分的，主张从感官和经验出发，逐渐循级上升到自然秩序中先在的知识。作为"伟大复兴"的开端，《学术的进展》在近代西方思想史中有着十分重要的地位，它的知识

① ［英］弗朗西斯·培根：《〈伟大的复兴〉导言、献函、序言及概要》，转引自［英］卡克斯顿等著：《名著之前言与序言》，罗涌洁等译，北京理工大学出版社2014年版，第100页。

② 同上书，第115页。

③ Jerry Weinberger ed., *Francis Bacon: New Atlantis and the Great Instauration*, Hoboken: Wiley-Blackwell, 1991, p.19.

④ Francis Bacon, *Sylva Sylvarum: Or, a Natural History in Ten Centuries*, London: Printed for William Lee, 1658.

⑤ ［英］弗朗西斯·培根：《学术的进展》，刘运同译，上海人民出版社2007年版，第64页。

分类体系奠定了近代西方知识分类体系的基础，同时它也为近代英国乃至西方的百科全书的编纂工作，提供了知识分类的蓝图。法国思想家狄德罗（Denis Diderot）等人编纂的《百科全书》正是应用了培根在《学术的进展》中提出的这一知识分类法。

《伟大的复兴》的第二部分是有关如何更好、更完美地利用人的感官来探究和理解事物的真正用途。《新工具论》就是阐述培根新科学方法的代表作。在《新工具论》中，培根提出，人作为自然界的仆人和解释者，他所能做、所能懂的只是如他在事实中或思想中对自然进程所已观察到的那样多。而过去所流行的逻辑推演，与其说是帮助着追求真理，毋宁说是帮助着把建筑在流行概念上面的许多错误固定下来并巩固起来。①因此培根描绘了他实现"伟大的复兴"目标的新方法：首先是备妥一部自然和实验的历史，其次按照某种秩序将这一历史加以整列，制成表序，最后运用真正的归纳法，对自然加以解释，从而达到真正的自然法则。②这一理念也构建了之后西方百科全书编纂的思想蓝图。

《伟大的复兴》的第三部分是编纂一部以新的原则为基础的自然和实验的历史。培根认为一部完善的自然和实验的历史，是其"伟大的复兴"计划的基础，没有它哲学和自然科学仍然是无所依托的浮萍。③《木林集》可以被看作是编纂《伟大的复兴》第三部分所需材料的一个汇编，它的全称是《木林集或十个世纪的自然史》。它以"Century"为划分依据，将全书分为10个章节。但实际上，该书的编排体例并非以时间为线索，而仅仅是各种实验历史和自然历史的汇编，它是一部尚未完成的作品，是培根为了实现其编纂一部新的自然和实验的历史的目标而编写的一个原料集。④不过培根把他最后的岁月都献给了《木林集》，正是在搜集冷冻实验的相关材料的过程中，培根不幸染上了重病而去世。⑤

① ［英］弗朗西斯·培根：《新工具论》，许宝骙译，商务印书馆1986年版，第5—10页。
② 同上书，第117页。
③ ［英］弗朗西斯·培根：《〈伟大的复兴〉导言、献函、序言及概要》，转引自［英］卡克斯顿等著：《名著之前言与序言》，罗涌洁等译，北京理工大学出版社2014年版，第99—100页。
④ Robert Collison, *Encyclopaedias: Their History Throughout the Ages*, New York: Hafner Publishing Company, 1966, p.84.
⑤ 余丽嫦：《培根及其哲学》，人民出版社1987年版，第93页。

培根的哲学思想是建立在对西方古典哲学和经院哲学批判的基础上的，他反对旧有的逻辑推演和思辨，主张以科学实验和循序渐进的归纳法为学术探索和知识拓展的基础。他的这一理念奠定了近代英国经验主义哲学传统的基础，而他的知识分类体系和百科全书的编纂思路也为近代英国，以及欧洲其他国家的百科全书编纂工作提供了一幅思想的蓝图。总体而言，培根的编纂思想，主要为日后英国的百科全书编纂奠定两个方面的基础。一是经验主义的传统趋向，二是知识实用性和实践主义的叙述风格，他主张经验和实验的知识也应当是具有实用性的知识。

正是受培根思想的影响，17世纪中期英国思想界开始出现一种纠正人们在日常生活中广泛接受的一系列常见错误（vulgar errors）的思潮。由英国博学家托马斯·布朗爵士编纂的《流行的伪知识》便是这一时期英国出现的第一部关于错误知识证伪的百科全书。该书第一版出版于1646年，随后又于1650年、1658年、1669年和1672年多次再版，并在法国、荷兰等欧洲大陆国家广泛传播。可以说是当时西方最流行的百科全书之一。[1] 布朗以培根的经验主义哲学思想为基础，对当时流行的几百个常见的错误知识进行了纠正。其内容涉及：矿物学、生物学、解剖学、绘画、地理学、天文学、历史学和神学等诸多领域。读书共有七卷，分别是：

第一卷：《常见错误知识出现的主要根源》；第二卷：《与矿物和植物有关的常见错误》；第三卷：《与动物有关的常见错误》；第四卷：《与人有关的常见错误》；第五卷：《绘画中的常见错误》；第六卷：《与宇宙、地理和历史有关的常见错误》；第七卷：《与圣经有关的常见错误》。[2]

布朗指出，本书的任务就是要确保知识的正确性，通过纠正人们观念中的常见错误，进而扩大人类的知识范围，提升人类的理解力。[3] 他认为人类的知识源自于上帝，因此知识之环就如同天堂轮回一样伟大而神圣。而为了获取这一知识之环，主要通过两种途径，一是我们日常生活中所经历的过

---

① Reid Barbour and Claire Preston ed., *Sir Thomas Browne: The World Proposed*, Oxford: Oxford University Press, 2008, p.169.

② 参见 Simon Wilkin ed., *The Works of Sir Thomas Browne*, Vol.I, London: George Bell and Sons, 1890。

③ Achsah Guibbory, "Sir Thomas Browne's Pseudodoxia Epidemica and the Circle of Knowledge", *Texas Studies in Literature and Language*, Vol.18, No.3 (1976), pp.486—499.

程，二是自然界缓慢而普遍的过程。只有同时经历这两个过程，我们才能够真正获取正确的知识。[1] 布朗指的两个过程其实就是感觉经验的过程和理性逻辑的过程，他认为感性和理性是人获取正确知识的两个重要基础。

在《流行的伪知识》中，布朗认为辨别知识真伪主要依靠三个途径，即：权威、理性和感觉。[2] 也就是说，布朗认为获取正确的知识，不能仅依靠感性经验，也要依靠理性的演绎。他的这种思想或许同其早年的学术经历有密切的关系。布朗出生于伦敦，青年时期在爱丁堡、牛津等地学习医学和文学，之后又去法国、荷兰和意大利等欧洲大陆国家游历求学。[3] 丰富的学习经历使他能够同时汲取苏格兰、英格兰和欧洲大陆等地优秀思想家们的理论成果，也使他能看到不同思想流派各自的不足之处，从而使其在经验主义和理性主义之间选择了一种折衷主义的方式，来实现其对真理性知识的追寻。

在《流行的伪知识》第一部分中，布朗首先探究了常见错误出现的原因。他将常见错误产生的根源归咎于人类天性的共同弱点，而这种弱点最早来源于亚当和夏娃。[4] 他主张彻底消除错误知识是不可能的，由于人类天性的弱点，错误的知识仍将不断地产生。[5] 或是正是从这一观点出发，布朗并没有完全赞同培根将感觉作为获取科学知识的首要途径，因为人的感官经验是有缺陷的。因此，对权威、理性和感觉的综合运用，就成为其在《流行的伪知识》后六卷中论述的一般模式。

《流行的伪知识》第二卷至第四卷，布朗主要对同自然界与人相关的一系列流行的错误知识进行证伪，其实质就是一部关于自然世界的百科全书。如在对"水晶是由冰构成的"这一古老的错误知识的证伪中，布朗首先寻求于权威，他列举历史上许多著名学者和博物学家对于这一问题的观点。之后

---

① Simon Wilkin ed., *The Works of Sir Thomas Browne*, Vol.I, London: George Bell and Sons, 1890, "To The Reader".

② Ibid., p.245.

③ Hugh Aldersey-Williams, *In Search of Sir Thomas Browne: The Life and Afterlife of the Seventeenth Century's Most Inquiring Mind*, New York: W. W. Norton, 2015, p.29.

④ Simon Wilkin ed., *The Works of Sir Thomas Browne*, Vol.I, London: George Bell and Sons, 1890, pp.8—9.

⑤ Achsah Guibbory, "Sir Thomas Browne's Pseudodoxia Epidemica and the Circle of Knowledge", Texas Studies in Literature and Language, Vol.18, No.3 (1976), pp.486—499.

他又求助于理性，他指出如果水晶是由冰构成的话，那么它必然只能存在于极低的温度下，因为常温下水是不会结冰的。布朗继而又寻求感性经验的帮助，他列举了自己观察实验的结果。他发现水晶在常温下并不会融化，并且它还能存在于一些水和冰均不能存在的地方，这说明水晶的存在并不依赖于水或冰。此外，他观察到有些水晶内部并不是透明的，这也与冰的特点不同。因此他认为水晶本质上是一种类似于宝石的矿物，而不是冰。最后布朗还分析了这一错误知识产生的具体原因，他认为主要有两个方面的原因：一是人感官的错觉，认为水晶与冰相似；二是语言上的雷同，他发现在古希腊语中，人们常常用"Crystallus"来同时表示水晶和冰。①

通过对"水晶是由冰构成的"这一错误知识的论证，布朗充分展现了他的经验主义哲学。与培根不同，他首先求助于权威，进而运用理性逻辑，最后通过观察与实验加以佐证。这种对权威、理性和感性的综合运用，为其论证的知识奠定了科学性的基础。可以说在吸收欧洲大陆理性主义思想的基础上，布朗比培根更前进了一步。他并没有单纯依靠观察和实验等感性经验来辨别知识的真伪，也没有轻易地否定理性逻辑和权威的作用，而是力求达到三者的一致统一，以确保知识的正确性。当然，在遇到观察或者实验的结论，与权威和理性发生冲突时，布朗都会毫不犹豫地选择感性经验的结果。这也表明，在权威、理性和感性三者之中，他还是倾向于第三者的。②

《流行的伪知识》的出现，既是布朗自身学术经历的结果，也是时代的产物，是以培根思想为代表的经验主义哲学在英国传播的直接反映。对知识的正确性和科学性的追求，成为这一时期英国百科全书编纂中的一个重要特点。由于感觉成为获取知识的出发点，感官和实验的经验才是具有科学基础的知识，所以那些不符合感性经验的知识都是错误的、无用的。知识的实用性和正确性成为近代百科全书编纂者们首先要保证的东西。因而过去的西方百科全书中所记录的那些隐秘的、深奥的知识逐渐成为公开的和实用的知识。而《流行的伪知识》并非为学术界和教会的精英所写，它的目标是那些

---

① Simon Wilkin ed., *The Works of Sir Thomas Browne*, Vol.I, London: George Bell and Sons, 1890, pp.94—111.

② Ibid., p.219, p.408.

广大的，对知识具有好奇心，具有一定阅读能力和识字基础的普通大众。[1]
这一群体也是近代以来，英国社会经济变迁的产物，是 17 世纪中叶以来，
英国内战与革命所造就的新地主和新贵族。他们成为了知识的受众，百科全
书的主要阅读者。而布朗的《流行的伪知识》在当时英国的广泛传播也反映
了经验主义哲学思想与英国新社会阶层的某种契合度，两者共同塑造和影响
了近代英国的百科全书著述传统。

二、约翰·洛克与英国百科全书的体例创新

培根的科学思想提升了人们对于知识正确性和实用性的追求。因此，对
于实用性（useful）知识的探求，逐渐成为了近代英国百科全书编纂中的一
个重要特点。17 世纪后期，英国陆续开始出现一些科学词典，它们的主要目
的是解释一些科学词汇在相关学科中的含义以及应用方式。这些词典可以被
视为现代意义上的"百科全书"的某种原型，这也反映了近代英国科学革命
的一种风尚。[2] 同时，这一时期也出现了另一种形式的百科全书，即公开出
版的札记书（commonplace book），或者译为"摘录簿"。[3] 札记书是西方文
化中一种十分古老的著述形式，它主要是学者为了今后的写作需要，对一定
范围内，其认为有价值的信息、语句或者知识的抄录和汇总。在文艺复兴时
期，这一著述形式最为流行，其对于推进知识的记录、传播和发展也发挥了
重要的作用。[4]

通常而言，札记书也分为两种类型，即手抄札记书和印刷札记书。手抄
札记书一般是私人使用的，仅在极小的范围内流通。而印刷札记书则更多是
用于出版发行的。[5] 由于印刷札记书同科学词典一样，实质都是对一定范围

---

[1]　Claire Preston, *Thomas Browne and the Writing of Early Modern Science*, Cambridge: Cambridge University Press, 2005, p.89.

[2]　David Layton, "Diction and Dictionaries in the Diffusion of Scientific Knowledge: An Aspect of the History of the Popularization of Science in Great Britain", *The British Journal for the History of Science*, Vol.2, No.3 (1965), pp.221—234.

[3][5]　郝田虎：《文艺复兴时期的札记书》，《清华大学学报》（哲学社会科学版）2013 年第 4 期。

[4]　Alan Walker, "Indexing Commonplace Books: John Locke's Method", *The Indexer*, Vol.22, No.3 (2001), pp.114—118.

内知识的存储，所以它在某种程度上，也具有百科全书的性质。可以说，这一时期出现的科学词典和广泛流行的印刷札记书是百科全书概念由传统迈向现代的重要过渡环节。在近代以前的西方，百科全书主要被认为是精英教育的教科书，直到 15 世纪末这一情况才发生了改变。[①] 随着西方进入文艺复兴时代，人们对于知识属性的看法也发生了变化，而近代科学思想和经验主义哲学也推动了百科全书概念的转换，科学词典和印刷札记书正是一种转换的体现。它们被广泛认为是这一时期的百科全书，而其主要目的不再是精英教育的教科书，而是储存知识的宝库，现代意义上的百科全书概念正在慢慢形成。

　　一般来说，17 世纪后半期的科学词典和印刷札记书主要有几种形式的编纂方式。科学词典一般都采用按字母顺序编排词条的方式进行编纂。而印刷札记书则既有按照知识体系进行系统编纂的，也有按照字母顺序进行编纂的。[②] 而近代以前的西方百科全书，则多数都是按照知识的分类系统进行编纂的。这是由于，之前的西方百科全书通常被认为是精英教育的教科书，因此以知识体系的方式进行编排，更有利于使用者对于知识之树的整体性把握。而近代以来，特别是随着社会经济的变迁和印刷技术的发展，获取知识不再是少数精英们的特权，对于知识的渴求成为更广大社会阶层的权利。因此为了适应更多读者的需要，加强知识获取的便利性就成了这一时期百科全书编纂工作的新目标。而以字母顺序的方式对知识进行编排，显然更有利于那些对于知识体系缺乏系统认识的读者，快速地获取某个方面的知识。同时，以字母顺序为体例，也有利于新知识的加入，而不必为此对整个知识体系进行修改，这也适应了近代科学知识快速发展、更新的需要。[③] 也有学者认为以字母顺序的方式编排百科全书，从某种程度上说也体现了不同知识间的平等性，而非像以往的以知识系统方式编排一样，存在着不同知识间的高

①　Daniel E. Harris-McCoy, *Varieties of Encyclopedism in the Early Roman Empire: Vitruvius, Pliny the Elder, Artemidorus*, Ph. D. Dissertation, University of Pennsylvania, 2008, p.4.

②　Michael Stolberg, "John Locke's 'New Method of Making Common-Place-Books': Tradition, Innovation and Epistemic Effects", *Early Science and Medicine*, Vol.19, No.5 (2014), pp.448—470.

③　Richard Yeo, *Encyclopaedic Visions: Scientific Dictionaries and Enlightenment Culture*, Cambridge: Cambridge University Press, 2001, p.24.

低之分，这反映了某种启蒙精神的酝酿。[1]

1687 年，英国哲学家约翰·洛克出版了一本名为《编纂札记书的一种新方法》[2] 的小册子。在其中，他提出了一种编纂札记书的新方式。洛克认为以往的札记书编纂方式，无论是按照某种知识体系，还是按照字母顺序来编排，对于获取知识的便利性而言都存在着一定的问题。因此，他根据自己二十多年的经验，创造了一种新的编纂方式，就是索引目录和字母顺序编排相结合的方式。[3] 其具体方法是：在札记书的开篇，首先制定一个依照字母顺序编排的表格。共包括 A—Z 中的 20 个主要字母。而每个字母下又分出 5 个小格，分别为 a、e、i、o、u 5 个元音。这样就创造了一个拥有 100 个空格的索引目录。而在记录相关词条时，再根据词条的首字母，以及除首字母外的第一个元音将词条归类到索引目录中。如词条 "Epistle"，根据其首字母和元音顺序，应当将其归入索引目录中的 "E，i" 格。那么就将词条 "Epistle" 所处页的页码填入 "E，I" 格。如果 "E，I" 格中已经存在有词条页码，那么就将词条 "Epistle" 填入对应词条所在页码之后的空白页。通过这种方式，洛克对知识进行了归类，他认为这是最便于查找知识的方式。[4] 洛克的这种新方法其实就是一种原始的分类索引法，它以获取知识的便利性为导向，这反映了 17 世纪后期人们获取知识的热情的一种上升趋势。而他所提出的这种编纂札记书的新方法，也为之后英国的百科全书编纂开创了新的体例。

18 世纪初，英国人约翰·哈里斯（John Harris）编纂的《技术词典》[5]，以及伊弗雷姆·钱伯斯（Ephraim Chambers）编纂的《百科全书》[6]，一般也被称为《钱伯斯百科全书》，正是借鉴和发展了洛克提出的分类索引法。它们成为 18 世纪前半期，英国最畅销的百科全书。而这两部著作同时也是西

---

[1] Richard Yeo, *Encyclopaedic Visions: Scientific Dictionaries and Enlightenment Culture*, Cambridge: Cambridge University Press, 2001, p.25.

[2] John Locke, *A New Method of Making Common-Place-Books*, London: Printed for J. Greenwood, 1706.

[3] Ibid., pp.2—3.

[4] Ibid., pp.4—7.

[5] John Harris, *Lexicon Technicum: Or, an Universal English Dictionary of Arts and Sciences*, London: Printed for Dan. Brown, 1710.

[6] E. Chambers, *Cyclopædia: Or, an Universal Dictionary of Arts and Sciences*, London: Printed for W. Innys, 1750.

方百科全书发展史中，第一批具有现代气质和编纂体例的百科全书。它们不仅引领了18、19世纪英国的百科全书编纂方式，也极大影响和改变了欧洲其他国家的百科全书编纂面貌。

哈里斯编纂的《技术词典》，其与以往的科学词典的不同之处在于，它不仅对相关词汇本身进行了解释，更对词汇背后所包含的知识本身进行了深入的解释。① 哈里斯编纂这部书的目的，就是要提供真正的知识，他认为过去编纂的科学词典，仅仅对词汇本身进行解释是不够的，无法提供实用的和正确的知识，而他的目标就是要编纂一本真正具有应用价值的百科全书。② 该书共分为两卷，分别于1708年和1710年出版。哈里斯早年曾在牛津大学和剑桥大学求学，1696年他加入英国皇家学会，与牛顿等自然科学家有过密切的接触。而牛顿不仅是哈里斯编纂百科全书的赞助人，更为他的百科全书贡献了许多内容。③ 因此，他的这套百科全书收录了大量的数学知识，以及英国自然科学领域的最新成果，哈里斯甚至称此为"小型数学图书馆"。④ 而除了数学知识之外，哈里斯的这部百科全书也包括其他领域的知识，如：航海、射击、医学、自然哲学、植物学、解剖学、文学、历史、建筑等。哈里斯将所有知识按字母顺序编排的方式进行编纂，因此该书也被认为是第一部综合性的，按照字母顺序编排的英文百科全书，也是18世纪上半叶英国最畅销的百科全书之一。其自出版后多次再版，1736年发行了两卷合集的第五版，1744年又出版了该书的增补本。⑤

在书中，哈里斯借鉴了洛克的编纂分类法。其在第二卷的末尾增加了一个按字母顺序编排的包含两卷中收录的所有词条的索引目录，从而增强了读者查找书中相关知识的便利性。⑥ 哈里斯在改进以往科学词典，注重知识的实用性的同时，又应用了洛克的编纂方式来增加获取知识的便利性，他的这部《技术词典》与以往的英国百科全书有着质的区别。而它的出现也改变了

①②⑥　John Harris, *Lexicon Technicum: Or, an Universal Dictionary of Arts and Sciences*, Vol.I, London: Printed for Dan. Brown, 1710, "The Preface".

③⑤　Robert Collison, *Encyclopaedias: Their History Throughout the Ages*, New York: Hafner Publishing Company, 1966, p.99.

④　John Harris, *Lexicon Technicum: Or, an Universal English Dictionary of Arts and Sciences*, Vol.II, London: Printed for Dan. Brown, 1710, "The Introduction".

过去英国学术界只能翻译法国等欧洲大陆国家的百科全书的状况，使英国百科全书的编纂一下子走到了欧洲的前列。自此以后，越来越多的欧洲大陆国家开始翻译英国的百科全书。[①] 而哈里斯本人也因为编纂该书的成就，于1710 年成为了英国皇家学会的秘书长。[②]

而《钱伯斯百科全书》则成书于 1728 年，共两卷。其一经出版就受到读者的热烈欢迎，于 1738 年、1739 年、1741 年、1746 年、1751 年、1778 年、1781 年等多次再版。[③] 它和哈里斯《技术词典》一道，成为 17 世纪英国最畅销的百科全书，并且在 17 世纪前期一直处于统治地位，没有其他任何百科全书可以与之相较。[④] 钱伯斯认为，无论是哈里斯的《技术词典》还是以往的科学词典，它们的共同缺点是没有一个完整的知识结构和分类体系。按照字母顺序来编排知识，虽然为获取知识提供了便利，但也使读者很难从整体上把握和理解具体的知识。他认为一部优秀的百科全书应当是一部有连续性的著述，而不是分裂的。[⑤] 他认为编纂百科全书主要有两种形式，一是系统式编排，而是词典式编排，但两者各有优劣，而最好的方法就是将两者结合起来。[⑥] 因此，他借鉴并发展了洛克的编纂方法，采取了一种交叉索引法（cross-references），在以字母顺序编排具体词条的同时，又将各个词条通过交叉索引联系在一起，形成了一个完整的知识结构。[⑦] 钱伯斯首先根据培根的知识分类方法绘制了一幅知识结构图。他借鉴了培根的思想，将知识分为三类：感性的知识、想象的知识和理性的知识。而在具体的分类过程中，他又将想象的知识拆分到感性的知识和理性的知识之中。

钱伯斯在其中具体分出了 47 大类的学科知识，如：气象学、矿物

① Robert Collison, *Encyclopaedias: Their History Throughout the Ages*, New York: Hafner Publishing Company, 1966, p.99.

②④ Richard Yeo, *Encyclopaedic Visions: Scientific Dictionaries and Enlightenment Culture*, Cambridge: Cambridge University Press, 2001, p.13.

③ Robert Collison, *Encyclopaedias: Their History Throughout the Ages*, New York: Hafner Publishing Company, 1966, pp.103—104.

⑤⑥ E. Chambers, *Cyclopædia: Or, An Universal Dictionary of Arts and Sciences*, Vol.I, London: Printed for W. Innys, 1750, "The Preface".

⑦ Robert Collison, *Encyclopaedias: Their History Throughout the Ages*, New York: Hafner Publishing Company, 1966, p.103.

学、自然哲学、建筑学、医学等。^①他的这一知识结构其实就相当于洛克编纂方法中的索引目录。而他在按照字母顺序编纂具体词条时，通常会将词条指向这47大类学科中的一类或几类，以引导读者去检索其他相应的词条。如词条"FIELD"，他写道："在农业学中，一块封闭的土地，适合耕种，种植玉米等作物。"而如果读者想要了解更多的知识，就必须查看"AGRICULTURE"这一词条。^②又如词条"LARCENY"，钱伯斯写道："在法学中，是一种偷盗他人财产或随身财物的行为。也可参见词条'THEFT'。"如果读者想进一步了解有关知识，就可以查阅词条"LAW"。^③钱伯斯正是通过这样一种交叉索引的方式，将某个孤立的词条和相应的学科联系起来，又通过他的知识结构，将相关学科融合成一个整体，从而使读者在了解具体知识的同时，也清楚了这些知识在整个知识体系中所属的位置。而钱伯斯在编写具体词条时也有意识地对与47大类学科直接对应的词条，进行了更为详尽和细致的编写，从而最大程度地发挥交叉索引法的作用，他的这种编纂体例也为之后的西方百科全书编纂者广泛借鉴。因此，有学者认为钱伯斯是现代百科全书之父。^④而钱伯斯也因为这一巨大功绩，于1729年被选为英国皇家学会的成员，这无疑是对其编纂工作的一种巨大肯定。^⑤

在哈里斯和钱伯斯的时代，英国的政治形势日趋稳定，社会经济快速发展，也逐步进入一个文化上的繁荣期。这一时期英国公众的阅读热情上升，图书市场一片繁荣，越来越多的书籍走进普通人的阅读世界。同时受到近代科学观念的影响，英国人对于知识科学性、实用性和正确性的要求也进一步提高，这一切都为新的百科全书的出现提供了有利的条件。正是在哈里斯和钱伯斯等英国编纂者的努力下，西方百科全书开启了由古典向现代的转型，其具体表现有：以科学实验作为评判知识正确性的标准；收录的知识更加广

---

① E. Chambers, *Cyclopædia: Or, An Universal Dictionary of Arts and Sciences*, Vol.I, London: Printed for W. Innys, 1750, "The Preface".

② Ibid., "FIELD".

③ Ibid., "LARCENY".

④ Robert Collison, *Encyclopaedias: Their History Throughout the Ages*, New York: Hafner Publishing Company, 1966, p.103.

⑤ Richard Yeo, "Ephraim Chambers's Cyclopaedia (1728) and the Tradition of Commonplaces", *Journal of the History of Ideas*, Vol.57, No.1 (1996), pp.157—175.

泛；更加强调知识的实用性，以及获取知识的便利性；编纂体例更加科学合理，采取系统编排和按字母顺序编排相结合的方式。这一切都是由英国的编纂者率先完成的。这不仅得益于英国良好的社会环境，更得益于近代英国百科全书编纂思想的不断演进。自此以后，越来越多的欧洲大陆国家开始翻译英国百科全书和效仿英国的百科全书编纂方式，从而推动近代西方百科全书编纂事业的发展。要知道，法国思想家狄德罗等人编纂的《百科全书》最开始时，目标就是要翻译和扩展《钱伯斯百科全书》。① 可以说，哈里斯和钱伯斯的百科全书共同开创了近代英国百科全书编纂的黄金时代。

三、近代早期英国百科全书编纂的特点与影响

18 世纪西方进入了一个百科全书编纂的繁盛期，有超过 50 种综合性百科全书在英国、法国、德国、瑞士、意大利等国出版，它们的编纂体例大都受《技术词典》和《钱伯斯百科全书》的影响，普遍采用按字母顺序编排词条的方式，并借鉴洛克的分类索引法。② 狄德罗等人编纂的《百科全书》便直接翻译和借鉴《钱伯斯百科全书》的内容和体例，并根据培根的知识分类法对其知识体系进行划分，成为 18 世纪欧洲最具影响力的百科全书之一。而这一切的基础，都是由 17—18 世纪初的英国思想家和百科全书编纂者奠定的。

经验主义哲学思想和近代自然科学的发展，为这一时期英国的百科全书编纂树立了风向标。从培根的编纂思想开始，追求知识的实用性、正确性和科学性就成了英国百科全书编纂的首要目标。培根主张从感觉出发，将实验的知识作为其《伟大的复兴》的地基。他强调知识的实用性和正确性，并认为真正的知识应是被实验所验证过的知识。托马斯·布朗的《流行的伪知识》正是第一部将培根的思想付诸实践的百科全书。布朗以纠正日常生活中的常见错误为途径，进一步发展了培根主张的对知识实用性、正确性的追

---

① Richard Yeo, *Encyclopaedic Visions: Scientific Dictionaries and Enlightenment Culture*, Cambridge: Cambridge University Press, 2001, p.125.

② Frank A. Kafker and Jeff Loveland, *The Early Britannica: The Growth of an Outstanding Encyclopedia*, Oxford: Voltaire Foundation, 2009, p.1.

求，力图将过去那些隐秘和深奥的知识，转化为实用的和公开的知识，促进科学知识在社会中的传播。哈里斯和钱伯斯的百科全书，无一例外也都将经验主义和科学实验作为他们编纂百科全书的思想基础，同时为了进一步追求知识的实用性，又对百科全书的编纂体例与结构进行创新和调整，使普通读者获取知识的便利性得到前所未有的提高。而在这其中，洛克所提出的一种新的分类索引法，发挥了巨大的作用。

从西方百科全书发展史的角度来看，17—18世纪初英国百科全书的发展，对于西方百科全书在编纂内容、方式、体例和知识结构等方面的创新和进步，也起到了十分重要的作用。这一时期正是西方百科全书编纂由古典转向现代的一个重要分水岭，而正是通过培根、洛克、托马斯·布朗、约翰·哈里斯和伊弗雷姆·钱伯斯等英国思想家和百科全书编纂者的实践工作与创新尝试，西方百科全书的现代形态开始形成，西方百科全书的编纂进入一个科学化和专业化的新时代。从这个意义上说，17—18世纪初英国百科全书的编纂实践，在整个西方百科全书发展史中也具有极其重要的地位。在某种程度上，这一时期英国百科全书的编纂实践与创新尝试，实则是为西方百科全书编纂的现代化，奠定了思想和体例方面的基础。

英国环境史研究

暗夜保护：关于英格兰乡村保护运动推动英国光污染治理的探究

周　俊　王艳芬*

较为常见的历史叙述中，在欧洲的中世纪，暗夜通常作为一种环境与氛围，与"女巫""教会"和"神秘"等字眼联系在一起，渲染文本氛围，用以描述彼时人们的生活。到了工业革命以后，有关暗夜的描述则多集中在经济领域，讲述了资本主义的生产活动对人们夜间生活的侵扰——夜工成为常态。[①] 进入 20 世纪，尤其是 20 世纪末期，环境史越来越受到重视，暗夜保护作为环保运动中的一部分逐渐进入人们的视野。这种保护是以反对过分工业化和光污染、提倡回归自然、保护纯净的黑夜与原始的星空为宗旨的。英国，尤其是英格兰地区，是暗夜保护理念的发源地。1926 年 10 月 7日，英国乡土保护委员会宣告成立。2003 年，英国乡土保护委员会更名为"Campaign to Protect Rural England"（CPRE），即"英格兰乡村保护运动"，以强调其全民运动和综合领域的属性。如今，CPRE 的工作已涉及航空、气候变化与能源、地区宁静程度、暗夜、高压输电塔、农业和绿隔等十多个方面。该组织颇具前瞻性地将光污染很早地纳入治理范围。目前来看，国内对CPRE 治理光污染的研究这一领域尚处于较浅的阶段。CPRE 从整体的国民

---

* 周俊，苏州科技大学世界史硕士研究生。王艳芬，苏州科技大学社会发展与公共管理学院教授。
① 钱乘旦：《英国通史》，江苏人民出版社 2016 年版；［美］乔纳森·克拉里：《24/7：晚期资本主义与睡眠的终结》，许多、沈清译，中信出版社 2015 年版；M. A. Bienefeld, *Working Hours in British Industry: An Economic History*, London: Weidenfeld & Nicolson, 1972; Hans-Joachim Voth, "Time and Work in Eighteenth-Century London", *The Journal of Economic History*, Vol.58, No.1 (1998), pp.29—58。

宣传教育、与当地议会的合作以及影响竞选等方面入手，竭力宣传暗夜的重要性。本文将具体梳理和探讨 CPRE 是如何推动英国在光污染治理上作出改进的，以及目前英国还有那些存在的问题需要我们警惕，我们应该能从英国的处理措施中有所启发。

由于新文化史的流行，国内外对欧洲黑夜的研究逐渐增多。在这类著作中，有一部分是从文化与社会的角度展开描述英格兰与欧洲的黑夜史，时间跨度从中世纪直到现代，此类作品除了上文提及与"巫术"相关联的，还有涉及人们在黑夜受到光明侵扰后生活方式以及人们对黑夜负面印象的改变。①埃克奇（A. Roger Ekirch）就认为西方夜间生活方式的变化是由于科学理性颠覆了原有的世界观信仰。②不过这一类著作一般只涉及 20 世纪初期，到了 CPRE 成立与扩大的时间段，则涉猎较少。国内方面，2010 年以后由于国家对环境保护越来越重视，不少学者也将 CPRE 作为研究对象，探讨其运作模式。刘涛洋通过时间顺序梳理了 CPRE 的成立到目前的状况，讲述了该组织的架构与活动方式，对黑夜研究较少，但是为研究该组织提供了很好的思路。万涛将城市化与 CPRE 的运动相结合，阐述了我国目前的环境保护应该如何展开。袁帆则聚焦于 1926—1945 年间 CPRE "保护性治理"理念的发展，清晰地论证了战争对环境的破坏以及 CPRE 在英国自然环境保护史上承上启下的作用，这对我国促进城乡关系和谐发展有着重要的借鉴意义。

除了社会文化，从经济角度去剖析英国乃至欧洲的黑夜也是很重要的研究视角，此类著作者大多使用马克思主义唯物史观解读英国黑夜的变迁。③俞金尧认为，一方面，工业革命以来，尤其是照明的普及，让人们习以为常的黑夜发生翻天覆地的变化；另一方面，黑夜也是一种生产要素。夜晚工作成了资本剥削人民的重要方式之一。马克思认为：资本有无限的增殖欲望，要求 24 小时都占有劳动。所以，夜间劳动是资本主义生产的"内在要

---

① ［美］罗杰·埃克奇：《黑夜史》，路旦俊、赵奇译，湖南文艺出版社 2006 年版；Christopher R. Miller, *The Invention of Evening: Perception and Time in Romantic Poetry*, Cambridge: Cambridge University Press, 2009.

② ［美］罗杰·埃克奇：《黑夜史》，路旦俊、赵奇译，湖南文艺出版社 2006 年版，第 325 页。

③ 俞金尧：《资本扩张与近代欧洲的黑夜史》，《历史研究》2020 年第 4 期；［英］安东尼·吉登斯：《社会的构成：结构化理论纲要》，李康译，人民出版社 2016 年版，第 240 页。

求"。[①] 此类著作都是从较为宏观的层面看待资本主义与黑夜变迁的关系，但是在 20 世纪末，老牌资本主义国家对待黑夜的态度已经发生了改变，生产力的高度发展，使其已经不需要对工人进行进一步剥削，夜间正在重新回到人们自己手中。

最后，有不少学者从环境史的角度研究英国或者欧洲的黑夜。将 CPRE 纳入整个战后的环境保护运动中 [②]，这里面涉及二战后西方世界的各种社会思潮与民权运动，展示了在西方世界环保思想如何影响当地议会以及国家方针，如何从一个设想转向落地。

总的来说，由于环境史起步相对较晚，CPRE 在国内受到的关注度还远远不够。诸多著作只是将其作为研究的一个分支。但是，在西方世界，尤其是在英国，CPRE 是很具有代表性的组织，本文立足于议会文献以及 CPRE 设立的官网，不仅研究该组织的环保运动，也研究议会外的压力集团是如何影响英国的政党制度的。

一、暗夜对人与自然的调节

乡村是一个充满传统生活痕迹的区域，社会与经济的发展逐步侵蚀着乡村原有的面貌，而黑夜则是商业扩张染指最少的领域。千百年来我们对黑夜充满敬畏，在黑夜之中，我们与自己、与自然交流，欣赏银河的壮丽，对自己内心世界进行充分的认识，[③] 黑夜给了我们自省的机会。

（一）纯净的黑夜对人的健康大有裨益

在工业革命于欧洲全面展开之前，彼时的人们由于黑夜时间漫长，多数人会有一个晚上睡两觉的习惯，前一次被称为"第一觉"，大约在半夜睡醒以后喝点酒，吃点助消化的药，或者是回味一下之前做过的梦，接着再进入睡眠。对于我们人体的再生机制而言，夜间的睡眠不可或缺。我们在夜里睡觉，不仅仅是为了休息，也是为了第二天可以精力充沛地投入工作以及更好

---

① 《马克思恩格斯文集》第 5 卷，人民出版社 2009 年版，第 267—350 页。

② 刘涛洋：《英格兰乡村保护运动探究》，苏州科技大学硕士学位论文，2017 年。

③ ［美］罗杰·埃克奇：《黑夜史》，路旦俊、赵奇译，湖南文艺出版社 2006 年版，第 288 页。

地开展业余活动。更确切地说，我们睡眠，目的是保持健康，从而能安排并享受我们的生活。[①]

除此以外，纯净的夜晚也是人们观星、放松和自我创作的绝佳时间，夜晚具有一定的隐私性，是一个呈现真正自我的时间段，这也解释了为什么现代的人们越来越愿意熬夜，那可能是因为真正属于自己的成段的时间越来越少了。人类对星空的观测和由此创造的历法与导航，是相当悠久的文化成就。不知从何时起，人们就发现——荒漠地区的人们发现得更早——旱季和雨季都伴有特定的星辰运行现象。在中国可以体现在诗句"星汉灿烂，若出其里"中，在欧洲，可以体现在梵高的《星空》中，在没有悬挂日历的时代，星辰的运行就是一种信号，人们将肉眼可见的星辰绘成星图，以便辨认。观星也有助于确立节日与宗教礼仪，它们对于整个社会的团结具有重要作用。[②]

（二）暗夜维持了夜间生物生态稳定

所有生物都生活在昼夜更替的自然环境中，并进化出适应这种昼夜节律的生理和行为对策。对于夜行性动物而言，它们进化形成了昼伏夜出的"似昼夜节律"，这种内部的似昼夜节律又被称为"生物钟"，它与自然环境的昼夜变化相匹配，从而使动物得以生存繁衍。[③]诸多夜行性动物会在晚间采食、繁殖、捕食与反捕食等，夜晚动物可以保持正常的激素分泌和生理代谢活动。而夜间过亮的灯光则会影响趋光性昆虫的生活习性，不仅会导致数以亿计的昆虫死在路灯之下，也会诱使迁徙动物转向错误的方向，比如佛罗里达百万之多的小海龟就会因为光照而将陆地错认为地平线，最后死在陆地之上。现实中，黑夜可以说是保护动物古老习性的重要时间段，而这一领域已经遭到极大的破坏。

（三）乡村风景是塑造英国民族认同的因素

英国人一直珍视对乡村传统的保护，这点可以从很多方面加以证明。例

① ［德］马赛厄斯·施密特、［德］坦贾-加布里尔·施密特：《拯救黑夜：星空、光污染与黑夜文化》，纪永滨译，山西人民出版社 2020 年版，第 21 页。
② 同上书，第 223 页。
③ 袁一雪：《暗夜保护地：把大自然的黑还给夜晚》，《中国科学报》，2018 年 4 月 13 日，第 1 版。

如英国田园城市思想的萌发者埃比尼泽·霍华德（Ebenezer Howard），出生于大都市伦敦，城市的工业化使他十分珍视和向往消失已久的自然与田园风光。霍华德的田园城市方案是一个包含社会、空间与经济等综合考虑的城市[①]，不仅可以发展经济，还可以寄托英国人的田园情怀。再如二战期间，英国当局担心由于德国的轰炸将会导致英国乡村建筑的消亡，于是急忙派了很多画师前往乡间，记录下美如画的乡村景象。乡间是英国人的天然感情得以真正发挥的广阔之地。在这里他们可以心甘情愿地从城市的一切拘谨和客套中解脱出来，享受乡间的美好。景观不仅使人心情愉悦，极具代表性的景观也可以加强英格兰的民族认同，让英格兰人找到精神家园，这无疑也壮大了保护古老建筑与风景的舆论规模，在英国有代表性的景观之一就是位于伦敦西南的巨石阵。"人类社会和灿烂星空的联系可以造就出辉煌的文化遗产，让该社会群体拥有一个文化方面的集体记忆，该记忆可以通过宗教信仰、洞穴绘画（纳瓦霍星天花板）、巨石群（如巨石阵）感知。"[②] 到了 20 世纪前半叶，英国的地域和民族身份之间的关系加强，英国性（englishness）通过地域特征和其独特性在国民想象中以国家性的行为被建构起来。CPRE 策略灵活的一点就是，它将暗夜等同于乡村才会拥有的景色，将其纳入英国人所认同的文化记忆，那么工业化、光污染对暗夜的入侵就可以等同于对英国人特别重视的乡村景观的入侵，这无疑扩大了 CPRE 支持者的基础。

二、光污染对英格兰乡村暗夜的入侵

光污染定义比较繁多，测定光污染的数据也标准不一。比如德国对光污染的计算，是用简单的照度计来测算光照强度，并与标准值相对照。在主干道，光照强度维持在 10—20 勒克斯。在住宅区的道路上，1—2 勒克斯就已足够。通过观察夜空星星的密度，便可以推算出夜空的质量。而 CPRE 则是使用卫星成像来进行光污染测定。数据通过地理信息系统（GIS）进行地理

---

① 陆伟芳：《英国社会转型研究丛书：英国城镇社会转型与发展》，南京师范大学出版社 2020 年版，第 262 页。

② Oliver Dunnett, "Contested Landscapes: The Moral Geographies of Light Pollution in Britain", *Cultural Geographies*, Vol.22, No.4 (Oct. 2015), pp.619—636.

绘制并标记在英国地图上，这些数据被分为9类，以区分不同的光害等级。每个等级的颜色范围从深蓝色（较暗）到深红色（较亮），以显示从该地区照射到夜空中的光亮程度。这9个颜色的条带被应用到英国的国家地图上，清楚地显示出了夜间光污染的主要区域。[1]

CPRE对光污染的定义包含三种：1.天光：我们在城镇和城市周围看到的粉红色或橙色的辉光，是由空气中的灰尘和水滴折射人造光造成的。2.眩光：让人感到眼睛不适的光源。3.光线溢出：光线超出应该存在的边界，例如透过窗户和窗帘的光线对他人造成影响。多种类型的光污染影响着我们的休息，因为身体是需要黑夜的环境来进入睡眠的。同时光污染也影响着我们观星，就如同"月明星稀"一般，过强的亮光会掩盖星空。社会的进步将黑夜变成白昼，却忘记了这样做会增加人类的心理压力，迟早会导致疾病多发，寿命缩短。[2]

（一）"夜疫病"：星空的"消失"

星空的消失其实并不是指星体本体的消失，而是指人眼由于光污染而无法清晰直观地观察到银河和星空。从地球上看，星空亦如日月般会日夜旋转。在北半球，观星，尤其是看银河的最佳时间是5至9月，条件允许的话，也就是天朗气清、没有明月、银河不和月亮同时升起以及没有光污染的情况下，可以看到整条银河拱桥，也就是"鹊桥"。在我国能有这种机会的大多都在中西部或者是山顶，东部沿海地区光污染十分严重。在英国，光污染也主要集中在工业城市，大概是英格兰的西北区和东南区。可以说，城镇化是一体两面的，既会带来人们生活条件的改善，也有可能造成环境的破坏。比如1790年，一位经过英国中部的旅行者写道，理查德·奥克赖特爵士（Richard Arkwright）的棉纺厂"从来没有停止过运转"，使他惊讶的是，"这些工厂在黑夜里亮灯的时候，看上去极为漂亮"。越来越多的钢铁铸造场火光通明，把烟雾和火焰喷吐到天空中。[3]20世纪二三十年代，是英国的

---

① CPRE, *Night Blight: Mapping England's Light Pollution and Dark Skies.* (2019-11-10) ［2021-6-20］. https://www.CPRE.org.uk/wp-content/uploads/2019/11/Night_Blight.pdf.
② ［德］赛厄斯·施密特、［德］坦贾-加布里尔·施密特：《拯救黑夜：星空、光污染与黑夜文化》，纪永滨译，山西人民出版社2020年版，第27页。
③ ［美］罗杰·埃克奇：《黑夜史》，路旦俊、赵奇译，湖南文艺出版社2006年版，第279页。

乡村遭受严重冲击的年代，污染和噪音开始侵蚀传统乡村的自然景观和幽静氛围，这一状况目前虽有遏制，但仍较为严重，CPRE 在 2019 年的观星调查结果显示，整个英格兰有超过 57% 的人在观察猎户座时看到的星星少于 10 颗，2020 年这一数据提升至 61%，许多星星被街道照明和建筑物的光线掩盖。

自工业化以来，英格兰不仅遭受的光污染程度在加深，光污染的范围也在同步扩大。根据 CPRE 绘制的光污染地图显示，英格兰只有 21.7% 的地区有纯净的、完全没有光污染的夜空（威尔士有 57%，苏格兰有 77%）。与威尔士和苏格兰相比，英格兰所有类别的光污染级别都明显更高。英格兰最严重的光污染地区是苏格兰的 5 倍，是威尔士的 6 倍。[1] 这 3 个地区光污染水平与人口密度息息相关：在人口密度较高的地方，光污染水平也较高：伦敦的光污染水平最高，比西南部最黑暗的地区要亮 24 倍。它也是第二亮的西北地区亮度的 8 倍。19 世纪下半叶，在城市的天空中，银河仍然清晰可见，梵高的某些作品证明了这一点。今天，超过 2/3 的美国人、1/2 的欧盟国家居民以及 1/5 的世界人口已经丧失了用肉眼观察星空的环境，仰望璀璨的星空已经成为一种奢侈。不仅仅是人眼，天文摄影，尤其是星空摄影亦颇受影响，由于其需要长时间曝光，需要躲避强光的干扰，所以大多数天文台都迁往了高海拔、低光污染地区。[2] 造成这一系列现象的原因是多方面的：

1. 人口大量涌入

20 世纪下半叶以来，英国铁路网的完善和公路交通条件的发展，使城市居民和工厂企业开始向乡村和小镇迁移，大城市人口外流趋势在一定程度上促进了小镇与乡村地区的发展。虽然政府在 70 年代终止了疏散城市人口政策，人口向小镇及乡村的转移却没有停止。城市高额的租金、生产成本的上升、老城区存在的隐患以及农村租金的价格优势与巨大的扩展潜力使乡村工业区位优势凸显，工业投资离开城市转移到乡村地域，产业布局也从城市

---

[1] CPRE, *Night Blight: Mapping England's Light Pollution and Dark Skies.* (2019-11-10) ［2021-6-20］. https://www.CPRE.org.uk/wp-content/uploads/2019/11/Night_Blight.pdf.

[2] 在摄影中，光圈、iso 数值恒定的情况下，改变画面亮度的唯一要素是曝光时间，曝光时间越长画面越亮。如果黑夜曝光 30 s，出现人造光污染就会出现画面过曝，那么图中的星空将被掩盖，南京的紫金山天文台就已经受到很大的影响。

转移到乡村。1960—1981年，农村制造业工作岗位数量增长24%。到20世纪末，从都市向非都市移民的数量明显超过从非都市向都市移民的数量，都市始终处于人口流失的状态。到了20世纪末21世纪初，乡村人口增长超过城镇的趋势变得更加明显。据英国环境、食品和农村事务部（Department for Environment, Food and Rural Affairs）的数据显示，20世纪末英国乡村人口增长远远超过城镇人口增长，1991—2002年，每年完全乡村地区或乡村主导地区的人口净增6万人。1981—2003年期间，英格兰乡村人口增长14.4%，而同期城镇区域仅增长1.9%。[①] 人口密度越高，光污染越严重，因为需要配套相应的照明设施，路灯尤为关键。

2. 路灯的发展

1694年，伦敦路灯照明只从晚6点持续到半夜，一年中只有117天有路灯。在18世纪，为了应付日益上升的犯罪率，英国出现了改善照明条件的呼吁。从1736年起，夜间照明从年初到年终，从日落到日出。全国其他城镇以伦敦为榜样起而效仿，英国绝大部分的城镇都有了某种形式的夜间路灯照明。[②] 难怪有人抱怨说，许多大城市的居民都将自己的生活完全置于灯光照明之下，在自己的住处完全看不到自然的星空。能看到北极星和天狼星就不错了。18世纪80年代，伦敦引进了阿干德油灯，这种灯使用一种能在更高温下燃烧的改良灯芯。这种灯芯加上新式玻璃圆筒灯罩，使街灯照明效果更佳。到了19世纪，煤气灯的引进具有更加重大的意义。到1823年，将近40000盏街灯照亮了伦敦200多英里的街道。[③] 在19世纪，汽灯模糊了白天和夜晚的界限，改变了人们生活的节奏和活动的范围。具有讽刺意味的是，在一些工业化污染严重的地区，白天浓重的烟雾和硝烟使街道变得黑暗，而夜晚却因照明明亮起来。[④]

（二）光污染对人的健康的侵害

光污染对动物的影响在前文已有叙述，而我们人类受到光污染的影响和

---

① 陆伟芳：《英国社会转型研究丛书：英国城镇社会转型与发展》，南京师范大学出版社2020年版，第289页。
② 同上书，第103页。
③ ［美］罗杰·埃克奇：《黑夜史》，路旦俊、赵奇译，湖南文艺出版社2006年版，第282页。
④ 同上书，第284页。

动物是类似的。光污染会对我们的健康产生严重且持久的影响。光污染会扰乱人们的睡眠，睡眠控制着新陈代谢、生长和情绪。长时间暴露在光污染下会导致抑郁、失眠以及心脏和血液问题。我们中的许多人可能在不知不觉中遭受光污染的影响，我们可能会在下午感到疲倦，渴望在工作或学校小睡一会儿。同样，我们可能会发现自己直到深夜才能入睡，这被称为延迟睡眠阶段综合征。研究表明，夜间暴露在光线下会破坏身体褪黑激素的产生。褪黑激素是一种大脑激素，在调节生物钟方面有着重要的作用。人们延长了白天却压缩了睡觉的时间，睡眠更加紧凑，也受到更多的制约，越来越多的人感触不到梦境了。人类通往心灵最深处的传统渠道也消失了。

三、英格兰乡村保护运动针对光污染实施的措施

CPRE 作为一个十分成功的组织，它十分注重志愿者的招募和培训，教授他们市场营销技能，同时也竭力扩大自己的组织基础，注意和当地社区的合作，以便在当地获得更大的话语权。[1]CPRE 认为，夜晚的黑暗是农村地区的主要特征之一，它代表了农村和城市之间的主要区别。安全灯、泛光灯和路灯都正破坏着黑夜，使黑夜如同白昼。[2]CPRE 通过对热点事件的持续关注，倡导公众参与乡村保护事项，营造乡村保护氛围，利用媒体广告、刊物、公益活动等方式向公众宣传乡村的美丽宁静。CPRE 将对暗夜的保护与维护人们自身利益联系在一起，推行务实的政策，这增加了推行措施的成功率。

（一）利用媒体进行光污染危害与治理宣传

网络媒介的普及让 CPRE 有了更广阔的平台以宣传自己主张，也使得其影响力能够从乡间覆盖到城市，从成人延伸至儿童，可以说 CPRE 是借着技术革新的东风将自己吹遍英格兰。

1. 开设儿童教育课程

CPRE 在学校开展了 2 个阶段的星空课程，因为伦敦的光污染十分严重，

---

① CPRE, *Our Strategy: A Summary of Our Strategic Plan 2020—26.* (2020-11-26) ［2021-6-20］, https://www.CPRE.org.uk/wp-content/uploads/2019/11/CPRE-2020-26-Strategy-summary_spreads-1.pdf.

② CPRE, *CPRE's View.* (2014-5-10) ［2021-6-20］. https://www.nightblight.CPRE.org.uk/CPRE-s-view.

所以有大量的伦敦学生参加。第一阶段每节课 45 分钟，主要是教学生认识恒星和星座，学习光污染的术语。^① 第二阶段课程每节课 60 分钟，目的是让学生能够描述不同的光污染并且讲述光污染是如何影响观星的，最后还要思考出如何避免光污染的措施。^② 同时，CPRE 还会举办儿童摄影比赛（CPRE Sussex Children's Night Vision Photographic Competition），比赛通过观察猎户座恒星数量的变化来了解光污染的严重性，让孩子从小就知道如何对待污染问题。

2. 利用大数据进行光污染宣传

CPRE 收集大量事实和数据，以便证明星空的价值。每年 CPRE 都会进行一次星数统计，以了解人们可以在猎户座中看到多少颗星星。2021 年的调查结果显示，14% 的参与者能够欣赏到优质的黑暗天空，他们能够看到猎户座中的 20 多颗恒星。而上一年只有 10%。苏塞克斯光污染最严重的地区情况也有所改善，看到星星少于 10 颗的人数有所减少。^③

3. 制作光污染地图

2003 年，CPRE 第一次发布光污染如何在英格兰迅速蔓延的地图，并展开拯救黑暗夜空的运动。CPRE 通过收集光污染大数据绘制了交互式地图，该地图不仅一目了然地可以看到光污染最严重的地区，也可以直观得看到有纯净夜空的地区，如英格兰、威尔士和苏格兰的国家公园和杰出自然景区（AONB）：埃克斯穆尔国家公园（Exmoor National Park）^④、诺森伯兰国家公园（Northumberland National Park）和南唐斯国家公园（South Downs National Park）。^⑤ 地图以开放街道地图和卫星地图为基础，涵盖英国的乡、市、郡区域。该地图会告诉人们的所在区域位于 9 个光污染级别中的哪个级

---

① CPRE, *Night Blight 2016 Key Stage 1 Lesson Plan.* (2017-3-28) ［2021-6-20］, https://www.CPRE.org. uk/resources/night-blight-2016-key-stage-1-lesson-plan/.

② CPRE, *Seeing Stars Lesson Plan KS2.* (2019-5-28) ［2021-6-20］, https://www.CPRE.org.uk/wp-content/uploads/2019/11/Seeing_Stars_lesson_plan_KS2.pdf.

③ CPRE, *Why We're Working for Starry, Starry Skies.* (2018-10-10) ［2021-6-20］, https://www.CPRE. org.uk/news/why-were-working-for-starry-starry-skies/.

④ 埃克斯穆尔国家公园位于英格兰西南部的萨默塞特郡和德文郡，拥有该国最黑暗的天空，是英国也是欧洲最早指定的国际暗夜保护区。

⑤ CPRE, *England's Best Spots for Stargazing.* (2018-6-22) ［2021-6-20］, https://www.CPRE.org.uk/discover/englands-best-spots-for-stargazing/.

别，地图也可以打印。这些地图将帮助人们逃离附近的光污染并体验真正的繁星夜空。

4. 对居民进行治理光污染教育

CPRE 与政府和其他机构合作制作了一份关于如何正确使用家庭安全照明设备的传单。传单中说到，如果附近的路灯对您的夜生活造成影响，您可以联系当地的照明部门，反映您遇到的问题，并询问他们可以采取哪些措施来尽量减少影响，您可以通过当地市政府的网站找到当地照明部门的联系方式。地方议会将提供几种可行性方案来解决您的问题，包括：在路灯上安装防护罩、更换灯具以及安装调光技术。①CPRE 的黑暗天空活动家艾玛·马林顿（Emma Marrington）向她所在的地方议会发送电子邮件，称伦敦金斯顿路上的路灯过于明亮。几天之内，政府就在离她家最近的灯后面安装了一个防护罩。此外，CPRE 还呼吁教会降低夜晚教堂的光照强度来减少光污染。② 英国第一部处理光污染的法律《清洁社区和环境法》第 102条于 2006 年生效，不当照明将被列入滋扰清单。法律规定"从场所发出的光线损害或滋扰健康"属于刑事犯罪。但该法律并未解决所有形式的光污染，仅解决了某些的场所的特别严重的光污染事件，但 CPRE 希望看到该法律被广泛运用，以提高人们对光污染的认识并帮助正遭受严重光污染的居民。③

（二）与其他环境保护组织合作

CPRE 于 20 世纪 90 年代以来，常与英国天文学会等其他机构合作，为减少光污染进行配合，并于 2012 年帮助政府制定了一项控制照明的国家政策。④CPRE 的主要合作组织包括国际暗夜协会（IDA）、"黑暗天空运动"（CFDS）和土地使用顾问机构（LUC）等。

---

① CPRE, *Take Action on Local Light Pollution*. (2016-5-30)［2021-6-20］, https://www.nightblight.CPRE.org.uk/take-action-about-local-light-pollution.

② CPRE, *Night Blight: Mapping England's Light Pollution and Dark Skies*. (2019-11-10)［2021-6-20］, https://www.CPRE.org.uk/wp-content/uploads/2019/11/Night_Blight.pdf.

③ CPRE, *Take Action on Local Light Pollution*. (2016-5-30)［2021-6-20］, https://www.nightblight.CPRE.org.uk/take-action-about-local-light-pollution.

④ CPRE, *Why We're Working for Starry, Starry Skies*. (2018-10-10)［2021-6-20］, https://www.CPRE.org.uk/news/why-were-working-for-starry-starry-skies/.

1. 国际暗夜协会

国际暗夜协会是1988年由天文学家戴维·克劳福德（David Crawford）和蒂摩西·亨特（Timothy Hunter）在亚利桑那州的图森成立，目标是通过合理的照明来保护星空，并对没有光污染的地区进行表彰，这些地区主要包括市区、公园或自然保护区，也被称为"暗夜保护区"。暗夜保护区的概念是核心区要能呈现大面积清晰的自然夜空，其次外围区域没有或尽可能少有灯光照射到核心区。[1]CPRE和国际暗夜协会都希望通过强有力的地方和国家政策来对抗光污染，同时保护现有的黑暗天空。国家暗夜协会对CPRE一年一度的观星活动给予大力支持。不仅如此，该组织加速了伯德明湿地成为英国第一个拥有杰出自然景区和国际暗夜保护区双殊荣景区的进程，该机构的官网会实时更新CPRE的光污染治理成果和每年的观星数据，并大力宣传英国的星空景区。[2]

2. 土地使用顾问机构

上文介绍的交互式地图主要是国际暗夜协会委托土地使用顾问机构绘制的，该地图用以了解光污染在全国各地的分布情况以及哪里有最纯净的天空。该机构选择最直观的数据作为地图的基础，分析数据并创建了这些开创性的地图。[3]地图显示光污染最高的地区是在城镇，排名从前往后是伦敦、利兹、曼彻斯特、利物浦、伯明翰和纽卡斯尔。光污染严重的交通基础设施，如主要道路、港口和机场也清晰地展现在地图上。

3. "黑暗天空运动"组织

在英国，英国天文协会和CPRE是主要的提倡治理光污染的组织。英国的反光污染游说团体主要由"黑暗天空运动"组成，该机构是英国天文协会的一个分支机构，并在CPRE的支持下成立。黑暗天空运动为了说明光污染的问题，也制作了"英国黑暗天空地图"，并将之作为强大的宣传利器，该

① ［德］马赛厄斯·施密特、［德］坦贾-加布里尔·施密特：《拯救黑夜：星空、光污染与黑夜文化》，纪永滨译，山西人民出版社2020年版，第225页。

② IDA, *Bodmin Moor First UK Area Of Outstanding Natural Beauty To Achieve IDA Dark Sky Park Status*. (2017-9-10)［2021-6-20］, https://www.darksky.org/bodmin-moor-first-uk-area-of-outstanding-natural-beauty-to-achieve-ida-dark-sky-park-status/.

③ CPRE, *Supporters*. (2020-12-3)［2021-6-20］, https://www.nightblight.CPRE.org.uk/supporters.

图用橙色/红色表示光污染严重的地区，蓝色/黑色表示光污染较弱的地区。作为配合，CPRE 发行了名为《夜疫病》的小册子，有篇文章标题为"快速扩散的光污染撵走了夜晚的星空"，该文运用浪漫主义和崇拜天文的概念，让人们了解到什么是光污染。CPRE 和"黑暗天空运动"还联合制定照明行业规范，在减少碳排放和解决能源效率问题上保持一致，并主张通过先进的技术实现农村节能照明的同时保持传统的城乡差异。[1]

（三）对议会施压，推动环保立法

经过多年的发展，CPRE 已经成为一个拥有广大支持者的环保组织，并且还有众多的合作机构，这使得他们可以对当地议会造成舆论压力，进而对英国的选举产生影响。因为环保也是选举的重要议题，这让英国当局无法忽视 CPRE 的提议。CPRE 的主要手段是"摆明威胁，推进积极的解决方案"，运用自己的研究引导公众，游说各级政府，影响相关政策的制定和实施。1942—1944 年，CPRE 的创始人帕特里克·艾伯克龙比（Patrick Abercrombie)主持修订了大伦敦地区的规划方案。他构想在伦敦建成区外规划一条 5 英里宽的"绿带"，以阻止城市的无序蔓延。绿圈带以农田和游憩地带为主，严格控制建设，作为阻止城市向外扩展的屏障[2]，对城市加以遏制的理念始终贯穿于该组织。在该组织后续的发展中，遏制光污染与阻止破坏乡村景观在CPRE 的信条中逐渐趋同，乡村景观成了 CPRE 主要的处理对象之一。

首先，CPRE 鼓励民众主动找当地政府提出并解决问题。人们可以用光污染地图游说地方议会，也可以写信给当地报纸，提出对当地光污染源的担忧，社区团体可以使用这些地图作为证据，为社区提供信息并制定有关照明的决策。

其次，CPRE 注重与政府合作，运用新的照明技术，以减少光污染。CPRE 建议政府相关负责人员（负责公共照明、建筑审批与设施规划的人员）必须了解人工照明的负面影响，必须引导生产商优化照明方案，并将其

---

[1] Oliver Dunnett, "Contested Landscapes: The Moral Geographies of Light Pollution in Britain", *Cultural Geographies*, Vol.22, No.4 (Oct. 2015), pp.619—636.

[2] 陆伟芳：《英国社会转型研究丛书：英国城镇社会转型与发展》，南京师范大学出版社 2020 年版，第 275 页。

纳入生产计划。^① 此外，CPRE 与政府和其他机构合作制作了一份关于如何正确使用家庭照明设施的传单，并在英格兰的 83 个地方议会进行宣传，以便让更多人了解保护暗夜的方法。

然后，CPRE 充分发挥非政府机构的优势，传承英国公民社会传统，借助政治过程中的公众参与条款，重构"公众—议会—政府"的博弈关系。CPRE 从中央到地方的各个机构各司其职，系统地影响"社会舆论—政策立法—开发建设"环节，促成保护理念与现实的结合，推动乡村立法，影响规划决策。CPRE 利用关键节点对议员本人和立法项目开展"游说"工作。如2015 年英国大选时期，CPRE 发布《为乡村而战》宣言，呼吁各竞选党派在竞选纲领中重视乡村保护，向选民承诺推行相关政策条件，超过 80000 名公众成员与所有政党的议员、进步的环保主义者、建筑师、艺术家、作家和广播公司一起签署了该宪章。这使其成为 CPRE 历史上支持率最高的竞选议案。^② 最终参选的 5 个主要党派，有 4 个正面回应了 CPRE 的规划理念。因为英国有一半的暗夜保护区因为路段崎岖难以到达，投入更多的资金将让更多的孩子体验到"星空下的夜晚"^③，于是 2019 年，英国政府接受了 CPRE 的独立景观审查报告，同意应给予杰出自然景区更多的资金支持与发言权。

最后，CPRE 还履行了监督职能，监督地方政府是否执行《国家规划政策框架》和相关指导方针中规定的控制光污染的政策。CPRE 声明，缺乏光污染控制的地方，地方当局应采取行动，保护他们所在地区的黑暗天空。在英国，照明的责任分属不同的机构。^④ 地方公路当局应投资调光技术、实施半夜照明方案或用光污染较少的路灯。光污染地图可以用来识别现有的需要保护的黑暗天空，比如赫里福德郡、德文郡和约克郡的大片天空。地方高速公路当局应制定街道照明政策，比如说在照明区域，应确保每个区域光照适当。大型企业应审查其现有的照明设备，并确保新的照明设备不会造成光污

---

① ［德］马赛厄斯·R.施密特、［德］坦贾-加布里尔·施密特：《拯救黑夜：星空、光污染与黑夜文化》，纪永滨译，山西人民出版社 2020 年版，第 61—62 页。

②③ CPRE, *2011—2020: From Saving Our Forests to Facing down Fracking.* (2021-3-14)［2021-6-20］，https://www.CPRE.org.uk/2011-2020-forests-brownfield-and-litter/.

④ CPRE, *Night Blight: Mapping England's Light Pollution and Dark Skies.* (2019-11-10)［2021-6-20］，https://www.CPRE.org.uk/wp-content/uploads/2019/11/Night_Blight.pdf.

染，光污染地图上可以识别出造成光污染的大型设施，应利用审查道路和桥梁设计的机会，制订全面而精细的降低光污染的照明标准。

四、成果和新问题

目前来说，英国的光污染相比之前已经有了一定程度的抑制。由于CPRE 的努力，光污染被确定为污染物，2005 年《清洁社区和环境法》得以实施。从 2021 年的数据来看，英国能够从猎户座看到 10 颗以上星星的人变多了，这也证明暗夜区域正在增加。同时，CPRE 对政府的监督和建议也一直在起作用。2015 年初，诺森伯兰郡议会开始了一项价值 2500 万英镑的项目，旨在未来 3 年内使该地区所有的路灯实现革新：大约 29000 盏灯将被发光二极管（LED）技术所取代，近 17000 个灯柱将被替换。该委员会希望将路灯的能源消耗减少 60% 以上，这将导致每年碳消耗减少 5000 多吨。更新路灯的计划从阿辛顿镇开始实施。卫星图像显示，自从路灯被更改为 LED后，阿辛顿周围的光线分布发生了明显的变化。2014 年，该镇的朝天散射的光污染名列光污染等级第二级，但到 2015 年 9 月，这种情况发生了变化，在光污染光谱中，该地的光污染光谱向蓝色移动，也就是光污染明显减弱。[①]在其他地方，如在西约克郡最亮的郡，卡尔德代尔将更新其路灯。项目将于 2017 年开始，为期 4 年，11000 根灯柱和 19000 万盏灯罩将被取代。南约克郡的唐卡斯特已经投资了一项路灯替代项目，包括居民区的路灯。谢菲尔德、巴恩斯利和罗瑟勒姆也在投资 LED 技术。

但是，英格兰的光污染问题依然严峻。首先，尽管许多地方议会正在投资更新他们所在地区的路灯，但卫星数据显示，在某些情况下，这对光污染没有产生积极影响。这可能是由于灯光设计不能防止光污染所致。例如，对空照明的路灯就不会抑制光污染。其次，CPRE 的一项调查发现，尽管有一些议会正在积极努力限制光污染，但同时也有许多地方议会没有这样做。很多地方减少路灯光照时长的最大动机是节省金钱，光污染的减少只是无心之

---

① CPRE, *Night Blight: Mapping England's Light Pollution and Dark Skies.* (2019-11-10)［2021-6-20］,
https://www.CPRE.org.uk/wp-content/uploads/2019/11/Night_Blight.pdf.

举。国际暗夜协会也曾猜想，英国 2021 年光污染程度的降低很有可能是疫情的封锁导致，疫情之后可能还会如以往一样。环保是一个需要投入大量资金的活动，不可能所有政府和居民会放弃经济利益而从事环保，比如在德国，就没有明确的法规保护暗夜，一切全凭自觉①，经济和环境的平衡是需要 CPRE 和政府把握的。还需注意的是，在英国工人阶级和中产阶级的眼里，对光照的偏好是不一样的。由于 CPRE 一开始是由中产阶级领导的，在他们眼里"适度、别致、白色和蓝色的照明"是更为合适的，而英国工薪阶层却更喜欢类似于圣诞节照明一般更加丰富多彩的灯光。②虽然 CPRE 的基础一直在扩大，但是不同人群之间的鸿沟依然是存在的，而这个问题涉及国民福利和国民教育等多个方面，因为这些是造成不同群体不同价值观的关键因素。作为一个相比较于水污染和大气污染来说相对较新的污染类型，光污染的治理还有很长的路要走。

五、结语

CPRE 对英国光污染治理的推动无疑是很有效果的，英国现在拥有多个暗夜公园和暗夜保护区。我国对光污染的治理更多还是处于起步阶段，诸多地方政府理念还停留在建设"不夜城"、提倡夜市经济上。当然，一味地从环保角度批评经济行为是不客观的，但是人类总是需要一些黑夜的空间。令人欣慰的是，国内的一些城市和环保人士也注意到了该问题，成都市政府暂时放弃了"人造月亮"计划，并在 2019 年出台"暗夜保护政策"。在中国中部和东部大部分地区都被光污染笼罩的情况下，保留西部的暗夜特色，可以做到旅游和环保双丰收。此外，我国江苏的野鹿荡，西藏的阿里、那曲等一共六地被国际暗夜协会认证为国际暗夜保护区，这说明，暗夜保护在我国已经开始受到重视，接下来要做的就是借鉴英国以及他国的模式，扩大对民众的宣传范围，由政府出台因地制宜的政策，加强对光污染治理的监督，恢复原本璀璨的星空。

---

① ［德］马赛厄斯·施密特、［德］坦贾-加布里尔·施密特：《拯救黑夜：星空、光污染与黑夜文化》，纪永滨译，山西人民出版社 2020 年版，第 61—62 页。

② Oliver Dunnett, "Contested Landscapes: The Moral Geographies of Light Pollution in Britain", *Cultural Geographies*, Vol.22, No.4 (Oct. 2015), pp.619—636.

中英关系研究

视觉文化理论视域下一战英军华工形象转变研究

蒋琳琳 *

从文化研究的角度来说，当代世界存在视觉文化转向的状况，视觉理解成为我们接近世界的主要方式之一，图像成为我们理解和研究世界的主要中介。马丁·杰伊（Martin Jay）使用"眼中心主义"（ocularcentrism）来描述视觉文化在当代西方社会的重要地位，他认为现代对世界的理解依赖于视觉偏差。[①] 视觉文化的出现发展了米切尔（W. J. T. Mitchell）的"图画论"（picture theory），西方哲学和科学的某些方面已经开始采用一种图解的而不是文本的世界观，学术研究被迫得出这样的结论：作为文本的世界已经被作为图像的世界所取代。[②] 同时，视觉文化理论具有跨学科性，这种跨学科性使其保持批判政治的活力。相比之下，历史学研究更多利用的是纸质文献，在视觉化转向的今天，从视觉文化理论角度研究史学有助于提供全新的视角，弥补史学研究的不足。米尔佐夫（Nicholas Mirzoeff）在《视觉文化导论》[③] 中提到要在过去与现在之间建立一种内在联系实现视觉文化历史化的目标，从而让我们能够更好地认识现在，改变一切不合理的印象。

华工作为中国参加第一次世界大战的主力，代表了中国以特殊的方式为协约国的胜利作出了积极的贡献，但他们的贡献却被忽视、遗忘，甚至在国

---

* 蒋琳琳，北京师范大学历史学院博士研究生。

① Gillian Rose, *Visual Methodologies: An Introduction to Researching with Visual Materials*, 4th Edition, London: Sage, 2016, p.33.

② Ibid., pp.34—35.

③ ［美］尼古拉斯·米尔佐夫：《视觉文化导论》，倪伟译，江苏人民出版社 2006 年版。

外还遭受到不公正对待。米尔佐夫在其视觉文化研究中表现出对有色人种、犹太人等的关注，尤其是对于经常遭到差别对待、歧视以及污名化的人群，他的视觉文化理论可以用来研究第一次世界大战期间的华工群体。目前关于一战华工群体的相关研究已经为数不少，但视觉文化理论的应用并没有得到足够的重视，笔者粗浅地从视觉文化理论视角探析一战期间英军华工的赴欧经历和在欧状况，通过视觉材料的案例研究系统性地剖析华工形象的发展变化历程，特别是着重考察以华工形象的变迁和视觉权威的演变，反思视觉权威对于视觉文化形成和发展的影响。

一、视觉权威——帝国主义语境

视觉是 19 世纪早期的术语，意思是历史的可视化。[①] 可视化的东西是非常实质性的，是由信息、图像和想法创造出来的。米尔佐夫认为视觉的发展经历了三个视觉情结，分别是支撑大西洋奴隶贸易的种植园情结、为大英帝国辩护的人所熟知的帝国主义情结以及艾森豪威尔（Dwight David Eisenhower）总统所称的军工复合体（military-industrial complex）情结。[②] 视觉权威这个概念是在种植园情结阶段就发展起来的，托马斯·卡莱尔（Thomas Carlyle）指出奴隶种植园领域存在英雄主义领导传统，此时可视化是英雄的专属权利，视觉性被认为是男性化的。视觉权威把社会群体加以隔离，这种视觉性被认为隔离了工人、女性、有色人种等劣势群体，以防止他们团结成政治主体。[③] 视觉权威在帝国主义领域表现为"有文化的"统治着"原始的"，即文明可以可视化，而原始则被安置在黑暗的中心，西方文明被认为是美学，与其他文明相分离。米尔佐夫认为，权威在合法性中被假定的起源实际上是暴力的起源，在这种背景下，奴隶的商品化就是一个缩影。这种权威的自我授权需要一种补充，让它看起来不言自明，这就是视觉性。[④] 在某种程度上可以说，西方视觉艺术就是塑造资产阶级个人主体的一种重要

---

① Nicholas Mirzoeff, "The Right to Look", *Critical Inquiry*, Vol.37, No.3 (2011), p.474.

②④ Ibid., p.480.

③ Ibid., p.476.

手段。

第一次世界大战期间，华工形象的塑造掌握在西方人的视觉权威中，体现在英法人对华工的态度以及管理之中。第一次世界大战爆发后，中国最初采取的是中立态度，尽管后来发生改变，向德国和奥地利宣战，但实际上它并没有派兵与欧洲的协约国共同作战。中国最大的贡献是派遣 20 万华工到欧洲支援协约国军队。在第一次世界大战中，华工被西方人称为"苦力"，被剥夺了对战争作出重大贡献的荣誉和人类尊严，这也反映在国际环境中，中国处于弱势地位，无法为国家和人民争取合法权益。达里尔·克莱因（Daryl Klein）是一名英国军官，他在其日记《和"中国佬"在一起》[1]中记录了他在第一次世界大战期间带领华工航行到法国的所见所感。在日记中，克莱因不仅对华工怀有蔑视和歧视，而且认为华工是没有受过启蒙和训练的人。他从不认为华工是帮助他们、拯救他们战争的恩人。相反，他认为自己是拯救了他们的生命，让他们变得更好的恩人。这种荒谬的想法在当时的英国人看来是理所当然的。这都是因为他们认为中国人是劣等的民族、劣等的种族，"为了防止华工运输信息泄露，也为了方便华工的管理，华工被禁止走出船舱。这一幕和清末被当作'小猪'贩卖的中国奴隶没有什么区别。他们一进舱，军官们就抓起他们的装备，扔到床铺上，然后绑在后面。就这样，在马六甲手杖和手套的帮助下，军官们创造了一项纪录，在 1 小时 35 分钟内走私了不少于 17 万名'苦力'"[2]。

从欧美官员对华工的管理可以看出当时的"苦力"与奴隶无异。一位在第一次世界大战中为中国工人做翻译的美国牧师回忆，第一次世界大战中用来运输中国工人的车辆甚至不能满足他们最起码的生理需求。此外，一些船员还在航行中处罚、咒骂、殴打中国工人。赫尔利（Charles Hurley）是一名爱尔兰军官，他是暴力说服的彻底倡导者。他喜欢责骂和殴打工人，把惩罚当作仁慈的摩西。虽然随地吐痰是一种卫生罪，但赫尔利却把它放大为七

① Daryl Klein, *With the Chinks, in the Chinese Labor Corps during the Great War on Active Service Series*, Uckfield: The Naval and Military Press, 2009；注：Chink 一词本意为很小的缝隙，白人种族主义者认为华人普遍眼睛小，并且与 China 只有一字之差，因此使用这一歧视性词语作为对华人的蔑称。
② Ibid., p.197.

宗罪之一。希塔德中尉（Lieutenant G.B. Hitard）是一个严格的纪律执行者，他对善意的教条嗤之以鼻，他很擅长用一巴掌把"苦力"的血抽干。一名叫汤姆·布赖森（Tom Bryson）的警官对虐待事件表示支持，他出生在一个传教士家庭，在天津生活过几年。他声称，"苦力"甚至不能正常走路，他们受到的待遇越好，我们得到的奖励就越少。[1]英法人甚至将华工描述为"货物"，"苦力是那么多的货物，那么多的牲畜，必须打包，那么多的头挤在一个舱里"[2]。另外，从华工的居住条件来看，英法人对华工管理的苛刻程度与管理奴隶极为相似。华工聚集在纳耶尔（Nayelles），这里是华工总务处。营地外，持枪的英国士兵守卫着中国劳工，他们不能自由出入。营地占地数百英亩，周围都是铁丝。[3]

在英国人心中，中国工人是不成熟的孩子，所以他们用棍子殴打他们，要求尊重和服从，而不是听从他们的需要，并且禁止华工与欧洲军民接触。克莱因在其日记中提到："我们的孩子（建议对苦力采取父辈的态度）热衷于装傻。他们是一个从未长大的彼得·潘种族。"[4]此外，白人对华工怀有误解或偏见，例如希塔德中尉"不相信'苦力'有任何感恩之心，没有任何诚意，没有任何可信赖之处"[5]。英法人认为华工对同类的苦难漠不关心，他们拥有惯常的冷漠面具，他们脑子里什么都没有，没有哲学思想，但有时也"惊奇地张大嘴巴，孩子气地兴奋，未知的事物让他们感到愉悦，相信自己很快就能受到善待"[6]。当地人之前没有见过中国人，以为是缺乏幽默品质的民族，后来见到中国"低级的苦力"都能嬉戏，才知道中国人也是有风趣的。英法人经常认为华工是世界上最快乐的儿童。[7]

就连普通的当地人也对中国劳工抱有歧视态度。有一次，华工营的翻译顾杏卿在工作时，敌机突然投掷炸弹。他和华工惊慌失措地跑开了，他们逃

---

① Daryl Klein, *With the Chinks, in the Chinese Labor Corps during the Great War on Active Service Series*, Uckfield: The Naval and Military Press, 2009, p.89.

② Ibid., p.197.

③ 顾杏卿：《欧战工作回忆录》，商务印书馆 1937 年版，第 17 页。

④ Daryl Klein, *With the Chinks, in the Chinese Labor Corps during the Great War on Active Service Series*, Uckfield: The Naval and Military Press, 2009, p.31.

⑤ Ibid., p.97.

⑥ Ibid., p.73.

⑦ 顾杏卿：《欧战工作回忆录》，商务印书馆 1937 年版，第 57 页。

到了离工厂几英里远的安全地带。顾杏卿想为那些饥饿的中国工人买咖啡，但法国人拒绝卖给他们。通过努力用法语解释误解，他才成功地为中国工人购买了咖啡和面包。[1] 许多报纸和媒体充斥着仇恨和种族歧视，夸大了一些华工的违法行为。比如《皮卡德纪事》(*Chroniques Picards*) 就大量报道和讽刺华工是"流浪汉""强盗"和"杀人犯"，认为老城里到处都是武器，中国人可以轻而易举地拿起来杀人抢劫，并把华工称为"黄祸"[2]，这样的评论让地方官员担心这个地区正一天天变成战场。

事实上，种族主义是严重暴力的根源，面对华工，英国军官总是显示出军官的尊严和白人的傲慢感。一战期间作为视觉权威的英法人从居高临下的视角将华工看作"苦力""孩子"，除了深深扎根的种族主义优势感，还有诸如语言沟通困难造成的误解、部分华工群体不良习惯形成的负面印象等因素。

在第一次世界大战期间，华工和官员之间的许多误解是由于缺乏有效的沟通和相互理解造成的。实际上，大多数英国军官听不懂中文，口译员严重短缺。例如，在一个有 4200 名中国人的营地，只有 5 名翻译。在华工队中担任翻译不是容易的事情，因为华工来自如山东、河北、河南、安徽等省，管理官员也来自英国爱尔兰、苏格兰、威尔士等地。除了语言之外，误解和文化隔离也是造成冲突的根源。有管理中国人经验的格里（C. D. Gary）上校抱怨说，当发生纠纷时，军官们并没有试图解决问题的根源，而是直接下令开枪。许多军官，因为不了解中国人，经常采取严厉措施限制他们的自由。[3] 目击者说，当地人经常欺负华工，因为他们有语言障碍，他们把镇上发生的一切坏事都归咎于华工。[4] 华工本性淳朴善良，到达法国后由于不懂法国的法律以及语言隔阂的原因，误会频频，常常有罢工、抗命的事情发生，比如美国军官为了催促华工常常说"Let's go"，由于谐音的缘故在华工看来是侮辱他们为"狗"，因此集体抗命。[5]

---

① 顾杏卿：《欧战工作回忆录》，商务印书馆 1937 年版，第 44 页。

② 马骊：《一战华工在法国》，莫旭强译，吉林出版集团 2015 年版，第 67—68 页。

③ Guoqi Xu, *Convergence du deux Civilisations: Recherche sur les travailleurs chinois en France pendant la Première Guerre mondiale*, Beijing: China International Press, 2007, p.70.

④ Le Journal d'Abbeville, 23 août 2006.

⑤ 陈三井：《华工与欧战》，"中央研究院"近代史研究所 1986 年印，第 142 页。

此外，华工群体素质良莠不齐，主要由农民、小贩、伙计、剃头匠、铁匠、木匠、泥水匠等构成①，成分极为复杂。虽说无业的农民和工人占绝大多数，但也混杂有无恶不作的地痞、赌棍等游民。这些人素有恶习，加上团体生活耳濡目染的缘故，这些恶习在华工群体中得以流传并变本加厉。聚众赌博是华工群体中最普遍的弊病，大多数犯规受罚都是由赌博造成的。军官赫尔利常常突袭赌博聚会，没收铜币，让有罪的赌徒遭受"厕所疲劳"——这是允许的最严厉的惩罚。② 管理华工的官员时常失去权威指挥不动，因此配备手枪采取更为严格的管理方式，有的军官甚至借机殴打华工，英法军官对华工的虐待导致法国人经营的华人营地有时会发生骚乱和罢工，其中包括1916 年 11 月 8 日发生的一场工厂里所有华工参与的骚乱。1917 年 4 月 13日，一家钢铁厂爆发骚乱，随后在 7 月发生罢工和骚乱。③ 这形成严重的恶性循环。但根据基督教青年会的一份文件，在大多数情况下，中国人是站在正确的一边。④

米尔佐夫总结道："视觉性是一种战争手段，被认为是'历史的想象'"⑤，视觉文化必须优先考虑差异性问题。⑥ 不同的文明，社会，同一社会内部的阶级、种族、性别等存在差异，这些差异揭示了不平等的权力关系，视觉在西方的全球霸权中发挥作用，揭示了殖民帝国与被殖民者的对抗性冲突。不同形式的视觉性暗含着观看者与其对象之间的权力关系。从第一次世界大战期间欧洲人对作为中国第一次广泛参与世界代表的华工的形象看法中，可以看出帝国主义者对他们的排斥与敌意，他们的身影甚至在媒介中被抹去，直至 21 世纪的今天关于这个群体的纪录片才得以生产出来，这表明身份政治的隐秘性与复杂性，揭示了西方那种帝国的、殖民的观看所暴露

① 陈三井：《华工与欧战》，"中央研究院"近代史研究所 1986 年印，第 37 页。
② Daryl Klein, *With the Chinks, in the Chinese Labor Corps during the Great War on Active Service Series*, Uckfield: The Naval and Military Press, 2009, pp.137—138.
③ 顾杏卿：《欧战回忆录》，商务印书馆 1937 年版，第 121—122 页。
④ The Chinese Laborers in France in Relation to the Work of the Young Men's Christian Association: Report to the International Committee of Young Men's Christian Association of North America of Special Mission of Dwight W. Edwards in France April 13—May 11, 1918, YMCA Archives, box 204, folder report 1919.
⑤ Nicholas Mirzoeff, "The Right to Look", *Critical Inquiry*, Vol.37, No.3 (2011), p.485.
⑥ Marquard Smith, *Visual Culture Studies: Interviews with Key Thinkers*, London: Sage, 2008.

出来的赤裸裸的种族歧视、白人至上的优越感以及视觉文化研究所具有的批判潜能。

二、视觉扩展——反视觉性诉求

视觉文化研究的第一步是认识到视觉图像不是稳定的，是在现代的特定时刻改变其与外部现实的关系。[①] 我们必须认识到，视觉文化仍然是西方人关于西方的话语，现代主义是西方的现代传统，而不是非洲或波利尼西亚的传统。在漫长的历史长河中，欧洲人主导现代性的相对短暂的时期很可能即将结束。[②] 视觉权威导致反视觉性诉求，即要求看的权力，这要求权威自治、拒绝被隔离，并自发地发明新的形式。米尔佐夫认为，观看的权利就是对真实的权利的要求，看的权利就是生存的权利。他将现代性视为视觉性与反视觉性的斗争，反视觉性是"现实主义"的一种手段，通过它，人们试图理解视觉权威创造的不现实，同时提出一种真实的替代。[③] 杜波伊斯（W. E. B. Dubois）认为，美国的奴隶通过反对奴隶制的大罢工来解放自己，而不是被动地获得解放。同样地，反视觉性意在拆解、推翻西方的视觉权威，这使被奴役的人们拒绝成为被凝视的对象，拿起视觉的武器阐发自己的话语权，因为他们本身就是视觉主体，这是一种政治上的主体权利。[④]

华工的故事属于第一次世界大战期间被抹去的记忆。例如，在纪录片《被英国遗忘的军队》中，一幅庆祝第一次世界大战胜利的画作《战神》就被用来解释中国在战争结束后的地位。据艺术史学家马克·莱维基（Mark Lewicki）说，华工最初出现在这幅画中，但被无情地涂黑，以便给后来参战的美国让路。通过仔细观察画中的人物，莱维基发现一个孤独的中国工人蹲在美国人的脚边。1959 年，堪萨斯州的一位名叫丹尼尔（Daniel Branham）的艺术家修复了其中一些肖像，而坐在角落里的孤独的中国工人

---

① Nicholas Mirzoeff, *An Introduction to Visual Culture*, London: Routledge, 1999, p.7.
② Ibid., p.25.
③ Nicholas Mirzoeff, "The Right to Look", *Critical Inquiry*, Vol.37, No.3 (2011), p.485.
④ Nicholas Mirzoeff, *The Right to Look: A Counter History of Visuality*, Durham: Duke University Press, 2011.

也神秘地消失了。丹尼尔的一名前助手说，丹尼尔认为华工在照片中并不重要，并要求他把照片删除。[1]摄影成了一种恢复性记忆，尼古拉斯·米尔佐夫提出，如果我们拍了足够多的人或事，我们就从未失去人，从未失去记忆。[2]但是这张照片清楚地表现了华工群体在历史叙事中的缺位，很多人甚至不知道一战期间华工的存在，也不知道华工对一战的贡献和对中国发展的影响。通过充分利用视听资料等形式，向公众传播和普及华工一战历史相关知识，使华工一战问题更加深入人心，让更多的人了解这段历史，成为大众媒体的一项刻不容缓的任务。因此，关于一战的纪录片在近年来逐渐丰富起来，成为记录和传播这段历史的新载体，中央电视台拍摄的历史纪录片《华工军团》、乔丹·帕特森（Jordan Paterson）导演的《潜龙之殇：一战中的华工军团》、西蒙·朱（Simon Chu）导演的《被英国遗忘的军队》以及海伦·费茨威廉（Helen Fitzwilliam）导演的《西线上的中国》等纪录片给人们带来了关于华工形象的更加全面和新的认知。

一方面，在现代纪录片中，我们可以看到华工为中国参与世界事务所作的牺牲与贡献，这主要体现在华工赴欧旅途的艰难险阻、在华工营所遭受的虐待以及战后的不公正待遇。

纪录片《潜龙之殇：一战中的华工军团》再现了华工赴欧的历史。有一两千名中国人登上了赴欧的船，他们实际上是被迫登上的，而这艘船并没有2000间船舱。作家杨继晨采访了一战期间陪同华工的中国翻译。他们说，中国人再富有，也只能住在较低一层的小木屋里。经过他们的努力，他们只是把食物换成了西餐，但他们仍然受到歧视不能在餐馆里吃饭。在拥挤狭窄、空气无法流通的船舱里，许多华工得了坏血病，甚至失去理智跳进了大海。[3]军官克莱因写道，当他下到船中部的一个铺位时，有150多人住在那里，他还没有到达铺位就听到他们的呻吟声，这就像一间充满折磨的房子，大多数人都会崩溃。[4]

---

① Simon Chu, *Britain's Forgotten Army*, 2017, 18th Minute.

② Nicholas Mirzoeff, *An Introduction to Visual Culture*, London: Routledge, 1999, pp.86—87.

③ Lyn E. Smith, "Walter Edward Williams Interviews", 1987, 9754, IWM, https://www.iwm.org.uk/collections/item/object/80009538, 2020-09-01.

④ Daryl Klein, *With the Chinks, in the Chinese Labor Corps during the Great War on Active Service Series*, Uckfield: The Naval and Military Press, 2009, p.114.

当时战线非常紧急，因为德国实施了无限制潜艇战政策，这些船只听从英国海军部的命令，在夜间航行时，不允许用火，以躲避敌人潜艇的攻击。在距离英国 4 天的航程中，英国海军部派出了 7 艘装有鱼雷的潜艇为该船护航。一名英国海军军官向中国船员传授了舢板和救生船的使用方法，而且为了防止危险，他们几天之内不能脱衣服，晚上不能睡觉。[1]1917 年 2 月，德国潜艇在地中海发动攻击，543 名华工丧生，而山东、河北、天津等地招募的华工对欧洲前线的情况一无所知，仍然怀揣着出国打工赚钱的美好梦想。

纪录片《华工军团》讲述了华工在营地危险紧张的生活。1917 年 12 月，华工第 13 营被派往法国东北部的阿拉斯，在德军战壕的步枪射程内在前线挖战壕。在平安夜，大批德军坦克迅速推进，但英军既没有派出自己的坦克进行抵抗，也没有通知中国工人第 13 营紧急撤退。即使战场上的华工没有死于德军的机枪和远程火炮，他们也不一定能活到战争结束，饥饿和疾病随时会杀死他们。据统计，750 名英军华工仅因病在中国总医院死亡。英国人并不感激华工的流血和牺牲，由于生活在战俘营，他们的自由受到了限制，中国工人被禁止在闲暇时间进入咖啡馆和酒吧，即使日常通信也受到严格的军事控制，每个中国工人一个月只能写两封信。另外战争结束后，战场凌乱急需整理，英法政府就调动各个华工队伍担任清理工作，战场上没有爆炸的炸弹遍地都是，稍微不小心谨慎就容易遭遇危险，所以战后的危险情况不低于战时的艰险状况。

另一方面，华工通过不辞辛劳的付出让西方官员对华工的看法发生了变化。在克莱因的回忆录中，也可以看到对华工观念的这种变化。他认为"苦力"就像孩子一样天真可爱，他们的脸上始终保持着微笑。他们并不比欧洲农民更奸诈、更野蛮、更精神贫乏。在许多方面，他们是更好的人，他们的好脾气是无价的。此外，如果给他一份工作，他会努力工作。他不为世俗所扰，满足于简朴的生活。电影院、灯火通明的街道、商店的橱窗、酒和女人对他来说毫无意义，因为它们只是间接地进入他们的视线。[2]华工表现出一种让人热爱中国人的精神，他们在逆境中彼此非常友好。他们有一颗温暖

---

[1] 顾杏卿：《欧战工作回忆录》，商务印书馆 1937 年版，第 11—12 页。

[2] Daryl Klein, *With the Chinks, in the Chinese Labor Corps during the Great War on Active Service Series*, Uckfield: The Naval and Military Press, 2009, p.176.

的心和一双乐于助人的手。他们有一种永恒而感人的东西，让克莱因对"苦力"的传统概念彻底消失了。红色的血液流过他们的身体。他们是中国的脊梁，有一天他们会在政治上和精神上再次伟大。[1] 盟军官员韦克菲尔德（Wakefield）称赞中国工人是"一流的工人，一流的士兵"[2]。对一些西方人来说，华工只是"苦力"。然而，华工表现出的勇气和忍受困难证明了他们完全能够胜任工作。舆论高度评价他们的出色工作，认为他们是帮助盟军取得胜利的重要力量。据报道，在战争期间，法国几个城市如加莱、迪耶普、勒阿弗尔和鲁昂的所有起重机都由中国人操作。法国人对中国劳工的行为很满意，认为他们简单而坚定、性格温和。

此外，华工也逐渐得到海外社会和居民的认可。英国首相劳埃德·乔治（Lloyd George）在《泰晤士报》上称赞华工："你会惊讶地发现，他们像牛一样强壮，他们身上三四百磅的木头或钢铁就像一块石头。"[3] 随着对一战华工认识的加深，越来越多的法国妇女想嫁给华工。但是，由于法国政府的干预和阻挠，一战结束后，在法国只有大约 3000 名中国工人获得了新的就业合同并与法国人结婚，他们也成为了第一批大规模移民法国的中国人。[4] 当时，一篇西方的报道反映出华工改变了西方人对他们的印象。华工在巴黎时，他们的行为就像巴黎人在法国乡村一样。他们的气质很好，看起来很有尊严。[5] 纪录片《潜龙之殇：一战中的华工军团》邀请了徐国琦教授，他在纪录片中对一战时期的中国工人提供了许多新的视角。为了还原历史的客观性，徐教授在纪录片第五节《血色罗曼》中列举了大量一战期间华工与当地社会、与军官的互动。

三、视觉转变——历史原因探析

为什么会产生这样的视觉转变？除了普及传播这段被遗忘的历史、修正

---

① Daryl Klein, *With the Chinks, in the Chinese Labor Corps during the Great War on Active Service Series*, Uckfield: The Naval and Military Press, 2009, p.115.

② Wakefield report, NA, Kew, WO 106/33.

③ *Times (London)*, December 27, 1917.

④ *Chinois Hebdomadaire*, November 22, 1919.

⑤ *Times (London)*, December 26, 1917.

西方人眼中的华工形象，可以主要从两个方面分析视觉转变的原因。一方面，中国参与第一次世界大战本来就是通过参与国际寻求民族认同与新的国家身份，而华工在赴欧过程中加速了民族化认同的进程，他们中的许多人从单纯怀着发家致富的理想到民族意识的觉醒，为中国近代真正从思想上现代化作出了贡献，同时这种民族意识又反过来要求中国人谱写自己在海外的历史、形象，比如中央电视台执导的《华工军团》以及中外合拍的纪录片《潜龙之殇：一战中的华工军团》都试图从中国人的角度真实地讲述这段历史。另一方面，华工群体本身就在不断的进步，当他们赴欧时，他们多数只是目不识丁的工人、农民，而当他们回到中国时，带回了西方的思想理念、生活方式，成了中国的脊梁，其中最重要的就是平民教育所发挥的作用。

华工在一战中的贡献虽然并没有为中国在巴黎和会的外交赢得胜利，但在一定程度上加速了民族认同的发展进程。人们普遍认为，中国参战并非出于主动，而是迫于西方列强的压力。然而，徐国琦认为内力比外力的作用更强。[①] 第一次世界大战爆发时，中国正经历着国际体系剧烈变化带来的挑战性危机。由于所有交战国都在中国领土上有自己的势力范围，许多中国人意识到中国将处于被卷入战争的危险之中。西方列强当时集中在欧洲大陆，这将允许日本统治东亚然后接管中国。尽管面临种种危险，一些中国人仍然认为第一次世界大战为中国提供了巨大的机会。第一次世界大战标志着传统的世界秩序的崩溃，列强在欧亚两洲原有的势力均衡状态被打破，这促使中国人拥有了收回国家主权以及通过参战实现加入国际体系的强烈愿望。也就是说，中国想在第一次世界大战中提升自己的国际地位，从德国手中夺回青岛的主权。例如，当战争爆发的消息传到中国时，刘彦立即向外交部和国务院起草了几份备忘录，建议中国对德宣战，收回青岛。梁启超也指出，第一次世界大战对中国来说是一个绝好的机会，如果中国能够恰当地利用国际形势，就可以完成成为一个完全合格的民族国家的过程，从而为中国迅速崛起于世界作好准备。[②] 而中国自 1895 年以后存在着身份认同危机，此时国家意

---

① 徐国琦、马建标：《中国与大战：寻求新的国家认同与国际化》，四川人民出版社 2019 年版，第91页。

② 同上书，第 92 页。

识和现代民族主义还只是知识分子的意识形态，社会下层的工人、农民还没有形成这样的观念。

就华工个人而言，他们中绝大多数人到欧洲最初是为了谋求生计，但也在赴欧过程中形成了国家观念、民族认同感。基督教青年会在华工的教育和娱乐生活中扮演了重要的角色，改变了华工的传统态度和思维习惯，帮助中国与世界融为一体。大多数华工不会读书、不会看报，也没有任何娱乐活动。他们偶尔外出散步或玩耍，但不被允许进入法国人和比利时人开的咖啡店，因此华工的生活十分单调，甚至有些华工把赌博作为唯一的娱乐。直到1918年，基督教青年会成立，其理事多为在英美留学的中国学生。在教育方面，有英语和法语课程、算术、历史、地理、汉语、时事讲座、西方习俗和战时知识。在娱乐方面，有电影、演讲、足球、象棋、拳击、广播等。此外，该协会还为中国工人撰写了一份周报，用于交流新闻和情感交流；为华工开了小铺，供他们购物；还写了600个汉字，方便华工看报纸。顾杏卿那一组读600个汉字的华工有130人，这不仅增加了华工的知识，也使他们的生活变得有趣，不再沉溺于赌博。[①] 基督教青年会为改善华工在工作时间之外单调的生活、改变他们的生活方式作出了重要贡献。许多中国学生为他们服务，这种安排为未来的中国精英提供了接触中国劳工的机会。中国的知识分子之所以同意去欧洲，是因为这些接受西方教育的中国年轻人崇尚美国总统威尔逊（Thomas Woodrow Wilson）提出的新的世界秩序，并认为中国将从新的国际体系中受益。[②] 当华工在法国的时候，他们在吸收，他们在学习，他们在改变，但是他们没有通过有意识的同化来加速这些过程。

第一次世界大战中的华工是在一个特殊的历史背景下产生的：一方面，贫穷弱小的中国面临着世界大战带来的世界变化；另一方面，中国人的民族意识日益觉醒，标志着中国真正拥抱现代文明的开始。在这样的背景下，一战的中国工人以非凡的牺牲作出了巨大的贡献。当时的蔡元培还有一些人从理论上认识到工人阶级的重要性，甚至喊出了"劳工是神圣的"的口号。但

---

① 顾杏卿：《欧战工作回忆录》，商务印书馆1937年版，第48—49页。

② Guoqi Xu, *Convergence du deux Civilisations: Recherche sur les travailleurs chinois en France pendant la Première Guerre mondiale*, Beijing: China International Press, 2007, p.76.

是，在当时的社会环境和现实情况中，对工人阶级的偏见仍然存在。此外，知识精英群体对劳工仍抱着一种优越感，两个阶级之间的交流仍然存在障碍，但受过教育的华工成了改变中国命运、创造新中国历史的重要力量。基督教青年会、扫盲班和周报是华工获取知识和技能的重要途径。其中，基督教青年会对中国工人的思想产生很大的影响，包括民族主义、民主思想、马克思主义、阶级斗争等，特别是华工的民族观念的觉醒尤为突出。某营地的一位华工，把自己 20 年的积蓄全部捐给了巴黎和会华人代表王正廷，资助对中国最有利的人。第一次世界大战结束后，英国驻比利时军队开启国际比赛，并邀请中国代表队参加，参赛队伍多达 12 个，囊括 6000 多人。中国工人到达现场时，发现空中飘扬着几面国旗，但没有中国国旗，所以他们非常愤怒，立即返回营地表示抗议。[①] 克莱因认为，当这些劳动者回到中国时，他们不会满足于过去狭窄拥挤的农村生活；他们想要一种更接近西方生活理念和理想的生活方式；他们想要更多的秩序，更开阔、更洁净的空间；他们不想一辈子只待在一个地方，他们想从这个国家的一个地方搬到另一个地方，让彼此的生活变得更美好。总而言之，他们是进步的。[②]

四、结语

我们应客观看待视觉文化在学术研究中的作用。纪实摄影最初倾向于描绘贫穷、受压迫或边缘化的个人，通常是作为改革主义项目的一部分，以显示他们生活的恐怖，从而激发变革，目的是在这些描述中尽可能客观和准确。然而，由于这种明显的恐怖被呈现给能够推动变化的观众，纪实摄影经常把相对弱小的人描绘成相对强大的人。[③] 本文选取的纪录片都是在 21 世纪拍摄的，通过对原始影像的编辑、对后期影像的再现等视觉手段，从媒介接受的角度提供"现实"。当然，我们应该注意到，这种艺术现实并不是全部

---

① 顾杏卿：《欧战工作回忆录》，商务印书馆 1937 年版，第 50—51 页。

② Daryl Klein, *With the Chinks, in the Chinese Labor Corps during the Great War on Active Service Series*, Uckfield: The Naval and Military Press, 2009, p.248.

③ Gillian Rose, *Visual Methodologies: An Introduction to Researching with Visual Materials*, 4th Edition, London: Sage, 2016, p.58.

的真理。因为纪录片具有教育、启示意义，会放大所展示的一些点，所以应该与历史文献相结合，接近历史真相。这种批评由来已久，因为西方思想中一直存在着对视觉文化的敌意，这种敌意植根于柏拉图的哲学。根据柏拉图的说法，日常生活中遇到的物体，包括人，都是这些物体完美理想的拙劣复制品，这幅图像不可避免地变形了。换句话说，我们在"真实"世界中看到的一切都是复制品。对于一个艺术家来说，再现他所看到的就是复制，增加了失真的可能性。[①] 简而言之，摄影可以提供证据，但其本身不能定罪。[②]

　　总而言之，一方面，在《视觉文化概论》一书中，米尔佐夫实际上表达了可视化的原则，可视化并没有取代语言，而是让语言更容易、更快、更有效地被理解。这样的世界图景不可能是纯粹的视觉，但同样地，视觉破坏和挑战了任何试图用纯粹的语言术语来定义文化的尝试。视觉文化和其他符号分析手段一样，必须与历史研究相结合。[③] 跨学科性以及敏锐的批判意识是视觉文化的根本精神所在。另一方面，虽然很多历史学家都写过关于战争前后华工形象的对比，但文字描述远不如影像直观。视觉文化更能显示出学术与日常生活的联系，历史纪录片清晰地呈现了华工形象的差异及其心理状态。这种直观性和可视化是文本文献叙事无法比拟的，进一步促进了历史知识的传播。因此，我们应客观审慎地看待、使用视觉材料。通过对一战华工形象转变的研究，我们可以看出视觉性为某些社会意识形态所限定，反过来其权力话语也被其他社会意识形态颠覆，意识形态是解释视觉的重要工具。

---

①　Nicholas Mirzoeff, *An Introduction to Visual Culture*, London: Routledge, 1999, p.9.

②　Ibid., p.76.

③　Ibid., p.14.

追忆蒋孟引先生

回忆 80 年代的蒋孟引先生 *

陈晓律 **

　　蒋孟引先生是我校也是全国的著名学者。蒋先生在 20 世纪 30 年代就远赴英伦留学，并在伦敦大学取得博士学位。在当时的中国，取得如此学位的学者屈指可数。蒋先生的博士论文做的是有关第二次鸦片战争的内容。文章不仅立论鲜明、富有挑战性，而且使用了大量的中英文原始档案和其他的有关资料。由于立论有据、材料厚实，最终使这样一篇揭露英国战争恶行的论文获得英国学者的喝彩。半个世纪以后，来访的英国著名历史学家哈里·狄金森教授都还谈起蒋先生的博士论文，说他也读过蒋先生的论文，写得实在是太精彩了。而学术界的许多同仁，对蒋先生更是仰慕不已。在这样的氛围下，20 世纪 80 年代，作为蒋先生的弟子，我第一次前去拜访他时，对他难免怀有某种神秘而敬畏的感觉，不知该如何应答才不致失礼。但蒋先生和蔼可亲、平易近人，很快就打消了我的顾虑。作为大家，先生做学问十分严格，而且对有些问题的看法也十分独到。这些都是我日后在学习中才逐渐体会到的。

　　蒋先生对史料十分重视。他看论文总是习惯从末页看起。我起先并不清楚是为什么，一问，才知道这是很多老先生的习惯。他首先看你使用了哪些材料，材料是否扎实、是否有分量。如果材料都轻飘飘的，那么这篇文章就不用看了。让材料说话，这是蒋先生反复强调的，这一点或许是受兰克学派的影响，当然，也是英国经验主义传统的一种体现。他常说，观点或视角都

---

*　　本文系 2023 年 6 月在南京大学召开的"中国英国史研究会 2023 年学术年会"上的发言稿。
**　陈晓律，南京大学历史学院教授。

可能随着时间的推移而发生变化，但只要材料是扎实的，那么这篇文章的价值就依然在那里。他当时列举了一些"受批判"的学者，指出人们尽管对其观点不以为然，但仍在不断使用其文章中引用的材料，就足以说明资料对史学的重要性。

蒋先生本人对资料也极为重视。师母曾经给我们讲，蒋先生在战乱年代，每每工作到深夜，做了很多有价值的卡片，也起草了一些文章的提纲。可惜好几个箱子的资料都在战乱中丢失了，实在令人心痛。如果当时有电脑，能储存起来就好了。

蒋先生对英国史有很多自己的心得。80年代中期的一次聚会，他曾对我们几个博士说，英国有很多东西值得我们深入地思考。比如，英帝国如此庞大，而且能存在那么久，但英国派出的管理人员和军队的数量并不多，且能维持一个"日不落帝国"的运转，其中必定有很多现在还不十分清楚的缘由。我们当时还不能完全体会到这些话的含义。但今天英帝国研究的最新动态，已经从政治、军事和经济等领域转向，人们开始关注作为一个文化现象的"帝国"。这在某种程度上证实了先生的远见。

生活上的一些小事也弥足珍贵。20世纪80年代中后期，随着经济的发展，市场上出现了一些新的商品。四川的一种花椒油就使人印象深刻，是用新鲜的青花椒做的，既有清新味道，又碧绿可爱，我就带了两瓶送给先生。我想，先生是湖南人，应该和四川的口味差不多。但始终没有听到先生对此的正面评价，心中难免忐忑不安。不日遇到师母问起此事，结果出乎我意料。她说，蒋先生对花椒油极为珍惜，每次使用仅允许放一两滴。我大为释然，就说，尽管放开用，我回去再买就是。然而，那年暑假，还未等到我回到南京大学，却传来先生过世的噩耗，使我留下了永久的遗憾。

事后听蒋先生的女儿讲，本来南大很关心老教授的健康，让他们都到中美中心避暑，一直等到天气转凉才回家。但家人当时对一个80岁高龄老人的出行还是大意了一点，一天中午，蒋先生出门突然跌倒，酿成大祸。事后，有关各方全力出动，学校和院系领导也到医院看望，但各种补救措施已来不及了。

这段经历，尽管不长，却是先生最开心的时期，也是我在南园获益最多的时期。

经典文献译介

社会主义之艺术理想 *

郑景婷、王庆奖译　于文杰校 **

　　有些人也许不愿听到社会主义有艺术理想的说法，因为首先，显而易见社会主义的首要任务是应付基本的经济生活，这就导致许多人，甚至是一些社会主义者，看不到经济基础之外的任何东西；其次，许多人虽然可能愿意承认朝着社会主义方向进行经济变革的必要性，但却真真切切、发自内心地认为，是条件的不平等滋生了艺术，设若没有这些条件，艺术就不可能存在。而条件的不平等正是社会主义要消灭的头等大事。然而，与这些观点不同，在下首先要主张，社会主义是一种包罗万象的生活理论；正如它有着自己的伦理和宗教那样，它也有自己的美学。因此，对于每一个希望能以正确的路径研究社会主义的人来说，从美学的角度看待社会主义就是必要的。其次，在下还主张，无论在这个世界过去的所有时代里，条件的不平等是何种情况，现在都已变得与正常的艺术的存在没什么关系了。

　　但在进一步深入探讨之前，在下必须说明，在下所使用的"艺术"一词，其含义比今天普遍使用的更为广泛；事实上，尽管音乐和所有文学作品本应被视为艺术的一部分，但是为方便起见，在下把所有对知识和情感有要求，却又与视觉无关的形式都排除在外了；不过，在下并不会将与视觉有关的人类作品排除在可能的艺术载体之外。基于此，社会主义艺术观与商业

---

　　*　　本文译自 William Morris, "The Socialist Ideal: Art", *New Review*, January 1891。

　　**　　郑景婷，昆明理工大学教授。王庆奖，云南经济管理学院教育语言研究中心研究员。于文杰，南京大学历史学院教授。

主义艺术观之间的不同之处也就一目了然了。对社会主义者来说，房子、刀具、杯子、蒸汽机，或其他任何东西，在下再重复一次，都是人类制造出来的，都具有形式，这些东西可以是艺术品，也可以是对艺术的破坏。而另一方面，商业主义则将此类"制造产品"分为两类：一类专门作为艺术品生产和售卖，另一类则相反，并未当作艺术品来生产，也就不可能被当作艺术品。一类假装无所谓是不是艺术品，一类则直接不承认是艺术品。商业主义者认为，在大量的文明社会的劳动中，不是艺术而假装是艺术的艺术是不存在的，并认为这是自然的、必然的，总体上没什么不好。相反，社会主义者则在这种明显缺乏艺术的现象中，看到了一种现代文明特有的、对人类有害的弊端，并认为这种弊端可以被纠正。

社会主义者认为，这种弊端及其对人类的坏处不是什么小事，而是从人类幸福角度推演出的严肃的结论；因为他们知道，在下一直在谈论的无处不在的艺术，是对生产劳动的快乐的一种表达，而商业主义者则对其可能性视而不见；社会主义者还知道，既然所有不给社会增加负担的人都必须以某种形式进行生产劳动，那么在现行体制下，大多数诚实的人的生活肯定是不快乐的，因为他们的工作——他们生活中最重要的部分——是没有快乐可言的。

或者，说得直截了当一些，在目前的社会形态下，只有艺术家和小偷才有可能获得快乐。

从这句话中诸位可以迅速看出，社会主义者探讨艺术与社会之间应有的关系是多么必要，因为他们的目标正是实现一个既合乎常理、合乎逻辑，又稳定安宁的社会。而在上面提到的两个群体中，必须指出的是，艺术家（指从当前狭义角度定义的艺术家）几乎是不存在的，就这为数不多的几位也是忙于他们自己的专业（当然这一点无可厚非），根本无暇顾及公共事务；而小偷（无论哪个阶层的）则构成社会中的不稳定因素。

现在，社会主义者在国民身上看到这种弊端，同时也认为，由于自己知道造成这种弊端的原因，自然也可以找到修正弊端的方法；他们还认为，更重要的原因是，正如上文所说，这种弊端主要是现代文明所特有的。艺术曾是全人类的共同财产；中世纪法则就是，手工艺产品一定是美的。当然，在中世纪艺术繁荣的年代，也出现过一些不那么美的作品，但是这些碍眼的作品是因为美好被毁灭而创造出来的，而不是像现在这样，碍眼的作品的出现是因为一开始就没打算创造美的东西。战争和毁灭刺痛了当时的艺术家的双眼：被洗劫一空的城镇、被烧为灰烬的村庄、一片荒芜的田野。满目疮痍是内在丑陋的表象，而今天，连繁荣的外在都是丑陋的。

有个兰开夏郡的制造商，从意大利这个令人唏嘘的见证各国历史的大博物馆回来，幸灾乐祸地看着从他的工厂烟囱里涌出的浓烟正荼毒大自然的美；这是典型的在商业时代活跃的有钱人的真实形象，他们已经堕落到连想都不会想要一个尚可维持体面的环境了。过去，战争的创伤确实很严重，但和平会给人们带来快乐，人们至少还可以期待和平；但现在，和平再也无法帮助人类，无法给人类带来希望；无论国家的繁荣多么"突飞猛进"，都只会使人类的一切变得越来越丑陋；对美的渴望、对历史的兴趣、对整个国家智慧的提升，都无法阻止有钱人为了最大限度增长自己的财富而危害全国民众（这里是指，有钱人对其他人征税的特权），这将日益成为绝对成立的公理；事实证明，至少对所有热爱美、热爱优雅生活的人来说，私有财产就是对大众的抢劫。

如果我们社会主义者碰巧是艺术家，无论我们受了多少苦，至少我们作为社会主义者不应该抱怨这一点。这是因为，事实上商业主义的"和平"不是和平，而是严酷的战争，至少兰开夏惊人的浪费和伦敦日益增加的肮脏是活生生的教训，告诉大众真实的情况是：在这片土地上依然有战争，粉碎了大众为认真而幸福的生活所作的一切努力。依在下所见，这个时代必然是以某种方式为所有人都在反抗的商业战争推波助澜；如果在反抗商业的时候，我们中的一部分人能够设法使自己的生活充满一些小小的、视觉的愉悦，那也不错，但这种愉悦并非一定会有，相反，它几近奢侈，大众必须承受这种缺失。

因此，方方面面体现出来的、不平等所造成的饥荒，也让坐拥财富的大众变得赤贫；大众坐在黄金堆里挨饿，成为迈达斯 ① 在这个时代的真实写照。

---

① Midas：译作"迈达斯"或"弥达斯"。希腊神话中的弗里吉亚王。贪恋财富，求神赐予点物成金的法术，酒神狄俄尼索斯满足其愿望，连他的爱女和食物也被他点石成金。他无法生活，又向神祈祷，一切才恢复原状。

在在下应要求向读者明确在下的社会主义理想之前，请允许在下直截了当地陈述一些有关艺术现状的事实。这样做是必要的，因为除非大众与现实对比，否则无法设想未来的理想；正是逃避当前失败的愿望迫使大众进入所谓的"理想"；事实上，这些人大多急于要表达对现状的不满。

目前只有少数人，确切地说是有钱人和他们的附庸者，能享受到艺术，或者说实际上只是想到艺术，在下认为这一点几乎是肯定的。穷人只买得起专为他们制造的艺术；这些艺术品从根本上来说品质低廉——除了快饿死的人，无人问津。

现在，先把无论从哪个角度来说都没有享受到艺术的穷人（指几乎所有人，他们所制造的有形之物，如前所述，要么有益于生活，要么毁灭生活）排除在外，让大众看看那些在某种程度上也享受到艺术的富人是如何对待艺术的。在下认为，尽管这些人很富有，但对待艺术的方式却很糟糕。他们让自己从周围人的普通生活中抽离出来，使自己从少量艺术作品中获得一些乐趣；无论这些艺术品是过去时代废墟的一部分，还是由少数与这个时代的各种风潮殊死斗争的天才付出个人劳动、智慧和耐心所创造的。但是，富人所能做的不过是让自己感受周围环绕着一小圈温室的艺术氛围，与更大范围的风气格格不入，且无可救药。有钱人的家可能满是画作、漂亮的书、家具等，但一旦走上街头，他就会再次置身丑陋之中，他必须让自己感觉迟钝，如果真的在乎艺术，他就会感到痛苦。即便身处乡村，置身树林和田野的美景，他也阻止不了这些美景因为附近拥有土地的人进行农业耕作而被破坏殆尽；嗯，几乎还可以确定，他委托的土地托管商也会强迫他在自己的土地上做同样的事；他甚至没法从专事修复的神职人员手中抢救出村子里的教堂。在艺术之外，他想去哪里就去哪里，他想做什么就做什么，但是在艺术领域，他对所有的一切无能为力。为什么会这样呢？简单来说就是，大量的打动人心的艺术品、那些浸润大众生活的艺术品，必须由友邻和谐共处、通力合作才能创造出来。然而富人是没有友邻的——他只有敌人和附庸。

现在，这种情形带来的结果就是，虽然受过教育的阶层（大众这样称呼他们）从理论上而言，能享受一点艺术，或者可能曾经享受过一点，但事实上几乎为零。在艺术家圈子之外，即使是受过教育的阶层中，也几乎没人关心艺术。艺术是靠一小群艺术家以一种与时代精神相对立的精神来维系的，这些艺术家也缺乏合作，这是这个时代的艺术在本质上的一种缺失。因此，这些艺术家仅限于创作少量有个人风格的作品，而几乎每个人都把这些作品看作是可猎奇的对象，而非可供欣赏的、美的作品。这些艺术家也没有任何立场或力量帮助公众提升品味（用一个不那么美好的词）。例如，在规划近期市民可以游览的公园和游乐场地时，据在下所知，并没有征询任何艺术家的意见，尽管这些公园和游乐场地本应由一个艺术家委员会来规划。在下敢说，即使当时随便选一个委员会（这个委员会很容易选），也能将市民从大部分因为园丁的"温柔"对待造成的灾难中拯救出来。

由此可见，艺术在这个时代的地位就是这样了。在功利而野蛮的汪洋大海中，它无助又无用。它不能执行社会最需要的功能：它不能建造像样的房子、不能装饰书籍、不能布置花园，也不能阻止这个时代的女士们以滑稽而贬低自身的方式去打扮。艺术既脱离了过去的传统，也脱离了今天的生活。艺术属于精英阶层，而非底层大众。大众没钱，就不能享受艺术。

作为一名艺术家，在下知道这一点，因为在下能看到这一点。作为一名社会主义者，在下知道，只要大众还生活在不平等带来的特殊的状况中，大众不能享受艺术的状况就永远不可能改变。这种不平等，是那些从最广义来看都不能被称为"生产者"的人对器物的制造者和那些劳作者进行的赤裸裸的剥削所造成的。

因此，社会主义之艺术理想的第一点，是它应该是全体人民所共有的；只有当人们认识到艺术应当是所有具有具象性和持久性的制成品的必要组成部分时，才能做到这一点。换句话说，社会主义者不是把艺术看作是某种特权地位附带的奢侈品，相反，社会主义者主张，艺术是人类生活的必需品，社会无权掠夺任何一个公民的这一权利；社会主义者还主张，为了确立这一点，人们应有一切机会从事其最适合的工作；大众的劳动极少被浪费，劳动的时候也是愉快的。因为在下必须在这里重复在下经常不得不说的一句话，那就是，劳动的愉悦状态既是一切艺术的源泉，也是一切幸福的原因：也即是说，它是生命的终极目标。因此，一个社会，若没有为所有成员创造应得的愉快劳作的机会，就是忘记了生命的终极目标，就是没有履行它的职能，因此这样的社会从各个方面来说都只是一种被抵制的暴政。

此外，在制作器物时，无论是手工制作，还是用了辅助性的机器，抑或是用了完全取代手工的机器，都应该有工匠精神。现在工匠精神的本质，就是把器物本身及其本质用途作为它的制作对象来看待的本能。器物的次要用途、市场的需求，对他来说不算什么；他制作的器皿是给奴隶用，还是给国王用，并不重要，他要做的就是让器皿尽可能优质，如果他没有这样做，他就是在为流氓卖给傻瓜而制作器皿，他就成了流氓的共犯，那么他自己也就成了流氓。所有这一切都意味着，他其实是在为自己制造器物，因为在制造和使用器物的过程中，他感受到了愉悦。但要做到这一点，他需要与他人互惠，否则，除了在他自己制造的器物上，他在其他所有器物上都感受不到这种愉悦。与他互惠平等的人必须与他有同样的精神，每个人都是和他同类的好工匠，愿意承认别人的优秀，也能注意到不足；因为器物的主要目的，事实上，就是被使用，这是永远不会被忽视的。因此，能交换优质服务的互惠市场将建立起来，并取代目前具有赌博性质的市场与现代工厂体系的契约奴隶。但是，这种方式的劳作，以及自愿和出于本能的互惠服务，显然不仅仅是群居的工人的集合体。它意味着人们能意识到友邻社会这种平等的社会是存在的；它还意味着人们能意识到，人类确实希望被他人利用，但前提是对方提供的服务能取悦自己，这些服务对自己的福祉和幸福而言是必需的。

现在，一方面，在下知道，除了自由和相互尊重之外，没有其他的条件能培育出任何一种有价值的大众艺术，因此，另一方面，在下相信艺术将会获得这个机会，也会利用这个机会，在下还确信，在此前提下人类创造的任何器物又将都不会是丑陋的，而是有着该有的形式，装饰着该有的装饰，这些器物会讲述它们制造和使用的故事，甚至是在没别的故事可以讲述的地方。这是因为当人们再次从他们的作品中获得快乐时，当这种快乐累积到一定程度时，这种快乐的表达将无可阻挡，而这种快乐的表达就是艺术，无论这种快乐以什么形式表达。至于这种形式，别让大众为之庸人自扰；要记住，毕竟有记录以来的最早的艺术，对大众而言仍然是艺术；要记住，荷马和勃朗宁一样不过时；要记住，最有科学头脑的人（在下几乎说过的最功用主义的人）——古希腊人——仍然被认为造就了优秀的艺术家；要记住，世界上最迷信的时代——中世纪早期——产生了最自由的艺术；不过，如果在下有时间深入探讨，就能发现充足的理由。

这是因为，事实上，考虑到现代世界与艺术的关系，在现在和今后很长一段时间里，与其说大众是在试图创造某种确定的艺术，倒不如说是在为艺术获得机会扫清障碍。大众曾完全受控于现代社会无节制地生产真正器物的临时替代品的做法，以至于差点就担了破坏艺术材料的罪名；以致于差点就必须是，人们为了有任何艺术感知就必须先天失明，必须从书籍传闻中获得他们对美的认知。这种堕落当然是大众首先要解决的第一件事；当然，社会主义者必须一有机会就处理它；至少必须睁开眼睛看一看，不管有多少人可能会闭上眼睛：因为社会主义者会忍不住想，在艺术和教育在体面的地方得到进一步发展的同时，迫使大量人口居住在南兰开夏，就好似饱受折磨的病人听得见盛宴的人声鼎沸。

无论如何，迈向艺术新生的第一步必须是干涉为个人利益而破坏地球之美、打劫大众的特权。比如说，终有一天，与大众敌对的某些群体将不能继续为了从被克扣工钱的劳动者那里不劳而获而将肯特郡的田地变成煤渣；终有一天，那些"猪皮里塞满了钱"的权贵将被告知，不可继续为了强迫民众为本不属于他的土地支付额外的租金而拆掉某座古老的建筑（这土地的来历和劫匪新抢的手表差不多）——那一天，将是现代艺术新生的开始。

不过，那一天也将成为社会主义值得纪念的日子之一；因为上述特权不过是武力抢劫者的特权，也正是当前社会主张的目标；在这种特权后面支持它的所有令人敬畏的行政人员、军队、警察、法庭，以及在法庭行使权力的法官，都被导向这一目的——确保最富有的人成为统治者，确保最富有的人拥有充分的权力去最大限度地将国家财富中饱私囊。

编后记

　　《英国研究》(第18辑)有英国思想史研究、英国政治史研究、英国社会史研究、英国文化史研究、英国环境史研究、中英关系研究、追忆蒋孟引先生和经典文献译介八个栏目。作者们以自己深厚的学术功底，为英国史研究作出了许多创新性贡献。

　　英国思想史研究栏目刊登了哈里·T. 狄金森（Harry T. Dickinson）教授的《托马斯·潘恩及其英国批评者》一文，向我们介绍了托马斯·潘恩和他的作品在英国传播后带来了怎样的影响。

　　英国政治史研究栏目刊登了黄洋的《现当代威尔士民族主义运动的发展演变与现状——以威尔士党为主线》、朱啸风的《近代早期大不列颠民族国家的构建问题》和刘子华的《流离失所：18—19世纪苏格兰高地清洗运动初探》三篇文章。这三篇文章均与"英国民族国家的构成"这一话题有关，从不同的时段和角度增进学术界对英国政治史的研究深度。

　　英国社会史研究栏目刊载了张卫良教授的《19世纪英国"劳工阶级"与"贫民窟"的观念史考察》、施义慧副教授与刘浩成合作的《"有毒的娱乐"？维多利亚时代便士剧院与道德恐慌》以及李启航的《18世纪英国反圈地运动的兴起与化解》，分别讨论19世纪英国"贫民窟"概念的形成、维多利亚时代的便士剧院与道德恐慌问题以及18世纪英国反圈地运动，有助于我们更好地了解彼时的英国社会问题是如何化解的。

　　英国文化史研究栏目收集了石强教授的《论近代英国出版印刷业的发展变革》和吴晗的《近代早期英国百科全书的编纂与创新研究》两篇文章，探讨英国的思想文化，为更加深入地了解英国历史增添新的角度。

英国环境史栏目刊登了周俊和王艳芬教授合作的《暗夜保护：关于英格兰乡村保护运动推动英国光污染治理的探究》一文，向我们介绍了英格兰乡村保护运动是如何通过宣传和监督等手段，推动英国政府治理工业革命后社会面临的光污染问题。本文研究了一个较为新颖的话题，有助于提醒大家注意光污染问题对环境的影响。

中英关系研究栏目登载了蒋琳琳的《视觉文化理论视域下一战英军华工形象转变研究》，讨论了一战时期英军华工形象的演变过程，富有新意，有助于更加全面地认识历史上中英双方的关系演变。

追忆蒋孟引先生栏目刊登了陈晓律教授的《回忆 80 年代的蒋孟引先生》一文，生动地展现一代名家蒋孟引先生严谨的治学风格、撰写文章时对原始文献的重视以及在生活中对学生的关怀。

经典文献译介栏目登载了由郑景婷教授与王庆奖教授翻译、于文杰教授校对的《社会主义之艺术理想》一文。这篇外文文章译文增进了我们对外国学术界的认知程度。

本辑《英国研究》的编纂和出版得到了许多专家学者的大力帮助和南京大学社会科学处"人文基金"的资助，在此深表谢意。

《英国研究》编辑部

2023 年 9 月

著作权使用声明

图书在版编目(CIP)数据

英国研究. 第 18 辑/陈晓律主编.—上海:上海
人民出版社,2023
ISBN 978 - 7 - 208 - 18671 - 2

Ⅰ.①英…　Ⅱ.①陈…　Ⅲ.①英国-文集　Ⅳ.
①D756.1 - 53

中国国家版本馆 CIP 数据核字(2023)第 230730 号

责任编辑　黄玉婷　黄妤彦
装帧设计　范昊如　夏　雪　等

英国研究(第 18 辑)
陈晓律　主编

出　　版　上海人民出版社
　　　　　　(201101　上海市闵行区号景路 159 弄 C 座)
发　　行　上海人民出版社发行中心
印　　刷　苏州市古得堡数码印刷有限公司
开　　本　720×1000　1/16
印　　张　13.75
插　　页　2
字　　数　203,000
版　　次　2023 年 12 月第 1 版
印　　次　2023 年 12 月第 1 次印刷
ISBN 978 - 7 - 208 - 18671 - 2/K・3341
定　　价　70.00 元